당신의 불행을
선택하세요

choose
your
own
disaster

당신의 불행을
선택하세요

데이나 슈워츠 지음
양지하 옮김

오월의봄

가족들이 부디 이 책을 읽지 않기를.

현실에서 결코 일어난 적 없는 일이 때로는 실제
사건만큼이나 우리에게 큰 영향을 미친다.

—찰스 디킨스Charles Dickens, 《데이비드 코퍼필드》

예측할 수 없는 것과 결정되지 않은 것, 두 가지
가 결합할 때 모든 사물은 본질을 드러낸다.

—톰 스토파드Tom Stoppard, 《아르카디아Arcadia》

당신의 불행을
선택하세요

일러두기

1. 본문의 각주는 모두 옮긴이의 주이며, 본문의 대괄호([ ]) 역시
   옮긴이가 이해를 돕기 위해 삽입한 내용이다.

당신이 로맨틱 코미디의 여주인공이라면,
어떤 직업이 어울릴까?

1. 당신은 좌뇌형 인간인가, 우뇌형 인간인가?

Ⓐ 좌뇌형.　　　　　　　Ⓑ 우뇌형.

2. 학창 시절 가장 좋아한 과목은?

Ⓐ 문학.　　　　　　　Ⓑ 생물.

3. 정신적 만족(성취감)과 물질적 풍요(부유함) 중 더 중요 하게 여기는 것은?

Ⓐ 정신적 만족.　　　　　　　Ⓑ 물질적 풍요.

4. 초등학교 6학년인 당신에게 문학 선생님이 《야성의 부

름》*을 읽고 감상을 표현하라는 숙제를 내줬다. 당신이라면 어떤 식으로 과제물을 내겠는가?

A 목탄으로 늑대를 그린 후 투명지에 프린트한 자작시를 그 위에 붙여 이것이 미술관에 들어갈 자격이 있는 작품임을 나타낸다.

B 나무로 작은 썰매 모형을 만든다.

5. 그해 어느 겨울날, 아까 숙제를 내준 바로 그 문학 선생님이 (푸들 같은 백발에 바닥까지 끌리는 스커트를 입고, 목에는 브로치를 달아 타이타닉호에 승선하기라도 할 기세로) 쉬는 시간이 끝났다고 아이들을 부르러 밖으로 나왔다가 빙판에 미끄러졌다. 그것도 그냥 미끄러진 게 아니라 만화에 등장하는 인물처럼 꽈당, 하고 아주 제대로. 흡사 굽 달린 작은 부츠가 눈앞에 날아가는 것처럼 보일 정도로 선생님은 바닥 위에 붕 떴다가 그대로 엉덩방아를 찧었다. 길에 자빠진 채로 그녀는 "난 괜찮아!"라고 울부짖는다. 이때 당신은 웃겠는가? 이에 앞서 우선 선생님에게 실질적인 외상은 없었다는 것을 분명히 해두겠다. 맹세한다.

♥ 알래스카에서 사투를 벌이며 성장하는 개 이야기를 다룬 잭 런던의 소설.

Ⓐ 당연히 웃는다. 딱히 좋은 선택은 아니겠지만, 웃음이 나오는데 어쩌라고?

Ⓑ 웃지 않는다. 내 말은, 웃음이 나오겠지만, 또 선생님이 안 다쳤다고 했지만, 이 질문에 함정이 숨겨져 있을 수도 있으니까 안 웃었다고 하겠다.

만약 당신의 답이 대체로 A라면?

축하한다! 당신은 예술 관련 종사자로, 아마도 텔레비전 방송국이나 여성 잡지와 관련된 분야에서 일할 확률이 높다. 전자의 경우 딱 붙는 펜슬 스커트를 입고 하이힐을 신고, 마이크가 붙은 헤드셋을 끼고, 클립보드를 든 채 관제실을 종횡무진 뛰어다닐 것이다. 후자라면? 역시 펜슬 스커트와 하이힐로 무장한 채 양손에 커피를 여섯 잔쯤 들고 도시 전체를 뛰어다니느라 카디건에 얼룩이 졌겠지. 덤벙대는 건 당신의 가장 큰 특징이자 매력 포인트다. 아파트는 엉망진창으로 어질러져 있고, 옷장은 디자이너 브랜드 블레이저와 밝은색 무늬 재킷들로 가득 차 있으며, 그 모든 것들에 커피 얼룩이 뒤덮여 있을지라도 완벽해 보일 것이다. 엄청난 액수가 적힌 청구서나 마이너스 통장 잔액에 대한 은행 고지서가 날아오는 일, 소파에 앉았을 때 뭔가 맨발에 밟힌 것 같은 기분에 내려다보니 야구공만한 바퀴벌레가 가느다란 더듬이와 다리를 떨며 발치를 지나 잽싸게 오븐 아래로 숨어버리는 걸 목격하는 일, 그래서 저 왕바퀴벌레가 집 속 구석구석 어딘가 살면서 기어다니는 걸 불가피하게 알아버릴 일은 없을 것이다. 그렇고 말고. 당신의 아파트는 언제나 깔끔하고, 머리는 프로페셔널하게 세팅되어 있을 테니까.

32쪽으로 가시오.

만약 B를 더 많이 선택했다면?

당신은 열정적인 액션영화 속 남주인공의 연인이다. 전지전능한 본드걸을 떠올리면 된다. 스토리 전개상 결정적인 순간에 당신은 우연히도 남주에게 도움이 될 만한 특정 분야에서 전문적인 지식을 갖추고 있다. "어디 한번 봐요"라고 말하며 당신은 남자의 손에서 마치 상형문자와도 같은 복잡한 문서를 낚아챈다. "저는 신비동물학의 해석과 관련된 박사학위를 두 개 갖고 있어요." 삑삑대는 기계에서 남주를 밀쳐내며 이렇게 말하는 것이다. "내가 나사(NASA) 소속 핵무기 해체 작업 기술반의 최고 전문가인 거 알죠?" 말이 안 된다고? 알 게 뭐람. 중요한 건 당신이 아주 예쁘고, 똑똑하다는 점이다. 슈퍼모델급 얼굴과 몸매에, 엄청나게 섹시한 복장을 하고, 풀메이크업까지 했지만 일단 안경도 썼으니까. 뭐, 스물네 살이라는 나이가 박사학위를 세 개나 따기에는 좀 많이 어리지만 어쨌든 당신의 똑똑함으로 인해 스토리가 진행될 것이고 그러므로 이 영화는 페미니스트 영화다. 당신은 남주와 함께 도망치거나 아니면 죽는다. 미안.

14쪽으로 가시오.

미션: 쥐 꼬리 자르기

1단계: 대학교 한가운데에 있는 생물학과 건물의 연구실에서 인턴 자리를 얻을 것. 동물 연구실은 하나같이 매끈하게 정돈된 잔디 광장이나 콘크리트 바닥보다 한참 아래인, 지하에 있다. 먼저 그 공장같이 삭막한 복도에 처음 들어서면 실험용 돼지와 쥐가 있는 몇몇 문을 지나게 될 것이다(미로같이 복잡한 통로 어딘가에는 유인원이 있었다고도 하는데, 그들이 과연 실재하는지와 정확한 위치가 어디인지는 1970년대에 일련의 동물보호 단체 무리가 이들을 풀어주려 시도한 이후 극비에 부쳤다는 소문이 전해진다).

2단계: 알맞은 의상을 갖출 것. 실험실에서 착용할 보호장비가 당신을 보호하기 위한 것인지, 과학적으로 섬세하게 조정된 실험용 쥐의 면역체계를 위한 것인지는 분명치 않다. 신발에 커버를 씌우고, 장갑을 끼고, 머리망을 착용하고, 얇은 비닐 앞치마를 두르는 데는 족히 5분이 걸릴 것이다. 그러는 동안 감독관은 당신을 바라보며 신발 커버의 고무줄을 잘 고정시키는 방법을 알려주고, 장갑을 낀 채 절대로 문고리를 만지지 말라고 주의를 줄 것이다(박테리아가 문고리에 묻는 걸 방지하기 위한 걸까, 아니면 문고리에 묻은 박테리아가 실험에 영향을 주지 않게 하려는 걸까?).

"오늘은 사업 보고서 샘플용으로 쓸 꼬리를 자르려고 합니다." 감독관이 쥐가 가득한 실험실 입구에 출입 카드를 갖다 대며 말한다. 마흔다섯 살쯤 되어 보이는 감독관은 어깨까지 머리를 길렀고, 마치 영화 〈미저리〉의 여주인공 캐시 베이츠처럼 생겼다. 그녀는 직접 연구를 진행하는 과학자가 아니라 연구실을 관할하는 기술자다. 당신은 그녀의 말을 대부분 이해하지 못하는데, 그중에서도 특히 이해가 안 가는 부분이 바로 사업 보고서에 관한 것들이다. "시간이 지나면 결국 다 혼자 해내게 되어 있어요. 어쨌든 익숙해지려면 시간이 좀 걸리기 마련이죠." 그녀가 말한다. 쥐 실험실은 감옥 한 칸 정도의 크기로, 플라스틱 케이지가 쌓여 벽면을 채우고 있으며, 각각의 케이지에는 쥐들의 유전적, 병리학적 특성이 자세히 기록된 카드가 빼곡하다. 이곳의 냄새는 당신이 상상할 수 있는 최악의 것, 그보다 조금 더 나쁘다고 보면 된다.

감독관이 플라스틱 케이지 하나를 실험실 후드 쪽으로 가져온다. 지붕 위 굴뚝으로 이어지는 천장에 연결된 스테인리스 후드는 SF에나 나올 법한 불길한 모양새를 하고 있으며, 탁자의 가장자리는 철망으로 둘러싸여 있다. 철망 테두리는 이를테면 당신이 지금까지 본 쥐덫 중 가장 인간적인 것이라 할 수 있을 텐데, 기술자는 지정된 쥐를 플라스틱 집에서 노련하게 꺼내 이 쥐덫 속으로 집어넣는다. 작은 발톱이 어찌나 줄에 꽉 조여 있는지 쥐는 옴짝달싹도 할 수 없다.

"꼬리 전체를 자를 필요는 없어요. 유전자 샘플을 채취할 수 있을 만큼만 자르면 돼요." 두 사람 사이에 꽤 간격이 있고, 쥐 오줌이 엄청난 냄새를 뿜어내는데도 당신은 그녀의 입 냄새를 느낄 수 있다. 아까 땅콩잼을 먹은 게 틀림없다.

3단계: 자, 이제 철망에서 쥐를 고를 차례다. 왼손으로 쥐를 집어서 쥐의 배에 손바닥을 댄다. 왼손 엄지와 집게손가락으로 쥐의 앞발을, 약지로는 허리 아래 부분을 고정시킨다. 그리고 새끼손가락으로 꼬리를 고정한 채 은색으로 빛나는 작은 가위로 꼬리 끝부분을 1센티미터 이하로 잘라낸다. 마치 집에서 키우는 반려동물을 괴롭히는 소시오패스가 된 것만 같은 가학적인 느낌이 들겠지만, 어쩌면 가위 두 개를 사용해야 할 수도 있다. 쥐는 찍소리도 내지 않고, 고통을 느끼지도 않는다고 관리자가 말한다. 몇 방울도 채 나오지 않은 피를 조심스럽게 티슈로 닦아내고, 꼬리를 작은 플라스틱 튜브에 넣고, 쥐를 박스로 돌려보내기 전 마지막 단계가 남았다.

4단계: 가장 중요한 단계다. 인턴 추천서에서 당신의 명석함과 성실함을 과분하게 극찬했던 지도교수를 실망시키지 말자. 당신은 신입생 때부터 그와의 미팅을 고대해왔다. 10분으로 예정되어 있던 미팅은 15분이 지나 20분이 걸렸다. 연구실은 〈스타트렉〉 관련 굿즈와 그가 발견해 생물학계에서 명성을 얻게 된 기생충을 확대한 흑백사진들로 빼곡했다. 의사가 되고 싶다는 진로계획을 밝히자 그는 적극적으로 반응한다. "너는 가장 우수한 학생 중 하나야." 그는 음흉한 말투로 바로 직전에 상담했던 학생은 우수하지 못했다는 것을 암시한다. 여기서 우수하지 못한 학생의 전형이란 다음과 같은데, 경쟁심이 넘치고, 성급하며, 이를테면 입원할 때 어떤 색 환자복을 입을지까지 다 계획해놓는 타입을 말한다. "의사가 되어야 마땅한 인재야." 키세스 초콜릿이 가득 든 그릇을 내밀며 그는 말한다. "너 같은 애가 많아야 하는데." 당신이 사양하자 교수는 초콜릿 두 개를 한꺼번에 까서 입에 넣는다.

그가 당신의 어떤 점을 좋게 봤는지 도무지 알 수 없지만 어쨌든 그의 추천으로 당신은 캠퍼스에서 가장 유망한 연구실 중 하나인 이곳에 오늘 첫 출근을 하게 된 것이다.

그러니 그를 실망시켜서는 안 된다.

"아, 그리고 쥐의 귀를 이렇게 반으로 접고서 뚫어야 해요. 안 그러면 태그가 바로 떨어져나갈 수 있으니까요. 자, 이렇게." 연구원이 메탈건의 집게 사이에 쥐의 벨벳 같이 부드러운 귀를 접어 넣고서 구멍을 뚫는 시범을 보인다.

쥐의 귀를 접어 구멍을 뚫는 일은 가위로 꼬리를 자르는 것보다 한층 기분이 나쁜 일이었다. 그 귀는 너무도 부드럽고 섬세해서, 구멍 속으로 태그를 달 때 연골이 오도독 부서지는 감촉이 손으로 그대로 전해졌다. 꼬리를 자를 때처럼 쥐는 찍소리도 내지 않고, 피도 나지 않았지만, 이 단계에서 쥐가 가장 고통을 느낀다는 걸 알 수 있었다.

"자, 이런 식으로 이쪽에 있는 나머지 쥐들도 그대로 하면 됩니다." 연구원이 중앙 연구실로 돌아가면 당신은 이 영광스러운 밀실에서 혼자 일련의 작업을 수행해야 한다. 형광등이 켜져 있지만 방은 여전히 어둡고, 설치류

와 악취만이 가득하다. "참, 다 끝내고 올라가면 단독 연구 신청서도 한번 봐줄게요. 교수님이 인턴들의 졸업논문 주제를 미리 알아오라고 하셨거든요."

졸업논문 주제라고? 당신은 아무런 계획이 없다. 면접 때는 마치 잘 아는 것처럼 굴었지만 이 연구실에서 정확히 무엇을 연구하는지도 모른다. 간암인지 뭐였는지. 연구실에서는 교수의 추천서와 당신이 브라운대학♥에서 생물학을 우수한 성적으로 졸업했다는 것을 좋게 봤을 테지만. 당신은 "아무것도 모르니 다 설명해주면 좋겠음" 이라고 적힌 셔츠를 입고 싶다고 생각한다. 수업을 듣고 시험을 준비하는 과정의 어느 시점부터 이해하기를 아예 포기하고 이해하는 척하기 시작했는지 도무지 기억이 나지 않는다. 아마도 의학전문대학원에 지원하기로 한 순간부터였나 보다. 적힌 대로 공부하고, 의사가 되는 과정을 밟기로 한 때부터.

자, 잡소리는 여기까지. 다시 현실로 돌아오자.

첫번째 희생양이 될 쥐를 움켜쥐자 쥐는 꿈틀대다 손에서 빠져나가 톱밥 속으로 들어가버린다. 톱밥 더미 위에 근엄하게 앉아 있는 통통하고 활동성이 떨어져 보이

♥ 미국 동부 여덟 개 명문 사립대학인 아이비리그 중 하나.

는 녀석을 골라 다시 시도한다. 왼손으로 잡아들자 녀석은 분홍색의 작은 발을 허공에 구르고, 머리를 앞뒤로 흔들면서 마치 록 콘서트를 보러 온 10대처럼 격렬하게 몸을 흔들며 빠져나가려 바둥거린다. 엄마, 나 어떡하지?!

어쨌든 녀석의 꼬리 끝을 가위로 자르기 위해서는 녀석의 몸통을 뒤집고 손의 위치를 작업이 용이하게끔 잘 잡아야 한다. 꼬리가 일단 잘리고 나면 쥐는 투쟁의 의지를 잃고 순순히 귀를 내어줄 것이다. 그렇게 되면 이제 당신이 극복해야 할 대상은 스스로의 비위뿐.

당신은 살면서 비위가 약하다는 생각을 한 번도 하지 않았다. 10대 시절 인그로운 헤어♥를 뽑을 때면 몸을 떨며 소리지르던 여동생과 달리 당신은 일종의 쾌감을 느꼈고, 주사를 맞을 때도, 피를 볼 때도 거리낌이 없었다.

그렇지만 가위로 살아 있는 생물의 살점을 잘라내는 일은 상상했던 것보다 구역질이 났고, 열 마리를 연달아 작업하고 나서도 당최 익숙해지지 않았다. 접힌 귀에 투박한 메탈건을 바싹 갖다 대 구멍을 뚫는 일은 몇 년이 지나 떠올려도 몸이 떨린다.

겨우 한 마리의 작업을 끝냈지만 오늘 집에 가기 전

♥   살 속으로 파고든 털.

까지 이렇게 열두 마리를 더 끝내야 한다. 어두운 지하에는 당신과 100마리의 쥐뿐이다. 의사가 되는 길은 생각했던 것보다도 혹독하고 외로웠다.

유치원 시절부터 어른들은 "어른이 되면 뭐가 되고 싶니?"라고 물어댔고 당신은 중산층이 모여 사는 교외 지역에서 자라난 백인 소녀가 할 만한 적당한 대답을 매번 할 수 있었다. 네가 마음만 먹으면 뭐든 될 수 있다는 교육의 결과였다. 어른들의 질문은 단순히 되고 싶은 직업을 묻는 것이 아니다. 아이들은 매일 반복되는 단조로운 업무, 서류 작업, 소모적인 일, 경쟁, 면접과 승진과 같은 직업의 본질적인 의미를 모른다. "얘야, 넌 뭐가 되고 싶니?"라는 질문은 미래에 대한 것이다. 아이는 그림책이나 〈세서미 스트리트〉♥에서 본 알록달록한 주인공들이 주로 종사하는 직업 중 하나를 말할 수밖에 없다. 수전은 댄서가 되고 싶대. 대도시 시립발레단에서 튀튀를 입고 공연하는 댄서가 되겠구나! 타마코는 의사가 되고 싶대. 흰색 가운을 입고 목에는 청진기를 두르고 있는 타마코를 상상해봐! 너는 댄서가 되고 싶어, 의사가 되고 싶어? 아니면 변호사나 선생님? 사업가나 소방수나 경찰관?

♥　Sesame Street, 한국의 〈뽀뽀뽀〉 같은 미국의 대표적인 유아용 텔레비전 프로그램.

우리는 '무한한' 가능성이 있다고 배우지만 그 무한한 직업의 가짓수란 약 여덟 개 정도다. 직업은 그냥 직업이 아니며 당신이 '누구인가'를 대변한다. 설령 그림책에 나오는 것처럼 다양하고 국제적인 친구들 앞에 설 일이 생기더라도, 당신은 직업을 통해 설명될 것이다. 직업은 마치 의상과도 같은 것이다.

직업이 단순히 원하는 것이 아닌 정체성이라는 사실을, 아주 어린 나이임에도 당신은 깨닫는다. 그래서 초등학교 2학년에 막 올라갔을 때 당신은 "첫 여성 대통령"이 되고 싶다고 대답한다. 그 대답은 진심이다. 당신은 힐러리 클린턴을 존경하며 미래의 동료로 생각한다. 다른 하나의 대답은 "토크쇼 진행자"였는데, 학교가 파하고 집에 올 때면 매일 엄마가 〈오프라 쇼〉를 보고 있어서 당신도 그걸 항상 같이 봤기 때문이다. 매주 연예인이며 정치가, 존경받는 대단한 사람들과 화려한 세트장에서 환호를 받으며 재밌는 이야기를 하는 자신을 상상해본다. 제인 구달 같은 진화생물학자부터 유명 셰프까지, 수십 종류의 직업군을 상상해본다. 각각의 직업에는 아무 관련이 없지만 한 가지만은 분명했다. 사람들에게 인정받고, 유명해지고 싶다는 것. 당신에게 두려운 미래는 죽음이 아니라 남은 인생을 이름이 알려지지 않은 그저 그런 사람으로 마감하는 것이었다. 당신은 사람들에게 영향력을 미치고, 존중받는 인생을 원했다.

점차 나이가 들면서 대통령이 되려면 엄청난 돈과 인맥, 온갖 서류들이 필요하고, 스타 셰프가 되려면 요리를 잘해야 한다는 걸 알게 된 당신은 과학 쪽으로 마음이 끌린 것이다.

똑똑하다는 기분을 즐긴다면 과학은 탁월한 선택이다. 신중하게 고개를 끄덕이면서 단당류라든가 시스-이성질체, 아르디피테쿠스, 겔 전기 영동법, 비약 전도♥ 같은 단어들을 내뱉기만 하면 설령 당신이 그 과목들에서 B 마이너스 학점을 받았다고 해도 사람들은 모두 당신의 천재성을 인정하며 당신의 말을 신뢰할 것이다. 거기다 이름 앞에 '의사(의학박사)'라는 명칭이 붙으면 어떻겠는가. "댁의 따님은 어떤 일을 하시지요?"라고 야채가게에서 사람들이 엄마에게 물으면 엄마는 미소를 감추려 노력하며 "제 딸은 의사예요. 어릴 때부터 아주 영특했죠"라고 답한다. 그러면 당신을 생판 모르는 사람들은 저 멀리 떨어진 곳에서 당신이 다년간 해왔을 노력과 어마어마한 학자금에 감탄을 표할 것이다.

♥　각각 영양학, 화학, 생명과학, 생화학 분야의 전문용어.

간단하다. 물론 실상은 그렇게 간단하지 않지만(유기화학표, 끝없는 삽질, 외국어로 쓰인 것만 같은 빼곡한 필기 등은 익숙해지지 않는 악몽 같다) 적어도 앞으로 나아가는 길은 분명해 보인다. 그게 어른이 되는 과정의 끔찍한 점 아니겠는가. 강의 지류처럼 고등학교를 졸업해 대학에 진학하고, 인턴십을 거치고, 좋은 성적을 받는 등 해야 할 게 분명한 좁은 길을 흘러가다 갑자기 광활한 바다를 마주하는 것. 그러나 의사가 되는 일은 좀 더 단계가 많다. 연구실에서 인턴십을 거치고, 의료봉사를 하고, 유기화학 수업을 듣고 의대입학시험인 MCAT를 준비해 의학대학원에 지원한다. 3년간 대학원 생활을 한 뒤에 다시 인턴, 레지던트 과정을 거친 다음에야 당신은 진정한 어른이 되어, 아마도 고양이와 아파트에 살면서 중요한 사람들과 어울리는 직업인이 될 것이다. 의사는 모두에게 인정받는 직업군이니까.

일련의 계획을 떠올리면서 당신은 스스로가 향후 최소 10년간은 혼수상태의 환자나 다름없을 것이라는 기분을 느낀다. 그 과정을 마치 직접 경험한 것처럼 생생히 알고 있는 당신은 그 부분을 그냥 생략하고 싶은 마음이 간절하다. 자신이 얼마나 우수한지 애써 입증하고 내내 노력하지 않고서도 그 분야에서 전문가로 인정받아 세계적 명성과 부를 얻는 의사가 될 수는 없을까? 이 기나긴 학업과 연구, 가능성 하나에 매달려 스스로를 증명해야 하는 무명으로서의 번민의 시간들을 그냥 스킵해버릴 순 없는 걸까? 이 시스템은 당신이 어린 시절 신동으로 불렸든 말든 관심도 없어 보인다.

어쨌든 이 순간 당신은 홀로, 네오브루탈리스트* 스타일로 지어진 콘크리트 빌딩의 지하 3층, 연구실이 늘어선 차가운 복도의 구석방에 홀로 있다. 아니, 정확히는 쥐 오줌 냄새가 진동하는 대형 플라스틱 박스 세 개 분량의 쥐들과 함께. 그들의 꼬리를 자르면서 몇 시간을 보낸 후에야 다른 인간을 만날 수 있다. 당신이 쥐꼬리만큼 기여한 이 연구가 언젠가는, 누군가에게는 도움이 되리라. 아니, 최소한 그런 목적이 있었을 그 연구가 틀렸다는 것을 입증하는 데는 도움이 되리라. 하지만 이 차가운 지하 연구실에 있는 지금으로썬 모든 게 쓸모없이 느껴지는 것이다. 언젠가, 적당한 빛을 쬐면서 휴식을 가진 뒤 아침식사와 요가를 마친 당신은(그렇다. 당신은 요가를 하는 사람이다) 그 분야의 전문가가 될 때까지 남은 일과를 연구실에서 쥐와 암에 대한 연구논문을 죄다 읽으

---

* neo-brutalist(신야만주의), 거대 콘크리트와 철제 블록 등을 사용한 1950~60년대 건축양식.

면서 보낼 것이다. 논문은 하나같이 첫 문장부터 횡설수설이지만, 요가로 충만한 아침을 보낸 당신은 심지어 저자들보다 논문의 내용을 더 잘 안다는 환상에 빠져 소소한 잘못을 지적하는 오만한 메일을 편집자들에게 보내기까지 한다. 언젠가는 전국 각지에서 온 표본으로 가득 찬 당신의 전용 연구실이 생길지도 모른다. 연구실 소속 학부생들이 마치 지금의 당신이 그러하듯 쥐꼬리를 자르며 사투를 벌이는 첫날을 보내고, 당신은 지시만 하면 된다. 유독 극성을 부리는 쥐 한 마리의 꼬리 해체 작업을 끝내고, 아직도 쥐가 반 다스나 더 남았다는 사실을 깨닫는 순간 당신의 머리에 악마의 유혹이 들려온다. 내일도 이 실험실로 돌아와야 하는 걸까? 작은 깨달음은 마치 꽃봉오리가 물속에서 피어오르듯 슬며시 퍼진다. 사실상 학부 2학년에 불과한 당신이 이 실험실에서 반드시 일해야 하는 건 아니다. 실험실 책임자에게 정말 죄송하지만 잘못 생각한 것 같다, 학교생활이 너무 바쁘고 저는 실험실 일이 잘 맞지 않는 것 같다고 메일을 쓰면 된다. 피펫♥과 PCR 기계 옆에서 매일 얼마나 많은 쥐가 태어나고, 그중 몇 마리가 수컷이고 암컷인지, 그중 몇 마리가 어미에게

♥   실험실에서 소량의 액체를 잴 때 쓰는 관.

먹힐지를(그렇다. 차차 알게 될 일이지만, 그런 일이 실제로 일어난다) 관찰해 실험일지에 꼼꼼히 기록하며 보내는 긴 시간이 당신에게 주어진 정해진 미래일까? 당신은 인생 전반에 대해 계획을 짰지만, 꼭 그대로 살 필요는 없다.

이 실험실에서 계속 일하겠는가?

A 그렇다. 오늘은 쥐꼬리를 자르고 귀에 꼬리표를 다는게 다였지만, 몇 년 후면 당신의 미래는 의학드라마 〈그레이 아나토미〉 같아질 것이다. 엉덩이가 귀여워 보이는 수술복을 입고, 당신이 목숨을 구한 환자의 가족은 눈물을 흘리며 당신의 업적을 칭송하고 끌어안을 것이고, 쉬엄쉬엄 엉덩이가 귀여운 다른 의사들과 썸도 탈 것이다(당신은 〈그레이 아나토미〉를 보지 못했다). 여기저기서 상을 타고 똑똑하다는 소리를 들을 것이며 또각거리는 하이힐을 신고 병원 복도를 돌아다닐 것이다. 제대로 된 절차만 밟는다면!

29쪽으로 가시오.

B 아니오. 지금 당신이 뭘 하고 있는지 도무지 모르겠다면, 그건 이게 당신과 어울리는 일이 아니라는 뜻이다. 지하 실험실 뒷방에서 시간을 낭비하기에 당신은

지나치게 창조적이고 재밌는 사람이다. 당신은 꼼꼼하거나 조직적인 사람이 아니며, 의사가 되면 의료사고를 잔뜩 낼 것이다. 당신은 똑똑하다. 그러니 15년과 15만 달러의 학비를 더 들이지 않고도 다른 일로 성공할 수 있을 것이다.

32쪽으로 가시오.

당신은 의사가 될 것이다. 축하한다! 주말에 교외에 있는 본가에 돌아가 엄마랑 장을 볼 때마다 당신의 선택이 옳았다는 걸 체감할 수 있으리라. 마트에서 마주친 고등학교 동창 엄마가 "너는 요즘 뭐하고 지내니?"라고 묻는다. 그녀의 쇼핑 카트에는 스마트팝♥이 쌓여 있다.

당신은 연습한 대로 겸손한 척하며 대답한다. "브라운대 졸업반이고, 의학대학원에 진학하려 해요."

그러면 엄마가 눈을 반짝이며 잽싸게 덧붙인다. "얘는 벌써 하버드, 예일, 펜, 유시카고에서 오퍼를 받았답니다."

앞서 언급했던 학자금 대출금액이 얼마인지 기억하는가? 숱한 꼼수와 운으로 얻어냈던 인턴십이며 연구실 자리가 맞지 않다 생각해 얼마나 힘들었는지도? 의사가 되면 그 모든 수고는 보답을 받을 것이다. 이제 당신의 똑똑함에 대해 의심할 필요가 없다. 앞에 놓인 길만 따라가면 성공이 기다리고 있다.

결국 당신은 자신의 일(매일같이 하루 종일 서서 사람들을 돕고, 하얀 병원 복도를 삐걱대며 뛰어가 중학교 때 반다나를 만들

♥　SmartPop!, 전자레인지에 돌려 먹는 팝콘 브랜드.

고 남은 천으로 홀터넥 톱을 만들 때처럼 환자의 살을 꿰매는 일)을 좋아하게 될 것이다. 당신은 훌륭한 의사로 인정받고, 사람들은 당신이 마치 슈바이처 박사인 듯 고마워하며 전적으로 믿고 아픈 몸을 맡길 것이다.

자녀들이 독립할 때쯤이면 아리, 데이비드, 조너선, 애덤 같은 이름의 남편과 함께 리조트에 별장을 하나 사고(물론 미래의 당신은 스키를 즐길 것이므로) 매일같이 룰루레몬♥에서 나온 레깅스를 입고 힘닿는 데까지 섹스를 하고, 생일에는 멋진 지갑을 사서 휴가를 떠날 것이다. 중상류층 삶의 기념품을 하나씩 모으다보면 당신은 어느덧 의사의 일이 꽤 많은 서류 작업으로 이루어졌으며, 아리인지 데이비드인지 조너선인지 애덤인지의 머리는 벗겨지기 시작하고, 항상 자기보다 날씬한 누군가가 눈에 거슬리며, 고등학교 동창인 제나가 〈SNL〉의 피디로 일하고 있다는 소문을 듣는다. 의사의 삶보다 제나의 삶이 조금 더 멋진 것 같고, 그 삶을 사람들이 조금 더 동경하는 것 같지만 어쨌든 당신은 의사고, 가족이 있으며, 생활은 풍족하다. 피부과 전문의로서 더는 누군가의 생명을 구할 일은 없지만, 지난주에는 누군가의 사마귀를 제거해줬

♥   Lululemon, 고급 운동복 브랜드.

고, 사람들이 부러워하는 전문직으로서의 삶에 만족하며 행복을 느낀다. 항상은 아니라도 대체적으로는. 그런데 행복이란 뭘까? 양치를 하거나 빨래를 개거나 하는 와중에도 순간순간 멋진 직업과 가족과 충분한 재력을 가지고 있다는 걸 깨닫는 순간이 아닐까. 그러니까 나는 행복해, 라고 당신은 생각한다.

끝.

아니면 27쪽으로 가시오.

당신은 어떤 종류의 작가가 될까?

1. 누군가 가장 좋아하는 책을 묻는다면 당신의 대답은?

A 《제49호 품목의 경매》♥. 〔핀천의 좀 더 난해한 작품인〕 《중력의 무지개》를 두고도 고민했으나 이 책은 침대 맡에 항상 두고도 아직 다 읽지 못했다.

B 《엔더의 게임》♥♥이라고 솔직하게 말한다. 당신은 초등학교 5학년 때 처음으로 책이 직접 말을 걸어오는 듯한 느낌을 받았는데, 그건 다른 어떤 책이나 사람에게서 이전에 느껴보지 못한 경험이었다. 주인공 엔더는, 당신처럼 셋째였다. 명석하지만 외롭고, 첫째

♥ 1960년대 미국 포스트모더니즘 작가 토머스 핀천의 대표작.
♥♥ 1980년대 출간된 고전 SF소설.

나 둘째보다 똑똑하지만 인정받고 싶은 마음과 따돌림당하기 싫은 마음 사이에서 괴로워했다. 스물네 살이 된 지금 보니 책의 결말은 다소 감상적이고 거만해 보이지만, 열두 살의 당신에게는 완벽하게 느껴졌다. 금방이라도 누군가 발로 밟아 깰 것만 같은 물웅덩이 위의 얼음처럼 결말은 연약하고, 가슴 아팠다. 몇 년이 지나서야 작가인 오슨 스콧 카드가 동성애혐오에다 각종 편견에 사로잡힌 꽉 막힌, 당신이 지지하는 모든 가치들에 반대하는 사람이라는 걸 알게 되자 당신은 어린 시절 그의 책에 그토록 사로잡혔던 사실에 모욕감을 느낀다. 그는 고약한 사람이지만 부모님과는 전혀 다른 방식으로 어린 당신을 이해해줬다. 이제 사람들 앞에서 《엔더의 게임》이 최애 작품이라고 말하기는 꺼려진다. 그래서 가끔 중학교 1학년 때 읽은, 역시 결말의 달콤한 쌉쌀함이 비슷했던 레이 브래드버리의 《화성 연대기》라고 말하기도 한다.

C 프랑스어로 쓰인 프루스트의 작품 모두. 그의 작품은 인생을 당신의 인생을 바꿔놨지만, 그걸 원서로 읽었다고 하면 재수 없어 보일 테니 '프랑스어로 쓰인' 부분은 생략한다.

2. 아침식사는 어떻게 하겠는가?

A 블랙커피에 담배 반 갑.

B 보통 거른다. 단, 두 시간씩 늦던 평소와 달리 한 시간 밖에 안 늦었을 경우에는 회사 근처의 체인점 카페에서 7달러짜리 라테와 크루아상 세트를 먹는다. 크루아상의 많은 부분은 부스러기가 되어 당신의 무릎으로 떨어지겠지만.

C 프렌치 프레스로 내린 커피와 베리를 곁들인 오트밀 한 접시. 오트밀은 전자레인지에 데우거나 끓일 경우 싱크대에 설거지거리가 추가되고, 냄비 바닥에 우유가 눌어붙으니 그대로 먹는다. 하지만 오트밀 접시는 햇볕이 내리쬐는 아파트의 빈티지 책상 위에서, 언제나 먹기 좋은 온도로 유지될 것이다.

3. 다음 중 당신이 쓴 소설의 내용은?

A 섹스와 중고가게에서 고른 엘피판과 책을 통해 스스로를 발견해나가는 한 젊은 남자의 이야기. 책에서 그의 이름은 끝까지 나오지 않는다. 이야기가 끝날 때까지 그 어떤 구두점도 나오지 않을 것이며, 아무도 끝까지 읽으려는 시도조차 하지 않지만 이 실험적인 소설은 여러 권위 있는 상의 후보로 거론될 것이다.

B 10대 소녀의 성장소설. 당신의 자전적인 이야기를 다뤘지만 주인공은 당신보다 한층 더 성격이 괴팍하고, 당신처럼 유럽 여행을 떠난다. 독자들은 이 책을 재밌게 읽고, 책은 꽤 잘 팔린다.

C 실패로 끝나는 결혼과 마을의 오래된 비밀을 파헤치는 소녀, 그리고 말 없는 사제에 관한 이야기. 세 이야기는 아무도 예상하지 못할 방식으로 교차된다. 비평가들은 이 600쪽에 달하는 소설의 생기 넘치는 문체에 극찬을 보내며 문학계의 신성이 나타났다는 평을 내린다.

4. 평범한 화요일, 당신이 입고 있는 것은?

A 수선을 하지 않아 찢어진 검정색 진에 잘 때 입는 티셔츠, 그리고 가죽 재킷.

B 1주일 내내 입는 레깅스에 몇 달째 빨지 않은 브래지어, 검정색 탱크톱, 그리고 중학교 때부터 입었던 스웨터.

C 짙은 색 청바지, 바스락거리는 흰색 셔츠, 커다란 선글라스와 빨간 립스틱. 언제나 면세점 모델 또는 현지 파리지앵처럼 보여야 하므로.

5. 당신은 어떻게 글을 쓰는가?

A 몰스킨 노트에 비싼 만년필로 쓴다. 쓴다는 것은 미학적인 작업이다. 당신은 아주 진지한 작가고, 이 사실을 당신의 예술학 수업 수강생 모두 알아야만 한다.

B 아주 가끔 노트북으로. 키보드는 중국 배달음식이 튄 흔적으로 얼룩져 있고 모니터 우측 하단에는 직경 3센티미터는 족히 될 법한 찍힌 자국이 있는데, 이 자국 역시 예전에 중국 음식을 배달시켜놓고 음식이 도착하자 뛰어가다가 노트북을 떨어트려서 생긴 것이다.

C 아주 저명한 작가에게 선물로 받은 빈티지 타자기로 직접 타이핑한다. 그 작가의 이름을 말하면 으스대는 것 같으니까 비밀로 하겠다. 당신은 언제 아이디어가 떠오를지 몰라 침대 머리맡에 450달러짜리 타자기를 두고선 막상 아무것도 쓰지 못해 먼지가 쌓이도록 두는 유형과 달리 타자기가 어울리는 작가로, 어려움 없이 몇 쪽쯤 단숨에 써내려간다. 타자기는 언제나 당신에게 적합하다는 느낌을 준다. 아침 햇살이 창문으로 들어올 때면 당신은 빠지지 않고 책상의 꽃에 물을 준다. 물론 귀찮은 일이다. 글쓰기는 공예와 같아서, 일단 초고를 쓴 다음에는 인내심과 용기를 가지고 빨

36

간 펜을 가지고 앉아 문장이 당신처럼 눈부시게 매력
있게 될 때까지 고치고, 또 고친다.

A를 가장 많이 선택했다면?

당신은 예술 수업에서 자주 보던 바로 그 사람이다. 자세
히 설명하지 않아도 알 것이다. 무심한 예술가처럼 보이
기 위해 비니 모자를 비스듬히 쓰고, 수업 시간에 언제나
말하고, 허세 가득한 시를 가져오며, 지금껏 누구도 시도
하지 않은 소설을 쓰고 있다고 말하는 그런 스타일. 당
신의 미래에는 두 가지 옵션이 있다. 하나는 《뉴요커》에
서 한 번 거절당하고 바로 작가가 되기를 포기하는 것이
고, 다른 하나는 짤막하고 실험적인 소설을 하나 발표해
베스트셀러 작가로 깜짝 데뷔한 뒤 뉴욕을 떠돌아다니며
문학 선집의 객원 편집자로 일하고 고급 아파트에서 갓
스무 살 된 애들과 섹스하면서 남은 커리어를 이어가는
것이다.

B를 가장 많이 선택했다면?

당신은 글과 관련된 직업을 갖게 될 것이다. 처음에는 잡
지사에서 일하다가 잡지가 더 이상 인쇄되지 않아 그 잡
지의 웹사이트에서 일하게 될 것이다. 점점 온라인에서

더 많은 시간을 보내며 소셜미디어를 스크롤하고, 한때 명석했던 두뇌는 점차 둔해질 것이다. 그러다가 책을 쓰게 되었을 땐, 진짜 책을 쓰기로 한 이유가 무엇이었는지 확신이 들지 않을 것이다. 당신은 타인의 시선을 지나치게 신경 쓰고 있다.

C를 가장 많이 선택했다면?

거짓말하지 말라. C는 사실은 B를 가장 많이 선택한 사람의 환상 속에만 존재한다. 특히 점심에 과식을 하고 누군가 탕비실에 남겨둔 도넛 두 개마저 먹어치운 뒤 벨트가 끊어질 것만 같은 기분을 느낄 때. C를 선택한 사람이 존재한다면 그녀는 언제나 자신을 통제하는 데 성공하는 타입이다. 완벽한 턱선과 초록색 눈동자, 오똑한 콧대를 가지고 있어 성형수술은 고려해본 적도 없을 것이다. 몸매는 호리호리하고, 매일 글을 쓰고 칭송받는데, 이미 자존감이 높아 외부의 평가에 연연하지도 않는다.

아무도 입 밖에 내진 않지만 모든 학생이 알고 있는, 지역과 시대를 막론하고 퍼지는 역병과도 같은 전설이 있다. 교수가 수업에 15분 이상 늦을 경우 수업이 취소되고, 학생들은 집에 가도 된다는 전설.

당신이 학교에 다니는 기간을 통틀어 이 기적은 딱 한 번 이뤄졌다. 소설 작문 개론 수업의 첫번째 날이었다.

수업은 정원 15명의 워크숍 형식이었고, 장소는 도서관 2층의 제일 구석방이었다. (1970년대쯤 지어진 캠퍼스 내의 또 다른 네오브루탈리스트 스타일의) 도서관 콘크리트 벽과 빽빽한 서가 사이의 그 방은 으스스하고, 언제 가든 해질녘의 분위기를 풍겼다. 많은 사람들이 아이비리그의 도서관이라 하면 상상하는 전형적인 이미지는 다음과 같을 것이다. 벽에는 라파엘로풍의 그림이 걸려 있고, 마호가니 책상마다 편안한 초록색의 스탠드가 있고, 서가에는 햇살이 어른거리며 꼭대기는 사다리로만 닿을 수 있는. 그러나 1960년대에 지어진 이곳은 황량한 구조로, 책장은 지면과 바싹 붙어 있다. 책은 대부분 지하 서고에 쌓여 있으며 전등이 자동 센서로 켜지도록 되어 있지만, 제대로 작동을 하지 않는 탓에 원하는 책을 찾으려면 결국 핸드폰의 플래시를 사용해야 한다.

교실은 작문 워크숍에 전혀 적합하지 않게 모든 책상이 각기 다른 방향으로 배치되어 있어 사람들은 서로를 마주볼 수가 없다. 그러나 이 순간 사람들의 고개는 모두 시계 쪽을 향해 있다. 교수가 공식적으로 16분 늦는 순간, 모두 서로를 바라보며 말한다.

"여기가 A204호, 맞죠?" 누군가 묻자 모두들 중얼거리며 동의를 구한다.

"소설 작문 중급반, 맞죠?" 또 다른 누군가가 묻는다.

"잠시만요, 아랍어 수업이 아니고요?"

잠시 웅성거림이 이어진 후 곧 한 명 외에는 모두 소설 작문 중급반 수강자라는 게 확인된다. 유일한 아랍어 수강생은 "젠장"이라고 외치며 백팩을 메고 교실을 뛰쳐나간다. 그의 발자국 소리가 도서관 중앙 복도의 나선형 계단 건너 울려퍼지고, 다시 조용해졌다. 다른 소리는 들리지 않았다.

2시 17분이다.

"첫 시간이니까." 남학생 한 명이 혼잣말하듯 말했다. 그는 이미 가방에서 교재 두 권을 꺼내어 책상 위에 가지런히 놓았다. "길을 헤매고 계시는 건지도 모르죠."

그 순간, 소환되기라도 한 듯 문이 열리며 교수로 보이는 한 남자가 들어온다. 나이를 가늠할 수 없어 숱이 풍성한 검은 머리를 한 55세 쯤으로도, 세상에서 가장 피곤한 35세로도 보였다. 앞에 서면서 그는 웃음기 없는 표정으로, 한 사람 한 사람을 회색 눈으로 바라본다. 교수보다는 차라리 〈O.C.〉*의 말썽꾸러기 삼촌 역에 더 어울릴 법한 외모다.

"담당자에게 교실을 바꿔달라고 했는데 안 들어주더군요. 도서관 뒷방에서 수업하는 건 딱 질색인데." 그의 말에 아무도 대답하지 않았다. "자, 그럼 다들 의자를 끌어와서 원을 만들어봅시다."

당신은 그렇게 한다. 누구도 이 교수를 예전에 본 적 없고 선배들한테도 들은 바가 없다. 그에 대해 전혀 들은 바가 없는 당신은 아마 그가 시간강사인 것 같다고 확신한다.

"제가 이번 학기 이 수업을 맡게 되었습니다." 그가 히죽 웃자 완벽히 가지런한 치아가 드러난다. 로맨스소설이 아닌 현실에서 이렇게 웃는 사람은 처음 본다. "오늘은 첫날이니까 저에 대해 궁금한 건 다 물어봐도 좋습니다."

이런 식의 수업 첫날은 난생 처음이라고 수강생 전원은 생각한다.

얼어붙은 호수 수면에 조심스레 걸음을 떼듯, 아까 책을 꺼내둔 그 남학생이 처음으로 질문을 한다.

"어디서 오셨어요?"

"플로리다."

♥ 폭스(FOX)에서 방영된 미드.

"여기 오기 전엔 뭘 하셨는데요?"

"플로리다에서 학생을 가르쳤죠."

"성적 평가의 기준을 알고 싶은데요."

"각자…… 할 일을 해요. 텍스트를 읽고. 매주 세 명의 페이퍼를 같이 살펴볼 겁니다."

"교수님은 어떤 종류의 글을 주로 쓰시는지요?"

"책을 씁니다."

"어떤 종류의 책이죠?" 당신이 묻는다.

"질문의 의미를 모르겠군요. 24포인트. 행간은 200퍼센트. 그래요. 이 수업은 패스와 넌패스만 있는 필수과목이죠. 준비됐어요? 그럼 노란색 교재 131쪽을 펴서 토비아스 울프˙에 대해 이야기해볼까요."

기숙사에 돌아와서야 당신은 교수가 자기 이름조차 밝히지 않았다는 사실을 깨닫는다.

당신은 누워서 배 위에 노트북을 올려놓고 플로리다대학 사이트에서 그의 프로필을 검색해 햇빛에 눈을 찡그린, 지금보다 한층 젊고 잘생긴 그의 사진을 발견한다. 간단한 이력에는 두 권의 저서가 기재되어 있었는데, 둘

˙ Tobias Wolff, 스탠퍼드대학의 교수이자 소설가.

다 문학계에서 얼마간 인정받아 반향을 일으킨 적이 있
는 책이었다. 책에 대한 설명은 산문도 운문도 아니고,
소설도 회고록도 아닌, 그 분야의 패러디에 가까운 수식
어구들이었다. 이를테면 "이 책은 사물들의 자서전이며,
감정의 선언, 성애의 기록, 정교한 감정의 수공예품이다.
이 책은 선형적 구조와 독서 행위 자체를 초월한 문학적
성취이다"와 같은. 보자마자 싫어지는 표현들이다.

그럼에도 자신이 절실하게 그 교수의 인정을 원한다
는 걸 인정할 수밖에 없다. 그가 당신을 자기와 동등한
동료로 여겼으면 좋겠다. 당신은 쾌활하고, 싱글이고, 성
숙한 문학적 자질을 가지고 있으니 시니컬하고, 명석한
교수인 그가 당신의 특별함을 알아보지 못할 이유가 없
지 않은가!

왜냐면 당신은 좋은, 심지어 훌륭한 작가(가 될 것)이
기 때문이다. 입학할 때부터 노트북으로 뭔가 특이하고
인상적인 걸 재빠르게 써내는 자신의 정체성을 이제는
인정해야만 한다.

여덟 살 때 당신은 동물원에서 보고 온 동물들에 대
해 운이 딱딱 맞는 시를 노트 한 권 분량이나 썼다.

원래는 각 페이지에 맞는 그림도 그리려 했지만, 그리
는 것보다는 쓰는 게 더 빠르고 쉬웠다. 서툰 그림이 있

다면 아이가 쓴 시라는 걸 사람들이 알아차리겠지만, 타
자로 쳐서 프린트한다면 충분히 텍스트만으로 승부할 수
있다.

동물원에 와서 기린을 보아요
목이 길고
나무를 흔들고
별을 세는
기린.

"엄마, 닥터 수스♥ 책이 나오는 출판사가 어디죠?" 당
신은 다음날 도시락으로 쌀 터키 샌드위치를 만들고 있
는 엄마에게 묻는다.
"글쎄…… 잘 모르겠네."
단념하지 않고 당신은 위층으로 올라가 옷장에서 책
을 찾아내 책등 아래쪽에서 낯선 단어를 찾아낸다. 랜덤
하우스.
아빠에게 회사에서 가져다달라고 부탁한 큰 봉투에
인터넷에서 30분간 찾아낸 주소를 신중하게 적고, 원고

♥ Dr. Seuss, 미국의 아동작가.

들을 집어넣은 뒤 부탁한다. "내일 이것 좀 부쳐주시겠어요?"

당신은 문학계에서 축복받는 신동이 될 것이었다. 미래에 놓인 컨베이어 벨트, 그러니까 고등학교, 대학교를 거쳐 지루한 직업과 지겨운 결혼, 그리고 아이를 낳는 이 모든 과정이 되풀이되는 따분한 인생의 고리를 끊을 수 있는 수단이 바로 글쓰기다. 사람들은 당신의 글을 읽고, 당신은 떼돈을 벌고 뉴욕에 살면서 때론 팬들을 만나러 세계를 돌아다닐 것이다. 수십 년 후에도 읽히는 닥터 수스 같은 작가가 된 당신의 작품은 학교 의무교육 기간 내내 수없이 수업 과제로 채택될 것이다. 그러니까 당신은 충분히, 아마도 좋은 작가가 될 것이다.

교수에 대해 두 가지의 성적 판타지가 거의 비슷한 빈도로 떠오른다. 하나는 그의 책상 위에서 섹스하는 상상으로, 밤 11시 반경 기숙사 방에 혼자 누워 시트를 덮어쓰고 한 손이 속옷의 고무줄과 배 근처를 더듬을 때 당신의 머릿속을 돌아다니는 장면이다. 다른 하나는 수업이 끝나 학생들은 모두 떠나고, 두 사람만 몇 시간이고 그 도서관 뒷방에 남아 캐서린 맨스필드에 대한 토론을 이어가는 것이다. 대충 훑어보기만 했는데도 캐서린 맨스필드 작품에 대한 당신의 견해는 다른 학생들에 비해

압도적으로 풍부하다. 당신과 교수가 문학과 글쓰기에 대해 이야기하는 동안 18세기 양식의 목재건물 뒤로 붉게 노을이 지면서 브라운대학 캠퍼스의 외곽선을 뚜렷이 밝히고, 두 사람은 술집으로, 침실로 장소를 바꿔가며 계속 이야기하다가 결국 그의 책상 위에서 섹스한다.

당신이 트위터 팔로워 수며 에이전트를 찾고 있다는 (혹은 거의 찾은 거나 마찬가지라는) 사실로 교수의 관심을 끌려고 하는 동안 한 학기가 지나간다. "교수님, 질문 하나만 할게요. 에이전트를 찾으려면 어떻게 해야 하죠?"

"글쎄요." 그가 대답하며 수업이 끝나자마자 교실을 빠져나간다. 5시 1분이다.

그렇게 학기가 끝나가고, 결국 당신은 다른 학생과 마찬가지로 기말 과제를 위한 15분간의 면담을 하러 그의 연구실을 찾아간다. 당신은 한 10대 소녀가 사촌의 장례식에 갔다가 망자의 침실에서 뭔가를 훔친다는 내용의, 감상적이고 산만한 단편을 썼다. 수업을 들은 학생 대부분이 결혼생활에 만족하지 못하고 모든 걸 버리고 훌쩍 떠나버리는 식의, 잭 케루악♥ 비슷한 뭔가를 썼다(그들이 쓴 소설에 등장하는 인물 중 반 정도는 기차에 올라타고, 나머지

♥　Jack Kerouac, 1950년대 기성사회의 윤리를 거부한 비트세대를 대표하는 미국 소설가.

반은 타지 않았으며, 그중 한 명은 기차 앞으로 뛰어들었다). 당신은 생생한 1인칭 화자의 가식 없는 이야기라며 교수가 칭찬해주기를 기대하지만 그는 끝까지 원하는 반응을 보이지 않는다.

"어떤 부분은 괜찮았어요." 알아볼 수 없는 빨간 선이 몇 개 그어진 리포트를 돌려주면서 그가 한 말의 전부였다. "조금 더 인간적인 접근이 필요하긴 하지만, 나쁘진 않네요."

연구실은 마치 이혼한 지 얼마 안 되는 남자의 아파트처럼 아직 정리되지 않았다. 다른 강사와 연구실을 나눠 쓰는 듯 두 개의 책상이 있는데, 둘 다 놀라울 정도로 아무것도 없었다. 단지 옆의 의자에만 당신이 알아볼 수 없는 제목의 책 몇 권과 그의 코트가 놓여 있었는데, 그 외에 그가 여기서 일한 흔적은 전혀 없었다.

"그게 무슨 말씀이시죠?" 당신은 되묻는다. 괜찮다라니. 괜찮다는 표현은 뇌 속에서 풍선처럼 커지며 다른 생각들을 모두 몰아낸다. 괜찮다, 그냥 괜찮다, 나쁘지 않다, 그렇다면 그저 그런, 평범하다는 뜻인가? "그러니까, 아무런 특별한 게 없다는 말씀이신 건가요?"

"사촌의 침실 장면은 좋았어요. 그런 종류의 감정적 갈등이 더 있었으면 해요."

그렇게 말하는 교수의 어조는 스누피가 등장하는 만화에 나오는 어른들의 소음처럼 들린다. 그는 당신의 작품을 좋아하지 않는다. 당신을 좋은 작가라고 인정하지도 않았다. 그에게 당신은 문학적 재능을 발휘하는 중간중간 의무적으로 가르쳐야 하는 의미 없고 지루한 학생 중 하나에 불과하다. 그는 당신에게도, 당신의 작품에도 전혀 관심이 없다.

"그치만…… 저는 책을 쓰고 있어요." 당신은 흥분하며 외친다. "영어덜트 장르를 쓰려고 하는데, 이 이야기랑 비슷한 어조로요. 그러니까 제 말은……." 더 잃을 게 뭐겠는가? 이제 학기는 끝났고, 그는 수업에서 보이는 것만큼의 의욕조차 당신에게 보이지 않았다. "제 재능이 부족한가요?"

"내 생각엔." 플로리다가 아닌 곳에서 여섯 달을 보내 얼굴이 조금 더 하얘진 교수가 말한다. 머리도 조금 더 셌지만 여전히 평범한 중년 남자보다는 문학적 재능이 두드러지는 모습이다. 그는 입속으로 숨을 들이쉬며 이렇게 말한다. "아마 학생은 상업적인 작가로 성공할 것 같아요".

수치스러운 진실을 마지못해 발설한 사람처럼 그가 내뱉은 '상업적'이라는 단어가 작은 연구실에 울려퍼진다. 미안하지만 이게 진실이라는 듯.

"감사합니다." 당신은 이렇게 말하면서 속으로는 '고자나 돼버려라'라고 생각한다.

계속 진행하시오.

섭식장애와 관련해,
당신은 〈반지의 제왕〉 중
어느 캐릭터에 가까울까?

"더 이상 체중 감량을 원하지 않는다고 했던 것 같은데
요." 심리치료사가 진단 차트에 연필로 탁탁, 소리를 내
며 말했다. 자기 이름과 사무실 번호가 새겨져 있는 연필
이다. "그런데 지난주에 1.5킬로그램이나 더 빠졌네요."

"지난주는 추워서 스웨터를 껴입느라 무게가 더 나갔
을 거예요." 당신이 변명하듯 말한다.

치료사는 '나는 슬픈 게 아니라 그저 실망한 거다'라
는 표정을 하고 맞은편 소파로 돌아가 버켄스탁을 신고
걸터앉는 당신을 바라본다.

"왜 자꾸 살이 빠진다고 생각해요, 데이나?" 치료사
가 조용히, 소위 치료사의 말투로 묻는다. 당신이 질색하

는 말투다. 당신은 그녀가 정식 치료사가 아닐 거라고 굳게 믿는다. 문패에 적힌 문구도 "영양사, 식이전문가, 상담가"였다. 어쨌든 대기실은 거식증에 걸린 10대들로 가득하고 《오 매거진》♥ 과월호와 티슈가 쌓여 있다. 당신과 엄마는 그녀를 그냥 이름으로 부른다. "다음 주 리사랑 상담 예약 잡았니?" 이런 식으로. 그리고 언제나 대답은 "예스"다. 리사를 만나러 가는 건 엄마가 걱정이라 부르는 지속적인 감시에서 잠시나마 벗어날 수 있는 당신의 방어 전략 중 하나다.

리사와 당신은 매주 다음과 같은 게임을 한다.

그녀가 당신의 몸무게를 잰다.

그리고 체중이 줄었다고 말한다.

그러면 당신은 약간의 안도감과 함께 죄책감을 느낀다. 당일 아침에 소변을 참고 왔다거나 평소보다 오트밀을 조금 더 먹었거나 하는 경우 남은 상담 시간은 한결 수월해진다. 그러나 어쨌든 체중은 줄었고, 이제 더 이상의 체중 감량은 없어야 한다고 하는 것이 리사의 업무이므로, 당신은 남은 40분을 그녀의 미친 조언을 받아 적는 척하며 보내야 한다. 조언은 이런 것들이다. "점심 때 먹

♥ *O Magazine*, 유명 토크쇼 진행자인 오프라 윈프리를 전면에 내세워 건강, 뷰티, 패션, 리빙 등을 다룬 여성 잡지.

는 샌드위치에 치즈를 한 장 더 추가해보는 건 어때요?"

"밀크셰이크는 칼로리를 섭취하기에 좋은 디저트예요!"

"아침과 점심 사이에 간식을 먹어보는 건 어떨까요?"

멋진 조언 고마워요, 리사. 제가 적을 수 있게 처음 부분 다시 한번 말해주실래요? 아침의 간-식으로, 요거트라고 하셨던가요, 네. 맞아요. 인생을 바꿀 수 있는 멋진 팁이네요. 당신은 천재 같아요.

네, 네, 네, 네. 모든 것에 동의하고, 아무것도 바뀌지 않고, 다음 주에 다시 돌아와 모든 걸 되풀이한다.

때론 다른 전략을 취하기도 한다. "커피에 저지방 우유 대신 일반 우유를 넣어봐요!"라는 리사의 조언에 다시 한번 동의하자니 입으로 내장이 튀어나올 것 같은 기분이 들어 솔직하게 말하는 거다.

"잠깐만요. 난 의학적으로 저체중이 아니라고요." 리사는 동의한다. 의사들이 진지하게 당신의 체질량지수를 걱정하고, 길 가던 사람이 당신을 날씬하다고 생각하기보다 어디 아파 보인다고 느낄 정도, 그러니까 사이즈 2♥가 되려면 아직 3~4킬로그램은 더 남았다.

"하지만." 리사가 많이 연습한 듯, 메리 포핀스와 미

♥   한국 사이즈로는 44사이즈 정도.

스터 로저♥ 중간쯤의 톤으로 능숙하게 받아친다. "우리가 걱정하는 건 단순한 몸무게보다도 그것과 연관된 사고 회로예요. 데이나는 지금 몸무게에 강박증을 가지고 비현실적인 섭식 습관에 스스로를 가두고 있어요."

"알았어요. 그치만 어쨌든 제 말이 틀린 건 아니잖아요?" 당신도 이게 소모적 대화라는 걸 알고 있다. 심리치료사는 절대로 '네가 옳아!'라고 인정하지 않을 것이며 '이 환자는 똑똑하니까 뭐든 먹고 싶은 대로 먹게 해주시오'라는 증명서를 써주지도 않을 것이다. 그러나 이왕 시작해버리고 나니 도무지 멈출 수가 없다. "빌어먹을 그 현실적인 식단대로 먹으면 비만이 된다는 게 진실이죠. 특히 과체중일 때는 더더욱. 날씬해지는 건 이 세상을 살아가는 데 지루하지만 확실한 강자로 살아가는 방법이에요. 악당들은 벌벌 떨면서 눈치를 보고, 어떤 옷이든 기가 막히게 어울리고, 남자들이 집중하고, 모르는 사람도 친근하게 쳐다보죠! 와우! (그 힘이 실제 싸움에서는 쓸모없다 할지라도, 어쨌든 모든 걸 조금씩 편리하고, 쉽게 만들어주죠. 대단한 무기가 없어도 어벤저스의 일원이 되게 하고요.)"

"그래요, 비겁할 수 있지만 이중잣대를 인정할 필요

♥ Mr. Rogers, 어린이 프로그램 진행자.

가 있어요. 지구에 사는 사람이면 누구나 날씬함에 대한 편견을 가지고 있잖아요? 날씬하면 더 똑똑하고, 예쁘고, 유능할 거라고요. 그러니 어린 친구들이 그렇듯이 나도 사람들에게 그렇게 보이고 싶어요. 그러니까 날씬해지려는 노력은 현실을 반영하지 않은 게 아니라 완전히 반대라고요." 리사는 연필을 손가락으로 돌리면서 바로 받아친다. "데이나, 당신은 페미니스트잖아요. 몸무게는 그 여성의 내면과는 아무런 상관이 없다는 걸 알 텐데요."

"물론 알아요." 당신도 반격한다. "문제는 다른 사람들은 그걸 모른다는 거예요. 그러니까 차라리 칼로리를 계산해서 날씬해지고, 그 모든 불합리한 차별을 건너뛰는 편이 합리적인 거죠. 비용편익 같은 거예요. 매번 칼로리를 따지는 건 짜증나는 일이지만 뚱뚱한 여자로 살면서 세상의 온갖 편견에 시달리는 것보다는 우위 전략이거든요."

"이봐요." 당신이 말을 시작할 때 이미 대답을 생각해놓은 듯 리사가 바로 대답한다. "칼로리에 집착하지 않고도 괜찮아 보일 수 있어요. 한번 본능대로 먹어봐요. 장담하는데, 1.5킬로그램만 늘어도 뇌가 예전으로 돌아올 수 있을 거예요. 섭식장애를 앓지 않은 건강한 상태로요."

날씬하게 태어난 사람들은 언제나 그렇게 재수 없게

말한다. "본능대로 먹어보라"라는 그들의 말은 마치 "난 운동 중독이야!"라든가 "이 음식은 너무 달아서 도저히 다 못 먹겠어"라는 것과 같다. 반면, 지금 잠시 날씬할지라도 원래 뚱뚱했던 사람들은 마치 엔트로피의 법칙처럼 원래 상태로 돌아가려는 몸의 습성과 매번 싸워야 한다. 그러니 본능에 따르면 과자 한 봉지를 한 번에 먹을 수도 있는 것이다. 거기다 쿠키까지. 물론 쿠키 하나로 끝나지 않고 계속해서 먹다가 누군가의 생일 축하 컵케이크까지. 그러다 정신을 차리면 이미 돌이킬 수 없는 칼로리를 섭취한 후다. 1주일도 채 되기 전에 당신은 초코파이 한 조각을 먹기 위해 복면을 쓴 채 사람들을 야구방망이로 위협하는 악당이 되어 있으리라.

그러나 날씬한 종족들은 이런 걸 이해조차 하지 못한다.

"알았어요. 어쩌면 선생님이 맞을 수도 있죠. 그래서 우유를 어떻게 하라고요?" 어차피 이길 수 없는 싸움이다. 당신은 무의미한 말들을 받아 적고 고개를 끄덕이며 '비참하고, 불가항력적인 10대 소녀가 결국은 마음을 여는' 것처럼 보이는 표정으로 남은 상담 시간을 보낸다.

리사에게 자기 역할이 있듯, 당신의 역할이 있는 것이다. 당신에게 주어진 역할은 현실 세계에서 성공하고

자 하는 소녀다. 칼로리를 계산하고, 침대에 누워 엉덩이가 처지지 않았는지 점검하고, 주먹 한 개는 너끈히 들어갈 만큼 청바지가 헐거워지게 하는 행동은 모두 승인받기 위한 것이다. 당신은 학습받은 대로, 불행에 민감한 한 인간으로서, 바로 그렇게 해야 하는 대로 행동하는 것이다.

고등학교 2학년이 되었을 때 당신이 읽고 있던 잡지에는 체중을 관리하기 위해 몇 칼로리를 섭취해야 하는지가 분명히 실려 있었다(표지에 실린 여성들은 A급은 아니지만 연예계에서 존재감이 확실한 이들로, 라이크라 소재의 딱 달라붙는 숏팬츠를 입고, 빛나는 복근을 뽐내고 있었다). 정확히 1,800칼로리라는 숫자도 생생히 기억난다. 숫자 뒤 두 개의 0은 잘 익은 열매처럼 탐스러웠고, 8은 완벽한 모래시계처럼 허리가 바짝 죄인 형상을 하고 있었다. 잡지는 아침식사로 300칼로리, 점심식사로 400칼로리, 저녁식사로 500칼로리, 간식과 디저트로 각각 200칼로리를 제안했다. 놀랍도록 간단했다. 따르기만 한다면 보통의, 날씬한 여성이 될 것이며 이를 초과하는 칼로리는 지하 저장소에 곡식이 저장되듯 울퉁불퉁한 지방 덩어리와 인생의 불행으로 저장되리라.

그렇게 당신은 뱃살을 옥죄어 단추를 잠그기도 힘든

청바지를 입으려는 집착에 사로잡힌다. 그 청바지를 입은 날이면 배에 빨간 자국이 남아 반은 안쓰럽게, 반은 혐오하며 자신의 배를 주무르면서도. 당신은 키가 유대인치고는 꽤 큰 170센티미터로 어린 나이에 엄마, 언니보다도 컸으며 친구들보다도 한 뼘은 컸다. 작은 친구들을 데리고 갈 때면 마치 요정과 괴물 세계 사이를 오가는 거인이 된 듯한 기분이었다. 그렇다고 당신이 순진했던 건 아니다. 당신은 자신의 똑똑함을 잘 인지하고 있었고, 언제, 어떤 주제로든 손을 들어 의견을 표명했으며 상대가 누구든 거침없이 논쟁했다. 당신은 그런 자신의 장난기가 로맨틱 코미디의 여주인공처럼 남자애들에게 매력적으로 다가갈 거라고 생각했지만, 시골 남자애들에게 재치 어린 농담은 통하지 않는다는 사실(특히나 당신이 케이트 허드슨처럼 생긴 게 아니라면 말할 것도 없이)은 몰랐다.

중학교 3학년이 된 당신과 친구들은 교실 밖 복도에 앉아 있었다. 친구 한 명이 다리를 앞으로 쭉 뻗은 뒤 가슴이 무릎에 닿을 정도로 상체를 굽히는데, 아무리 눌러도 툭 튀어나온 무릎 뼈만 몸에 닿았다. 당신도 따라해봤지만 허벅지살에 눌려 무릎과 몸 사이에는 아무런 공간도 남지 않았다. 친구는 당신을 딱한 표정으로 쳐다보며 뼈만 앙상한 자기 다리를 번갈아 본다. "이상한 일이네."

그렇게 해서 당신은 체중 조절을 위해 하루에 1,800 칼로리만 먹어야 한다는 잡지를 읽게 된 것이다. 그 전까지는 먹을 때 칼로리를 떠올리지도 않았다. 어쩌면 1,800의 두 배, 혹은 세 배를 먹었을지도 모른다. 그래서 청바지가 꽉 끼게 된 게 분명하다. 사진을 찍으면 팔뚝에 군살이 있는지부터 보면서 시선을 고정하게 된 것도 그때부터다. 칼로리를 계산하는 부류의 여자들은 마르고, 시크하고, 프로페셔널하며, 하이힐을 신고 뉴욕의 그럴싸한 직장에 출근하러 택시를 불러 세운다(당신이 가진 성공한 여자에 대한 이미지는 거의 〈완벽한 그녀에게 딱 한 가지 없는 것〉이나 〈악마는 프라다를 입는다〉에서 온 듯하다). 당신이 주문처럼 되뇌는 칼로리 숫자는 뇌를 지배하고 있다. 지금보다 더 가냘퍼지고 싶다면, 어떻게 해야 하나?

어떻게 할 것인가?

🅐 몇 년 전, 중학교 도서관 구석에서 소설이라기보다 케이블 채널의 영화 같은 인상의 책 한 권을 봤던 일을 기억한다. 책은 섭식장애의 위험에 관한 것으로, 한 순진하고 통통한 10대 소녀가 식욕이상항진증♥에 걸

♥ 폭식 후 토해내는 걸 반복하는 증세.

리는 과정을 보여준다. 반에서 인기 많은 한 여자애가 목구멍으로 손가락을 집어넣어 음식이 소화되기 전에 토하는 비법을 알려주고 주인공은 쉽게 악마의 유혹에 넘어간다. 책은 공포와 수치심으로 독자를 겁주고, 결국 날씬해졌지만 그것에 지나친 의미를 부여하고 집착하는 주인공을 보여줌으로써 그것이 그럴 만한 가치가 없는 일이라는 걸 알리려 했다. 당신은 그 수준까지는 가지 않으리라. 당신이 원하는 건 그저 청바지가 너무 꽉 끼지는 않는 정도일 뿐이니까.

61쪽으로 가시오

B 구글 검색창에서 뼈만 남아 아기 새처럼 팔이 앙상한 모델들의 사진을 검색한다. 그들은 SNS에서 메시지를 보내오거나 친구가 되고 싶어 하는 남자애들한테 관심도 주지 않는다. 사람들이 서로 말을 걸어올 테니 어색한 침묵을 견딜 일도 없다. 날씬해진다면 당신도 그렇게 될 수 있다. 살을 빨리 뺄수록 당신의 인생은 빠르게 변할 것이다. "빠르게 살 빼는 법", "1주일 안에 5킬로그램 빼기" 등을 검색한다. 의지를 가지고 감량하려는 사람들이 나온다. 당신보다 딱히 나아 보이지도 않는다. 당신은 먹는 것의 칼로리를 죄다 계산한

다. 1,800라는 숫자에 스스로를 가둔다. 그 숫자를 넘어가지 않으면 체중은 유지된다. 그보다 조금만 덜 먹으면 된다.

89쪽으로 가시오

복도 아래쪽에서 웅성거리는 소리가 들려온다. 문이 열리고, 사람들이 계단을 오르고, 낄낄대고, 재잘대다 멈추는 소리. 당신은 파자마를 입고 있지만 여전히 속옷은 입고 있으며, 화장도 지우지 않은 상태다. 지나친 화장은 불운을 불러온다지만 약간의 화장은 필요하다. 합창단에 떨어져서 오밤중에 눈물로 떡진 마스카라 얼룩을 닦아내지 않아도 될 정도로만.

너무 떨려서 심장이 목구멍으로 튀어나올 지경이지만, 분명히 복도 쪽에서 뭔가 소리가 들려온다. 당신은 지난주 목요일 밤부터 공과대 건물의 교실을 돌아다니며 대학교 합창단 오디션을 봤고, 16명의 평가단에게 이름과 포지션, 기숙사 방 번호가 적힌 카드를 보여줬다. 정당한, 철저히 비밀에 부치는 엄격한 평가에 따라 선발된다면, 자정에 비밀 공간에서 벌어지는 신입 멤버 환영 음주파티에 초대될 것이었다. 뽑히지 못한다면, 고등학교 댄스파티에서 끝까지 파트너를 구하지 못해 서 있던 애들처럼 밤새 비참하게 기다려야 한다.

소리는 점점 커져오고, 마침내 누군가 방문을 거칠게 두드린다. "내가 나가볼게." 당신은 침대에서 튀어오르며 룸메이트에게 외친다. 1950년대 주부나 입을 법한 목욕가운과 핑크색 털슬리퍼를 신은 룸메이트는 그런 당신을 물끄러미 바라본다.

달려가 방문을 열어보니 브라운대학 최고의 유대인 합창단인 '알렙 비츠Alef Beats' 멤버 전원이 당신을 기다리고 있다.

"알렙 비츠에 들어온 걸 진심으로 환영해!" 그들은 손뼉을 치고 발을 구르며 기숙사의 모든 방문이 열릴 때까지 더론리아일랜드의 노래 〈방금 섹스했어I've Just Had Sex〉를 부른다. "이제 비츠의 일원이 되었으니, 완전히 다른 생활이 펼쳐질 거야."

마치 사람들이 생일파티에서 축하 노래를 불러주는 듯한 기분이다. 당신은 같이 노래를 불러야 할지, 박수를 치거나 웃어야 할지 몰라서 셋 모두를 조금씩 한다. 멤버들은 키세스 초콜릿과 색종이 조각을 방에 뿌린다. 아카펠라 팀의 핵심인 비트박스를 담당하는 멤버가 문간에 기대서서 윙크를 보낸다. 누군가 "어서 나가자"며 외치고, 당신은 서둘러 핸드폰, 열쇠, 돈(필요할지 모르지만) 등을 챙겨 나간다.

"나중에 이거 다 치워야 해." 방바닥에 굴러다니는 초콜릿을 가리키며 룸메이트가 말한다.

"알았어, 알았다구!" 당신은 소리치며 잔뜩 신나 있는 취한 무리에 합류해 기숙사 밖으로 뛰어나간다.

아이들은 젠의 집으로 향한다. 당신은 그게 어딘지, 젠이 누군지도 모르지만 한밤중 섹스가 어쩌고 하는 노래를 부르며 링컨 필드를 건너는 대학생 무리는 거침이 없다(돌려가며 마신 술이 오히려 가사를 제대로 기억하는 데 도움을 준 것 같다). 소동 속에서 당신은 이들의 이름을 익힌다. 벤, 코라마, 앨릭스, 애너, 또 다른 벤인 벤지, 레이철, 시드니, 소파야, 그리고 베이글과 마니슈비츠♥를 준비한 오늘의 초청자 젠.

"내 친구들은 1년이 지나도록 우리 합창단 이름을 올리브 비츠라고 부르더라니까." 레이철이 말한다.

"유대인이 아니면 모르지." 아마도 벤이라고 했던 남자애가 말하자, "난 유대인이 아닌데?" 레이철이 대꾸한다.

코라마는 마치 오늘이 앞으로의 1년을 대표하기라도 하듯 신입 멤버인 당신을 챙기며 모성애 넘치는 눈빛을 보낸다. "우리는 반쯤만 유대인이라고 볼 수 있지."

"나는 실제로 부모님 중 한 명만 유대인이야!" 아마도 수전이라고 했던 것 같은 여자애 한 명이 말하자 코라마

♥　유대인 음료.

63

가 동의한다.

"그래, 왜 아니겠어."

마침내 학교를 벗어나 젠의 집에 도착한다. 커다란 현관과 나무로 된 덧문이 있는 오래된 동네의 타운하우스다. 젠이 삐걱거리는 문을 열고 아이들을 부엌으로 안내한다. 코라마는 베이글을 집어들고 이야기를 이어간다. "말하자면, 우리는 유대인 피가 조금 섞인 마룬파이브나 야엘 나임처럼 느슨한 연관성을 가진 곡들뿐 아니라 우리가 원하는 건 뭐든 부를 수 있는 거지."

당신은 묘하게 생긴 소파에 조심스럽게 앉는다. "그러면 유대인 합창단으로서의 정체성은……?"

"우린 유대인 합창단이 아니라 유대 문화를 테마로 한 합창단이지." 코라마가 정정한다. "말이 나와서 말인데, 대제일♥ 예배 때 노래를 부르고 마니슈비츠를 마시는 건 당연하지만!"

남자애 중 하나가 와인을 가득 따른 종이컵을 내밀자, 당신은 거절한다. "고마워, 하지만 난 안 마실래. 그리고 내일 일찍 수업이 있어서."

거짓말이다. 하지만 오늘 이미 정해진 칼로리를 다 섭

♥ 유대교 명절.

취했다고 설명하는 건 복잡하니까. 게다가, 알콜도 결국 다 당이 아닌가. 처음부터 안 마시는 자세를 고수하면 신입생의 저주♥를 막을 수 있을지도 모른다. 건강상으로도 좋을 게 없고 말이다.

학교 식당에서 저녁으로 비니거 소스를 친 닭가슴살 샐러드와 조그만 고구마 두 조각을 먹은 지도 몇 시간이 지났고 다른 친구들이 베이글에 크림치즈를 발라 맹렬히 먹는 모습을 보고 있자니, 당신도 그러고 싶은 마음이 굴뚝같다. 그렇지만 베이글의 탄수화물 함량은 식빵 한 쪽의 다섯 배 이상이라고, 어디선가 꾸짖는 소리가 들려오는 것 같다. 지금 베이글을 먹어버리면 날씬해지기 위해 지금껏 해왔던 노력과 희생은 허사가 되어버린다.

결국 당신이 아무것도 입에 대지 않은 걸 친구들이 눈치채기 전에 당신은 자리를 뜬다. 기숙사까지 찾아와 다른 신입생 30명 앞에서 당신을 위해 환영의 노래를 불러준 사람들한테 초면부터 당신이 엄격하게 식단을 조절한다는 걸 알리고 싶지 않다.

"내일 일찍 수업이 있어서 먼저 가봐야 할 것 같아." 누군가는 아쉬워한다.

♥ freshman fifteen, 대학교에 입학해 기숙사에 살면서 이것저것 먹으면 첫해에 15파운드가 찐다는 미국 속담.

"리허설 때 보자!" 벤이 말한다. 벤지가 경쾌한 발음으로 "비츠는 곧 인생이다!"라고 외친다.

그렇게 가장 먼저 슬그머니 파티장을 빠져나와 젖은 길을 빠르게 건너 기숙사로 돌아오자 방은 조용하다. 룸메이트는 귀마개를 하고 영화 〈티파니에서 아침을〉에서 여주인공이 썼던 것 같은 안대를 한 채 자고 있다.

인정하기 싫지만 당신은 배가 너무 고프다. 보수적으로 칼로리를 계산하느라 100칼로리라고 최면을 걸었지만, 저녁으로 먹은 작은 닭가슴살은 60칼로리밖에 안 됐을 것이고, 고구마도 통째로가 아닌 두 조각만 먹었다. 그러니 간단하게 뭔가 더 먹어도 되리라.

당신은 신경외과의처럼 신중하게 침대 아래의 통에서 엄마가 잔뜩 싸준 간식 중 식이섬유가 많은 허니 아몬드 오트밀 칼로리바(140칼로리)를 꺼낸다.

칼로리바에는 노란색 귀리와 인위적으로 반짝이는 아몬드 조각이 올라가 있다. 10시 이후에 먹는 칼로리는 뱃살로 간다는 걸 어디서 읽은 후로 원래는 절대 이 시간에 먹지 않는다.

제길, 어쩌겠어. 칼로리바는 지금까지 먹었던 그 무엇보다도 맛있다. 정신줄을 놓고 먹으면서, 어쩌면 이게 당신의 첫 오르가슴일지 모르겠다고 생각한다.

아직 입에 남은 걸 씹으면서, 바를 하나 더 꺼내어 뜯는다. 이걸 먹어도 될지 모르겠다고 생각하면서 정신을 차렸을 땐 이미 포장지만 남아 있었고, 당신은 보이지 않게 쓰레기통 깊은 곳에 그것들을 쑤셔넣는다.

박스에는 이제 칼로리바 두 개만 남았다. 아예 저것들까지 먹어치우면 유혹에 넘어갈 일이 없어지는 거 아닐까? 멀리 보면 현명한 방법이라며, 당신은 두 개의 칼로리바를 마저 황천길로 보낸다. 배가 부르지만 탈이 날 정도는 아니다. 너무 오래 배가 고팠던 터라 지금이 낫다. 더 나쁠 게 뭔가? 하루에 정해놓은 것보다 고작 몇백 칼로리 더 먹은 것뿐인데. 어쩌면 0.5킬로그램쯤 살이 쪘을지 모르지만, 그 정도는 괜찮다. 오늘은 합창단에 뽑힌 기념할 만한 날이니, 그 정도는 허용해도 되지 않을까.

방에 먹을 만한 게 더 있을까? 아까 칼로리바와 같은 회사에서 나온 시리얼 4분의 3박스. 이 단백질 시리얼은 토끼 사료인 톱밥 같은 맛이 난다. 부모님과 살 때 당신은 이 시리얼 세 컵에 설탕 9그램만을 아침으로 먹었다 (몇 년이 지나도 그 숫자를 외우고 있다니. 이름, 장소, 시를 외울 수 있는 뇌의 저장 공간을 시리얼의 설탕 함량을 외우는 데 쓴 셈이다. 셜록 홈즈가 통탄할 일이다). 이제 대학생이 되면서 과식을 막을 수 있는 장치가 사라졌다고 생각하니 당신은 두려워졌다. 베드 배쓰 앤 비욘드*에서 당신이 플라스틱 계량컵을 집어들자 엄마는 슬픈 목소리로 말했다. "애야, 대학교에 가서도 계속 칼로리를 계산하며 살 거니?"

그래서 당신에게는 계량컵이 없다. 그래서 평소에 전자레인지용으로 사용하는 유리 그릇에 한 덩이에 100칼로리 나가는 오트밀과 물을 부었다. 거기다 시리얼이 찰랑거릴 정도로 아몬드 우유를 듬뿍 붓고선(평소의 허용치인 반 컵이 훨씬 넘는 양이다) 허겁지겁 흡입했다. 음악도 틀지 않고 텔레비전도 켜지 않은 어두침침한 방 안에서, 자기가 무슨 짓을 하고 있는지 알아채고 정신을 차리기 전에. 그릇에 남은 아몬드 우유까지 마시고 새로 말아먹을 시리얼을 붓는다. 이제 상자에는 4분의 1정도의 시리얼만 남았다. 더 유혹을 느끼지 않게, 아예 이것까지 먹어치우자.

당신은 그릇을 헹구지도 않은 채 남은 오트밀 가루까지 싹싹 털어넣어 전자레인지에 돌린 다음 지난 가을 엄마가 로쉬 하샤나**용으로 보내준 꿀 스틱 두 개를 뿌린다. 너무 달아서 원래는 손도 대지 않았던 것이다. 이에 남은 알갱이가 거슬린다. 그조차도 먹어버렸으니, 이제

---

* Bed Bath & Beyond, 주방용품 가게 브랜드.
** 유대교 신년제.

당신을 괴롭히지 못하지만.

그렇게 오트밀 세 그릇째를 끝냈을 때, 비로소 배가 아프기 시작한다. 통증이 극심해지자 당신은 이게 자신의 상상인지, 실제로 위가 가득차서 음식이 식도까지 올라오기 시작한 건지 헷갈린다. 푸아그라를 위해 사육당한 살찐 거위가 된 기분을 느끼며, 당신은 불안감에 장이 꼬이는 것만 같다.

오늘 섭취한 칼로리를 계산하다가 2,000이 넘어가자 그만둔다. 오늘 최소한 0.5킬로그램은 쪘겠지만 괜찮다. 그 정도 찔 수도 있는 거지. 당신은 복도로 나가 공용 화장실 칸에 들어가서 식도로 손가락을 집어넣는데, 살찌기 싫어서 그러는 게 아니라 그저 속이 너무 거북해서다. 다시는 이런 기분을 느끼고 싶지 않다. 깔끔한 새 출발을 위해, 당신은 위 속에 든 모든 내용물을 변기 속으로 몽땅 비워낸다. 배수관을 타고 사라진 토사물처럼 당신은 이 일을 말끔히 잊을 것이고, 이 일은 다시는 일어나지 않을 것이다.

과연 그럴까?

A 물론이다. 당신은 스스로를 멈출 수 있다. 이보다는 자제력이 있지 않은가? 지난 2년간 강력한 의지로 칼

로리를 계산해왔고, 최선의 방법으로 시리얼을 좀 내보낸 것뿐이다. 세상 누구나 아는 사실이지만, 오트밀 시리얼은 젖은 마분지 맛이다. 영화 〈다빈치 코드〉에서 알비노 승려가 스스로를 벌하던 것처럼, 젖은 마분지를 먹는 건 여성들이 스스로를 괴롭히는 것과 다름없다. 방에 있던 시리얼을 몽땅 먹어 당신은 스스로를 완벽하게 벌줬고, 이제 일상으로 돌아올 때다.

77쪽으로 가시오.

B 아니. 이제 시작일 뿐이다. 움직이기 힘들 때까지 먹은 다음 게워내는 일은 점점 습관을 넘어서 좋아하는 텔레비전 쇼의 재방송을 기다리는 일처럼 당신의 취미가 될 것이다. 시간 때우기에도 좋고, 살 찔 걱정도 없으며, 죄책감을 느끼지 않아도 된다.

계속 읽으시오.

그 아동 거식증을 다룬 책을 본 당신은 스스로에게 닥칠 미래를 쉽게 알 수 있다. 책의 2장에서 갈색 곱슬머리의 통통한 주인공은 전교에서 제일 인기 많은 여자애가 점심 때 먹은 걸 화장실에서 토하는 걸 본다. 여자애는 손가락을 까딱거리며 "누워서 식은 죽 먹기야"라고 말한다. 곱슬머리 주인공은 마치 햄릿이 해골을 눈앞에 들었듯이 손가락을 눈앞에 세우고, 비장하게 목구멍 안으로 집어넣어 그날 먹은 걸 몽땅 게워낸 뒤, 날씬해지기 위해 맺은 악마와의 약속을 비밀로 했다.

그러나 그건 누워서 식은 죽 먹기가 아니었다.

당신은 앞니에 손가락 마지막 관절이 닿을 정도로 두 손가락을 밀어넣는다. 어디선가 먹은 게 흡수되는 데 걸리는 시간인 한 시간이었다는 걸 기억해내고 이를 심리적 마지노선으로 카운트다운하면서, 마치 생명이 오가는 양 손가락을 움직인다.

땀 흘리고, 메스꺼워하면서, 신입생 기숙사 화장실에 무릎을 꿇고 앉아서 누군가 들을 수도 있다는 두려움에 떠는 이 모든 일은, 단지 토해내기만 하면 끝난다. 그저 토해내기만 하면.

그런데 그 간단한 게 되질 않는다. 당신을 침을 뱉고 손을 씻은 뒤 다시 침대로 기어들어와 창밖이 어두워질 때까지 무작정 인터넷 창을 클릭한다.

다시 한번 시도하기 전에, 당신은 상단에 경고가 뜨는 웹사이트들을 찾아보고, 섭식장애를 극복한 사람들의 연구 발췌문을 마치 매뉴얼을 공부하듯 읽어본다. 대부분의 방법은 그들에게는 몰라도 당신에게는 효과가 없었다. 당신이 겪은 고통의 구체적인 면면을 일일이 묘사하는 건 흥미롭겠지만 혹시라도 누군가 따라하길 바라지 않으므로 모두 밝히지는 않겠다.

결국 토하기로 결정했을 때 일어나는 일은 다음과 같다. 마치 감기에 걸린 것처럼 몸이 벌벌 떨리고, 셔츠가 땀에 흠뻑 젖어 등에 달라붙고, 머리카락도 땀이 식어 차갑다. 위액의 쓴맛이 목구멍과 혀, 칫솔에까지 남는다. 겨우 뭔가를 토해내고 변기 물을 내릴 때 얼굴에 차가운 물방울이 튄다. 먹토를 하는 게 식은 죽 먹기라는 식으로 말하는 책들에서 절대 언급하지 않는 부분이다. 이전에 장염에 걸려 혹은 공항에서 초밥을 잘못 먹어 연어색 곤죽을 토해냈을 때와는 완전히 다르다. 토사물은 도시에서 한 시간쯤 떨어진 시골 광고판에 붙은 낙태된 태아와 같은, 밀가루 반죽 같은 형상을 하고 있다. 다른 방법으로는 설명할 길이 없다.

당신은 흑백 화면의 텔레비전 공익광고의 한 장면을 상상해본다. 당신은 무릎을 꿇고 주먹을 꽉 쥔 채 구역질을 하고, 머리는 땀과 화장실 변기 물로 흠뻑 젖어 있다. 그러다 갑자기 카메라 쪽으로 고개를 돌려 외친다. "분명 더 나은 방법이 있을 거야!" 당신은 탄산이 배에 붙어 있는 지방 덩어리를 분리해주리라는 이상한 믿음으로 폭식하는 중간중간 다이어트 콜라를 잔뜩 마시면서 (영화 〈찰리의 초콜릿 공장〉에 나오는) 마시면 몸이 떠오르는 왕카의 거품 음료를 마시는 것처럼 연기한다. 구토제인 토근 시럽을 구글에서 검색한다. 주변의 편의점을 둘러보지만 아무 데서도 팔지 않는다. 결국 시내의 편의점에 전화한다.

"혹시, 토근 시럽 판매하시나요?" 이미 가게를 향해 가는 길이다. 도보로 20분 거리지만 오늘 먹은 걸 모두 깨끗하게 비워내는 것보다 중요한 일은 없다.

편의점 직원은 확신 없는 투로 말한다. "아마 없는 것 같은데, 그게 왜 필요하죠?"

"개 때문에요." 당신은 대답한다. "개가 초콜릿을 먹어서, 토하게 만들어야 하거든요."

"아." 직원의 목소리는 연민과 조소로 바뀐다. "우리 가게에선 안 팔아요, 확실해요."

당신은 언젠가 잡지에서 폭식증의 고통을 다른 사람들 앞에서 전시하는 방법으로 정면돌파한 유명인에 대한 기사를 읽은 적이 있다. 그녀는 형광색 치토스, 새빨간 젤리 등 토사물 속에서도 뚜렷이 알아볼 수 있는 선명한 색의 음식들을 먹었고, 마치 고고학자가 깊은 지층에서 발굴을 해내듯 마지막 합성탄수화물까지 토해냈다.

이 모든 일의 시작으로 돌아가서, 야심 넘치던 당신이

대용량 나초 도리토스를 먹기 시작했다 할지라도, 오렌지색 토사물이 나올 때까지 충분히 토하지 못했으리라. 한 번만, 딱 한 번만 더. 당신은 스스로를 설득한다. 토하는 건 클렌징이며 의지가 약한 사람이 기네스 펠트로우가 될 수 있는 지름길이라고 당신은 생각했다. 그러나 지금, 당신은 더러운 화장실 바닥에 앉아 어지러워하며 누군가 구해주면 좋겠다는 생각과 아무에게도 들키고 싶지 않다는 생각을 동시에 한다.

기숙사 방으로 돌아온 당신은 처음엔 옆 칸 사람이 헛구역질 소리를 듣고 당신과 토사물을 발견하지 않을까 하고 화장실 바닥의 오트밀 색 조각을 치우는 데 집착했지만 더 이상 신경 쓰지 않는다. 누군가 마주치면 뭐 어때! 어차피 서로 잘 모르는 신입생인데, 뭐라고 하겠는가?

이제 당신은 무엇이든 토해낼 수 있고, 편의점에서 누구와도 눈을 마주치지 않고 미친 사람처럼 흥분해서 사온 정크푸드 더미를 몽땅 먹어치울 수도 있다. 이제 학교 식당에 가서 직원들이 눈치채지 않기를 바라며 구석자리의 노트북 뒤에 숨어 시리얼을 몇 접시고 퍼먹을 수 있다.

아직 체중은 줄지 않았다. 당신은 대학에 와서 7킬로

그램 가까이 쪘고 옷을 입을 때면 옷장에서 맞는 청바지를 찾아야 하며, 뼈와 가죽만 있던 고등학생 때의 모습으로 기억될 수 있게, 사진은 결코 찍지 않으려 한다. 당신은 이제 구운 게 아닌 튀긴 감자칩과 무지방이 아닌 아이스크림 맛을 알아버렸고, 그 이전의 삶으로는 돌아갈 수 없다. 평생 해왔듯 불금에 유튜브 채널에서 스탠드업 코미디를 보던 루틴에서 이제 손과 입을 내버려둘 수 없다. 그리고 뭔가를 먹는다면 그걸 토해야 한다. 이 반복되는 과정의 덫에 걸렸지만, 매번 이번이 마지막이라고 당신은 다짐한다.

지금은 화요일 오후 4시다. 내일 내야 할 과제도 없고 뭔가를 읽고 싶지도 않으며, 저녁에 만날 친구도, 참석할 파티도 없다. 기숙사 침대에 앉아 SNS를 스크롤하는 데 지쳤고, 딱히 더 할 일도 없다. 당신을 갉아먹는 지루함에서 벗어날 수 있는, 도파민을 분출하고 집중할 만한 뭔가가 필요하다.

이럴 때 당신이 택하는 방법은?

A 트위터. 끝없이 스크롤을 내리면서 무의미한 내용들을 멍하니 바라본다. 〈스타워즈〉를 패러디한 시덥잖은 농담을 포스팅하고, 계속해서 새로 뜨는 알림들을

눌러 사람들의 기계적인 "좋아요"와 "리트윗" 세례를 확인하며 도파민을 충전한다.

80쪽으로 가시오.

B 먹는다. 넷플릭스의 〈길모어걸스〉를 재시청하면서 눈을 반짝이며 검은 비닐봉지에 가득한 칼로리 폭탄 가공식품을 25분 만에 말끔히 먹어치운다. 수치의 증거인 포장지는 다시 봉지에 꽁꽁 싸서 쓰레기통 깊숙이 쑤셔넣는다. 증거물을 인멸했으니 아무 일도 없었던 거라고 자위하면서.

89쪽으로 가시오.

갱생의 길은 정녕 없는가? 물론 없다. 이건 여성 잡지에 실리는, 여성 인권 운동으로 가장한 1인칭 회고록 스타일의 신파극이 아니다. 당신은 2018년을 살아가는 여성으로, 머릿속은 이미 스스로를 꼼짝 못하게 옭아매는 수많은 유혹과 기대, 모순된 버전의 상들로 가득하다. 건강함, 웰니스에 관심을 가지며 인스타그램에 야채 스무디와 반짝거리는 아사이볼♥ 사진을 올리는 여성, 블랙커피만 마시면서 말라가는 여성, 데이트할 때 맥주와 버거를 먹는 쿨하고 언제나 유쾌한 여성, 자조적인 농담으로 사람들을 웃기면서 친구들과 와인을 몇 병씩 비우는 한편 아이러니하게도 〈베첼러레트〉♥♥를 보면서 커다란 아이스크림을 통째로 퍼먹는 여성. 이 중 당신은 어느 쪽인가?

어느 쪽을 택하든 음식은 언제나 의상처럼 따라다닐 것이다.

어떤 경우에도 원하는 걸 다 먹으면서 순전히 과정이 즐거워서 운동하는 '날씬한 여성'은 될 수 없다. 청바지

♥　슈퍼푸드의 대명사인 아사이베리로 만든 스무디에 각종 견과류를 담은 음식.

♥♥　The Bachelorette, 연애 리얼리티 텔레비전 쇼 시리즈인 〈베첼러The Bachelor〉의 스핀오프.

가 꽉 끼게 되면 며칠간 샌드위치 대신 샐러드를 먹는 그런 종류의 여성 말이다.

당신은 파티에서 마지막 피자 조각을 집으며, 자기랑 비슷하게 먹는 사람은 없는지 미친 듯이 찾거나 아무도 당신이 얼마나 먹는지 모르기를 바라는 종류의 사람이다. 당신은 아침마다 체중을 재면서 더 날씬하면 얼마나 좋았을지 상상에 빠진다(머릿속에서 이성의 목소리가 '말도 안 돼'라고 외치지만 한편에선 '정말로?'라는 목소리가 들린다. 날씬한 사람이 세상을 살아가기 훨씬 편하다는 진실을 우리가 부정할 수 있을까?).

앞으로 8년간 당신은 30킬로대를 유지하며 그 안에서 왔다 갔다 하는 체중을 유지하며 살아가리라.

그러니 갱생의 의미는 다음과 같다. 당신은 지금 어중간한 곳에 서 있다. 더는 먹은 걸 토하지 말자. 먹고 나서 자책하게 되더라도 되도록 먹고 싶은 건 먹자. 과일과 채소를 더 먹도록 하자. 실패하더라도 "순수하게 건강을 위해" 운동하는 습관을 들여보자. 가장 좋은 건 칼로리에 대한 집착을 줄이는 것이다. 자동반사적으로 머릿속에서 칼로리를 계산하는 습관을 버리고, 세상의 많은 것들에 더 관심을 가져보자. 가끔은 아예 몸의 존재 자체를 잊어버리는 것도 좋다. 그렇게 된다면 비로소 당신은 구원받았다고 할 수 있으리라.

106쪽으로 가시오.

더는 인터넷으로 할 게 없다. 지금 시각은 밤 11시이고 유튜브에서 결제 없이 볼 수 있는 아지즈 안사리의 스탠드업 코미디 특집을 죄다 봤다. 버즈피드♥ 새로고침도 거듭했고, '좋아하는 샌드위치 종류로 알아보는 당신의 성격 유형' 따위의 테스트도 하도 봐서 재미가 없다.

당신의 팔로워는 대략 400명인데, 학교 친구들을 놀라게 하기에는 충분한 숫자이고 브라운대학 학생에게 개그 소재를 얻으려는 코미디언 지망생들의 페이스북 친구 신청도 쇄도한다. 하지만 화요일 밤 11시에 온라인에서 당신이 원하는 만큼 소통을 하기에는 부족하다. 당신이 올린 트윗은 대여섯 개의 '좋아요'를 얻은 뒤 범람하는 인터넷의 정보 속에서 피드의 아래쪽으로 금세 밀려난다. 뭔가 써볼까 했지만 딱히 아이디어가 떠오르지 않는다. 그래서 다른 선택지도 없고, 지루해서 미칠 지경이 된 당신은 수업 준비를 해야 할 것 같은 기분이 든다.

내일 워크숍 수업을 위해 다섯 명의 단편을 읽어가야 한다. 당신은 백팩 구석에서 파란 펜을 찾아내 "이 구절

♥ BuzzFeed, 뉴스와 예능 콘텐츠가 주로 올라오는 웹사이트.

은 마음에 든다"라든가 "조금 더 자세히 서술하는 게 어떨까요?" 등의 코멘트를 달기 시작한다.

첫번째 작품은 아내가 외도를 하고 있다고 의심하는 남자에 대한 이야기다. 남자는 비행기에 타려다가 티켓을 환불할 수 있는지 확인하려 한다. "조금 더 자세한 서술 요망." 당신은 마지막 문단의 귀퉁이에 적는다. "그러면 주인공이 좀 더 인간적으로 느껴질 것 같음."

두번째 단편은 동네 카페에서 같이 일하는 여자 동료와 섹스한 뒤 이제 그만하기로 마음먹는 남자의 이야기다.

세번째는 아내와 헤어지고 동네 레코드가게에서 일하는 여자애랑 자는 남자 이야기다.

세 편 모두 수업을 같이 듣는 남학생들이 쓴 것이다. 칼라에 구멍 난 검정색 티셔츠를 입고, 몰스킨 노트에 필기하며 여학생이 제인 오스틴을 언급하면 눈알을 굴리는, 그런 부류의 남자들이다. 그들은 '록'(존 록펠러가 그의 이름을 딴 브라운대학 중앙도서관을 '존' 대신 '록'이라고 부른다는 것에 언짢아했다는 일화는 학교 투어에서 늘 언급되는 이야기다) 밖에서 담배를 피운다. 마치 삼각형의 빗변처럼 언제나 그 도서관 바깥 계단에 기댄 채, 한쪽 발은 벽을 받치고 서 있다.

그들의 이야기는 하나같이 허세 가득한데, 더 큰 문제는 지루하다는 점이다. 당신은 기차를 타고 다니면서 국가가 자기에게 빚진 게 뭔지 알고 싶어 하는 외로운 백인 남성이 궁금하지 않다. 여성과 섹스한 뒤에 그 여자(섹스한 다음 여성은 '그 여자'가 되곤 한다)가 자신의 복잡한 심경을 알아주지 않는다는 걸 개탄하는 남자들의 이야기는 더 이상 듣고 싶지 않다. 허접한 글은 꼭 샐린저나 헤밍웨이, 존 업다이크나 존 치버의 설정을 가져와 "나도!(Me too!)"라고 외치며 동굴로 쏙 들어가 숨어버린다. 죄다 주인공 이름이 언급되지 않는 건 말할 것도 없다. 내일 다섯 명의 남학생 중 누군가는 와비 파커♥의 렌즈 뒤에서 눈알을 굴리고, 콧등을 만지며 "화자에게 보편성을 부여하기 위해서였다"라고 해명할 게 분명하다. 자기는《율리시스》를 이해했으니, 이 중 누구보다 낫다고 확신하면서. 하지만 당신은 안다. 그 글은 별로고, 괜찮아 보이기 위해 그럴싸한 장식 뒤로 숨었다는 걸.

침대 아래로 과제 꾸러미들을 던져버리고 노트북을 가져와 다시 연다. 트위터에 새 계정을 개설하는 일은 간단하다. 새로운 닉네임과 메일 주소만 기입하면 된다. 당

♥ Warby Parker, 안경 브랜드.

신은 브라운대학 메일 주소를 입력하고, 닉네임에 '창작워크숍의그남자(ThatGuyInYourWritingWorkshop)'라고 적자 글자수 초과라고 나온다. '그(that)'를 지워보지만 여전히 글자 수 초과. '워크숍의그남자'로 할까? 하지만 무슨 워크숍인지 적어야 하지 않을까. 제대로 저격하려면 구체적이어야 한다. '예술대학원의그남자(GuyInYourMFA)'로 하자. 사실은 학부과정생이지만, 자기 재능에 대한 과대평가로 석사과정의 창작 워크숍을 수강하고 있다는 논리적 설정이다. 이 트위터 계정은 예술대학원 프로그램을 수강하는 모든 '그'들(불평불만 많고, 허세로 가득하고, 고의로 사람들의 말을 곡해하고, 자기가 교수보다 똑똑하다고 굳게 믿지만 실제로는 아무도 읽지 않는 고집스런 글들만 써내는 부류)의 목소리를 대변할 것이다. 그는 운문도 산문도 아닌 어정쩡한 문장들로 쓴 소설을 작은 출판사에서 발표하고, 그걸 읽은 사람 가운데 세 명 정도에게 칭찬을 받을 것이다. 그가 바로 '창작 워크숍의 그 남자'이며, 당신 또한 그중 하나일 수 있다.

손가락을 자동적으로 놀려 첫 트윗을 작성한다. "교수는 반드시 인용 표시를 분명히 해야 한다고 말했다. 코맥 맥카시의 작품을 잘 모르는 게 분명하다." 트윗을 누른 뒤 바로 다음 게시물을 작성한다. "이 장면은 꿈이라는 설정을 더하는 건 어떨까?" 다음 트윗은 "내 작품 속에서 주인공이 창녀의 목을 조를 때, 그건 사실은 아메리칸드림을 목 조르는 것이다." 이런 식으로 미친 듯이 게시물을 작성해, 자정이 되기 전에 24개의 트윗을 올린다.

순식간에 몇십 명의 팔로워가 생겼고 그중 대부분은 랜덤으로 들어온 게 분명하나 어쨌든 팔로워가 새로 생길 때마다 당신의 휴대폰은 끊임없이 울린다. 딩동, 딩동, 딩동. 디-디-디-딩-동. 당신은 팔로워 수를 더 늘리기로 한다. 먼저 페이스북에 겸손을 가장해 계정을 오픈하고 ("내가 이런 걸 만들었는데 아무도 안 보니 루저 같네. 팔로우 좀 해줘 :D"), @GuyInYourMFA 계정의 내용을 트위터의 주계정에도 리트윗한다. 44개의 트윗을 캡쳐해서 스크린샷을 텀블러(Tumblr)와 레딧♥에도 올린다. 자고 일어났을 때 어찌나 많은 알림이 떠 있는지 그걸 스크롤해서 보는 데만 5분이 걸릴 정도다.

사람들이 당신을 천재라며 메시지를 보낸다. 텀블러에는 1만 개의 '좋아요'가(그 정도로 텀블러 포스팅이 노출될 수 있다는 것도 처음 알았다), 레딧에는 500개의 '좋아요'와 수백 개의 댓글이 달려 있는데 대체로 당신이 천재라는

♥   Reddit, 사람들의 호응도에 따라 노출도가 결정되는 소셜 뉴스 사이트.

내용이다. 폰의 알림을 무음으로 설정한다. 오후에 역사 수업을 듣는 동안, @GuyInYourMFA 계정의 팔로워는 주 계정을 훨씬 능가했다. 1주일이 되었을 때 3,000명이, 2주가 지난 후에는 1만 명의 팔로워가 생겼고 곧 약간 비슷하게 생긴 누군가가 "이런 젠장, 누군가 내 사진을 도용했어!"라는 트윗을 올린다. 당신이 구글 이미지에서 "모자 쓴 남자"라고 검색해서 후보 중 마음에 드는 걸 아무렇게나 골랐으므로, 아마 확실히 그건 불법 도용에 해당될 것이다. 당신은 충분히 사과한 뒤, 그날 오후 친구 사이먼을 도서관에 불러다가 (그렇다, 소설 작문 개론 수업을 들었던 바로 그곳이다) 꾸깃한 모자를 씌운 후 폰으로 사진을 수백 장 찍어 그중 하나로 프로필 사진을 바로 바꾼다. 드립력을 풀가동해 하루에 최대한 많은 트윗을 올리면서 즉각적으로 꾸준히 올라오는 칭찬과 '새 알림' 표시를 만끽한다. 당신의 계정은 그 주의 '주목할 만한 화제'로 선정되고, 당신은 인터넷 문화의 확실한 인싸이자 유행의 선두주자로 자리매김한다.

"어쩌면 이 타투를 한 여자애가 나를 구원해줄지 모른다."

"나 같은 허무주의자에게 모든 금요일은 블랙 프라이데이다."(물론 스스로를 허무주의자라고 부르는 사람은 모두 자신이 허무주의자임을 즐기고 있다.)

"여기 칵테일 냅킨에 널 위한 시를 썼어. 벌써 읽었다고? 아니, 다시 '제대로' 읽어 봐" 등등.

당신은 드립이 떠오르는 족족 트윗을 올린다. 배우가 새로운 억양을 연기하기 위해 특정 대사를 연습하듯, 한 번 캐릭터를 설정하고 나니―블랙커피와 담배를 좋아하고, 데이빗 포스터 월러스의 광팬이자 여혐을 내재하고 있는 남자라는―순풍에 돛단 듯 모든 주제에 대한 드립이 떠오른다. 머리를 짜낼 필요도 없다. 원래 당신의 주계정에 대한 반응이 카페인 정도라면, 이 계정에 대한 폭발적인 반응은 헤로인 수준이다. 화면 상단에 끝없이 쌓이는 알람에서 눈을 뗄 수가 없다.

그러다 두 달이 지났을 무렵 사건이 터졌다. 당신은 2학년 필수과목인 연기 수업에 들어가기 전에 복도 끝에 앉아 무릎 위에 노트북을 올려놓고, 더 발전시킬 게 없나 싶어 예전 트윗을 다시 살펴보고 있었다. 그때 누군가 당신을 보며 소리친다. "세상에, 지금 '예술대학원의그남자' 보고 있는 거야?"

당신은 "응"이라고 대답한다. 엄밀히 말해, 계정은 익명이지만 당신의 정체는 공공연한 비밀이다. 당신의 친구들뿐 아니라 파티에서 이야기를 나눈 사람, 브라운대학 교내 신문에서 당신의 프로필을 읽은 사람이라면 누구나 그게 당신인 걸 안다. 지금 당신에게 말을 걸어온 머리가 길고 니트 가디건을 입은 이 남자애도 당신을 안다. 당신도 여러 파티와 연극에서 그를 본 적이 있다. 당신은 그를 알고 있고, 이제 그도 당신을 안다.

"나 그 계정 완전 좋아해. 끝내주잖아." 한쪽 어깨에서 백팩이 미끄러지지만 그는 신경 쓰지 않고 당신은 웃는다. 모르는구나. 그는 당신이 그 계정 주인인 걸 모른다. 이래서 연예인들이 야구 모자를 쓰고 선글라스를 쓰고 다니는구나. 파파라치를 피하거나, 주목받기 싫어서가 아니라 주목을 통제하려고. 남들이 나를 알아차리는 기분을 즐기려고.

"음, 그래?" 당신은 대답한다.

"하지만 남자가 아니고서야 이 유머를 온전히 다 이해할 수 있을까 싶어." 남자애가 계속 말한다. "말하자면, 이건 과잉남성성에 대한 조롱이잖아. 그걸 구현하는 건 남자고."

당신이 짠! 하고 정체를 밝히며 천재성을 드러내려 했던 모든 대사들이 순간 다 짜게 식어 사라진다. 당신은 눈을 커다랗게 뜨고 소리 없이 웃는다. "그래, 네 말대로라면 난 여자니까, 그 농담들을 절대 모르겠네."

그러고선 노트북을 닫고 최대한 빠르게 복도를 가로질러, 아직 15분이 수업 시작 시간이 남았지만 교실로 들어간다. 1초라도 더 머물렀다간 이 완벽한, 멋진 순간을 망쳐버리려는 유혹에 넘어갈 게 분명했다.

미니마트에 들어서면서 당신은 바닥을 쳐다본 뒤 선반을 주시한다. 얼룩진 추리닝 바지를 입고 땅콩 엠엔엠스 초콜릿을 바닥에 흘리는 뚱뚱한 여자애가 되지 않으려면, 양팔 가득 집어든 물건들을 떨어뜨리지 않게 조심해야 한다.

당신은 영화에 클로즈업되어 나오는 마약 중독자처럼 눈을 굴려 상표를 재빨리 훑는다. 포장된 땅콩버터 쿠키, 치즈 크래커, 복숭아맛 젤리, 초콜릿파이, 대용량 도리토스 칩, 피스타치오, 파인트 아이스크림, 킷캣 초콜릿바. 당신이 칼로리를 꼼꼼히 계산할 때는 존재조차 잊고 지냈던 음식들이다. 당신은 단-짠-단-짠의 순서에 따라 먹을 수 있게 다양한 상품을 고르려 한다. 그 공식에 더해, '달콤한' 땅콩이 들어간 것들(예를 들어 리세스 땅콩버터컵 같은)과 짭짤한 견과류(머그컵에 부어 하나씩 쪼개 먹다 손톱이 갈라지거나 부러지곤 하는 봉지 피스타치오 같은)는 같이 매치해서는 안 된다. 20분만에 폭식하다 질려버리는 걸막기 위해 최대한 다양한 음식을 준비하려는 게 당신의 의도다.

계산대의 여자와 눈을 마주쳐서는 안 된다. 두껍고 날

티 나는 금발에 눈썹 피어싱을 한, 늘 같은 직원이다. "더 필요한 건 없으시고요?"라고 묻는 목소리에는 약간의 비웃음이 들어 있다. 어쩌면 내가 파티를 준비하려고 장을 본 거라고 생각할 수도 있잖아, 힘없이 당신은 생각한다. 대용량 과자, 밀라노 쿠키, 이런 걸 누가 혼자 다 먹을 거라 생각하겠어. 이번 주 내내 당신이 매일 계산한 것들이다.

"음, 잠시만요." 당신은 대답하며 계산대 아래쪽에서 기숙사에 돌아가는 세 블록 정도 되는 길에 까먹을 초콜릿바를 추가로 고른다. 카드를 건네면서도 당신은 직원의 눈을 피한다. 네, 비닐봉지에 넣어주세요. 감사합니다. 여전히 아래쪽을 보며 사인을 하자마자 당신은 불투명한 검정 봉지에 담긴 수치스러운 물건들과 함께 사라진다. 계산대 앞에 서 있는 동안 혹시라도 누군가 들어오면 최선을 다해 눈에 띄지 않으려고 하는 그 순간이 가게에 있는 시간을 통틀어 가장 괴롭다.

그전에는 뭔가에 중독되는 걸 이해하지 못했다. 그냥 그만두면 되는 것 아닌가? 어렵겠지만 그냥…… 하면 되는 거잖아. 자기에게 해로운 일을 왜 하겠어. 그러나 18개월간 거의 굶다시피 한 뒤 먹기 시작한 지금은 안다.

중독은 화학작용이다. 인터넷으로 동영상을 보는 동

안 오로지 아이스크림 파인트 통을 무릎 위에 놓고 끝없이 퍼먹을 생각밖에 할 수 없게 뇌에서 조르고 신호를 보내는 것이다. 세상은 너무도 지루하다. 원하는 걸 무제한으로 먹을 수 있다면 오늘 밤만큼은 좀 낫지 않겠는가? 원하는 걸 원하는 만큼. 딱 이번 한 번만. 절실함에 몸이 따끔거린다. 절대 끝나지 않는 멜로디다. 소용돌이를 그리며 배수관을 빠져나가는 물처럼, 당신의 정신은 온통 한쪽으로 쏠린다.

물론 이번이 마지막이다. 그러자면 나중에 더 원하는 일이 없게 먹어보고 싶었던 건 죄다 맛봐야 한다. 그러니 미니마트로 가자. 화장을 하거나 브라를 착용할 필요도 없이 코트를 걸쳐 입고 무표정하게 가면 된다. 밖에 비가 오든 눈이 오든, 혹은 폭설로 수업이 취소되어 당신이 괜찮은지 확인하려고 엄마가 전화를 건다 해도 다 상관없다. 그저 위의 통증을 달래줄 음식을 검정 비닐봉지에 잔뜩 담아오기만 하면 된다.

최대한 숨기려 해보지만 비밀은 수시로 불쑥불쑥 튀어나온다. 파티 때 구석 자리에서 칩과 살사를 먹는 걸 그만둘 수가 없을 때, 저녁에 친구들과 피자를 배달시켜놓고서 언제 오는지 집착하고, 도착하고 나서는 최대한 많이 먹으면서 자연스럽게, 평범한 20대의 식욕으로 보이길 바랄 때. 당신은 언제나 먼저 자리를 떠나고, 방으로 돌아가 침대에 누워 노트북을 앞에 두고 다른 생각이 필요 없어질 때까지 폭식한다.

2학년이 된 당신은 겨울방학을 맞아 시카고 교외의 본가로 간다. 집에 가면 깨끗한 침대보와 신선한 모닝 커피를 마시며 쉴 수 있다. 가족들은 당신의 체중 증가를 눈치채지 못한 척하며 머리에 키스해줄 것이다. 더 중요한 건 이번 방학이 당신이 정한 심리적 마지노선이라는 점이다. "내일부터는 이 짓을 그만두겠어"는 "공식적으로 개강하면 이제 그만할 거야"로, 다시 "기말시험이 끝나면 정말로 그만할 거야"로 바뀌면서 지금까지 계속 지켜지지 못했다. 집으로 가면 악순환의 고리를 끊을 수 있을지 모른다. 습관을 바꾸기 위해서는 일상을 이루는 환경을 바꿔야 한다는, 어디선가 읽었던 구절을 떠올린다. 트랜스지방과 당이 잔뜩 든 제품들로 가득한 미니마트가 두 블록 거리에 있고, 매일 침대보에 시리얼을 잔뜩 흘리며 유튜브를 보다 잠들던 침대가 있는 기숙사를 떠나 어렸을 때부터 잤던 침대가 있는 집으로 가면 모든 게 달라질 것이다. 당신은 10킬로그램쯤 더 가벼워진 몸과 깨끗해진 피부, 매일 아침 운동하는 습관을 가지고 학교로 돌아갈 것이다.

멋진 기대는 하루 만에 깨진다. 집에 돌아간 지 이틀째 되던 밤, 당신은 가족들이 〈데이트라인〉♥을 시청하는 사이 팝콘 한 봉지를 만든다. 엄마가 지켜보는 가운데 티스푼으로 적정량을 계량해 전자레인지로 돌린 것이다. 그러나 팝콘을 씹기 시작하는 순간 동물적 본능이 되살아난다.

"엄마, 냉동실에 디저트 같은 거 없어요?" 한창때인 대학생이 후식으로 뭔가를 찾는 건 지극히 평범한 일이다. 엄마가 사놓은 저탄수화물 음식 사이에서 정크푸드를 찾는 아이의 모습은 거의 클리셰에 가깝다.

"서랍에 브라우니가 좀 있을 거야." 엄마가 답한다.

당신은 브라우니를 찾아내 한 개를 먹으면서 동시에 또 하나를 전자레인지에 돌리고, 너무 맛있다며 원우먼쇼를 펼치면서 적당한 양의 디저트는 좋다고 너스레를 떤다.

다른 가족들은 위층으로 올라가고, 어두워진 조명이 잘 꾸며진 프렌치 농장 스타일의 부엌에 그늘을 드리운다. 어둠 속에서 기이한 오페라 〈호두까기 인형〉의 한 장면을 연출하듯 당신은 소리가 나지 않게 발끝으로 걸어

♥　Dateline, NBC의 간판 시사교양 프로그램.

평소처럼 뭐든 재빨리 먹어치울 수 있는 걸 찾아 서랍을 뒤진다. 시리얼 여러 그릇(아무도 눈치채지 못하게 한 가지 시리얼 박스 통째로가 아닌 여러 가지를 야금야금), 유사 건강 너트바(역시 아무도 찾지 못하게 포장지는 쓰레기통 깊숙이 숨긴다), 버터와 라즈베리 젤리를 잔뜩 올린 잉글리시 머핀 반 박스, 냉장고에 남은 콜드 파스타를 한 움큼 먹는다. 만족스럽거나 고통스럽거나 더는 먹을 만한 게 없어졌을 때, 비로소 위층으로 올라간다.

가끔은 토하려고 해본다. 〈반지의 제왕〉의 골룸처럼 화장실에 웅크리고 앉아서. 여러 가지로 폭식증은 당신을 골룸처럼 만들었다. 자신과 대화하고("먹고 토하는 이 짓을 반복하느니 좀 걷거나 샤워를 하는 건 어때?" "더러운 습관 같으니!"), 소중한 보물처럼 음식을 비축한다. 새빨개진 얼굴과 충혈된 눈, 더럽게 뭉친 머리카락 등 토한 뒤 모습 까지. 앤디 서키스♥도 당신을 모션캡쳐 역으로 탐낼 정도다.

어쩌면 모든 섭식장애는 은밀하게 〈반지의 제왕〉의 캐릭터를 닮아 있는지 모른다. 폭식은 당신을 호빗으로 만들어, 집에 편히 머물며 어떻게든 더 먹을 핑계를 만

♥   Andy Serkis, 영화에서 골룸 역할을 한 배우.

들게 한다. 그럴 때 당신은 빌보 배긴스처럼 살찌고, 사회성이 없으며 오전 11시가 되기 전에 아침식사만 세 번 챙겨먹는다. 하루 400칼로리를 먹고 지금보다 30킬로그램 덜 나가는, 꿈에서도 칼로리를 계산하던 시절의 당신은 스스로를 엘프라고 믿었다. 마르고, 재빠르고, 섬세하고, 아름다운. 하지만 떠올리면 재수없는 부류다. 생각해보면 프로도는 세 편의 시리즈 내내 지상계를 구하려고 애썼는데 큰 배에 타고 떠나버리는 건 정말이지 못돼처먹은 짓이 아닌가. 그래놓고 이러는 거지. "애써준 건 고마운데, 우린 원래 떠나려고 했거든……." 아름답고, 귀가 뾰족한, 얄미운 족속이다.

그러나 안타깝게도 이제 당신은 먹고 토하는 골룸이 되었고, 아무도 찾아오지 않는 동굴에서 지내야 할 처지다.

집에서 보낸 1주일 내내, 폭식은 밤마다의 의식이 되었다. 유일한 목격자인 개만 밤새 울리는 전자레인지 소리에 잠에서 깨어 울고 상자를 긁어댄다. 당신의 끔찍한 비밀, 밤마다 지킬 박사가 괴물이 되듯 당신이 가장 싫어하는 모습, 즉 통제 불능의, 건강하지 않고 탐욕스러운, 살찐 존재로 변하는 것이다.

그러던 어느 날 아침, 상황이 바뀐다.

당신이 아래층으로 내려오니 부모님은 말없이 마주 보고 서 있다. 식탁 위에는 당신이 쓰레기통 뒤에 숨겨둔 비워진 봉지들이 쌓여 있다. 부스러기만 남은 시리얼 박스들과 당신이 왔을 때만 해도 거의 새것이었던 대용량 감자칩과 수십 개의 과자 봉지들, 모두 잊고 있을 거라 믿고 먹은 브라우니 수십 개가 들어 있던 지퍼백들.

부모님은 아무 말도 하지 않았고 사실 아무 말도 필요가 없었다. 당신은 갱생 프로그램에 출연한 연예인들이 거치는 모든 단계를 그대로 밟는다. 우선은 부정하고, 아닌 척 연기하고, 변명하고, 그 모든 게 더 이상 먹히지 않는다고 여겨지는 순간에는 마침내 울면서 사실을 인정하는 것이다. 이제 더는 숨기지 않아도 되어 어쩌면 홀가분한 기분을 느끼며. 어쩌면 폭식은 당신의 뇌에 자리한 종양 같은 존재라, 외과적 치료가 필요한 것인지도 모른다. 그러니 당신의 탓이 아니다. 몇 분이 지나지 않아 당신은 똑똑한 아이비리그 학생에서 삶을 포기하기 직전인 입원 환자가 되어 흐느낀다. 그래요, 저 문제 있어요. 제발 저 좀 도와주세요.

기적 같은 해결책이나 정답은 없다. 다음 날 엄마가 주방에서 당신이 폭식하곤 하던 음식을 대부분 치워버렸음을 발견한 당신은 엄청난 죄책감에 휩싸인다. 부모님은 당신을 유심히 살펴본다. 당신은 하루에도 몇 번씩 긍정적인 생각과 열패감, 우울한 죄책감 사이를 오간다. 대체로 당신이 원하는 건 다른 해결책이다.

문제가 근본적으로 해결되진 않는다. 당신은 점차 기분이 나아지고, 폭식하고 싶은 기분이 드물어지고, 그런 기분이 찾아와도 덜 먹게 된다. 천천히 9킬로그램을 감량하고 사진에 찍히는 것도 조금씩 괜찮아진다. 그러나 이 순간에도, 이 글을 쓰면서도 당신은 염분 많은 중국 음식을 시킬 때나 튀김, 고기류의 메뉴를 고를 때 여전히 금지된 행위를 몰래 저지르는 아이처럼 흥분과 죄책감을 느낀다. 당신의 뇌는 여전히 때때로 당신을 배반한다. 할 수 있는 일이라곤 마치 의문의 살인 사건에 연루된 범인과 경찰서장이 오랜 기다림 끝에 마침내 마주쳤을 때 내키지 않으면서도 목례하듯, 적과 살아가는 것이다. 그 목례가 의미하는 바는 '우리가 서로 눈을 마주 볼 일은 많지 않다. 어쨌든 서로의 존재를 인정해야 한다'는 것이다.

당신은 학교 친구의 집 거실에서 사람들에게 둘러싸여 웃고 있는 낯선 이를 발견한다. 종종 졸업생들은 학교 근처로 이사 왔을 때 이를 알리는 이메일을 보내고 동창

회에 찾아오기 때문에 익숙한 일이다. 보통은 졸업한 지 몇 년 되지 않아 고학년 학생들은 여전히 그들을 기억하곤 하지만, 가끔은 뱃살 두둑하고 머리가 벗겨진 남자 선배나 카키색 주름치마를 입은 여자 선배가 찾아와 아무도 그들을 기억하지 못한다는 사실에 당황하기도 한다.

이번 선배는 젊어 보였고, 학교를 떠난 지 2, 3년밖에 되지 않아 보였으나 당신은 그가 기억나지 않는다. 높은 광대뼈와 깨끗하고 밝은 피부색, 그리고 아주 파란 눈동자. 조각상 같은 근육질에 긴 팔다리와 아름다운 얼굴이 약간은 아도니스를 닮은 듯 했지만 베네딕트 컴버배치 쪽에 더 가깝다고 당신은 생각한다.

"선배, 베네딕트 컴버배치 닮은 것 같아요." 자기를 소개하며 당신은 말을 건넨다. 2012년만 해도, 그 선배뿐 아니라 그 누구도 컴버배치가 누군지를 몰랐다. "〈셜록〉에 나온 남자 배우요."

몇 명이 중얼거리며 아는 척을 했지만 아무도 잘 모르는 눈치다.

"잘 생각해봐요! 분명 알 텐데" 당신은 설명하려 했지만, 사람들의 반응이 신통치 않자 폰에서 구글 이미지를 검색해 컴버배치가 밝은 갈색 머리를 한 잘 나온 사진을 하나 보여준다. "제 말이 맞죠?"

"음, 그런 것도 같네." 누군가 대답하지만 당신이 기다리는 건 낯선 선배의 동의다.

그는 입술에 반쯤 미소를 띤 채 당신을 바라보며 말한다(흔히 등장하는 반쯤 미소를 띤 남자가 영화에서 막 튀어나온 것만 같다). "오, 정말이네."

그가 당신을 보며 미소 짓자 당신은 이 남자의 모든 걸 알고 싶어진다. 《제인 에어》에 나오는, 두 손을 주머니에 넣은 채 현관에 등장하는 구혼자 같은 완벽하게 잘생긴 낯선 남자에 대해. 유심히 관찰해보니 그의 손가락에는 은색 반지가 끼워져 있었지만 켈틱 문양이 새겨진 액세서리일지도 모른다. 게다가 당신에게 미소 짓는 걸 보니 그는 확실히, 아마도, 유부남이 아닐 것이다.

당신은 핸드폰에서 그의 페이스북 계정을 찾아내 아내나 여자친구가 있는지를 신중히 살핀다. 관계란에는 아무 표시도 없지만 그가 양복을 입고 한 여자와 춤추고 있는 사진이 몇 장 있다. 그녀는 드레스를 입고 있는데 그게 꼭 웨딩드레스라는 법은 없으니 그냥 드레스일 수도 있지 않을까?

"이봐, 그레이스." 당신은 윗 학년 선배를 당신 쪽으로 끌어당기며 묻는다. "저 졸업생 선배 결혼했어?"

"아마 그런 걸로 아는데." 그레이스가 대답한다. "그런

데 왜?"

"아, 너무 젊어 보여서." 당신은 실망하는 기색이 얼굴에 드러나지 않기를 바라며 말한다.

"그러게, 아마 30대일 걸." 그레이스는 다시 수다 떠는 무리에 합류한다.

그래, 결혼했단 말이지. 당신은 깊이 숨을 들이쉰다. 그렇다고 잠깐 시간을 보내고, 이야기를 나누면서 살짝 끼를 부려선 안 된다는 법은 없지. 그렇게 당신은 대화를 시작한다. 당신이 읽어본 적 없는 책에 대한 이야기를 들으며 재치 있고 애교스럽게 보이는 한마디를 남기려고 애쓴다. 다른 것보다도 당신은 그의 목소리에 매료된다. 부드럽고 경쾌하지만 깊은 그의 목소리는 모음을 발음할 때 귀족적이며, 영국인처럼 들리기까지 한다. 사람들에게 둘러싸여서도 그 유부남은 당신과 계속 눈을 마주치며 미소를 짓는다. 두 사람 사이의 거리는 계속 가까워져서, 마치 그가 당신을 특별하게 여기는 것 같다.

"〈웰컴 투 나이트 베일〉[♥] 팟캐스트 들어봤어요?" 당신이 묻는다. 그는 공포문학의 대가인 작가 H. P. 러브크래프트가 학교에서 그리 멀지 않은 곳에 묻혔다는 이야

♥ Welcome to Night Vale, 나이트 베일이라는 가상의 마을에서 일어나는 사건을 방영한다는 콘셉트로 2012년에 시작된 팟캐스트. 동명의 책으로도 출간됨.

기를 하던 참이었다. "분명 좋아하실 텐데." 당신은 이미 그의 취향을 파악했다. "러브크래프트는, 말하자면 약간의 스팀펑크♥식 음모론과 잭 핸디가 결합된 스타일이랄까요."

그가 그중 무엇도 들어본 적이 없어서, 당신은 핸드폰을 보여주며 설명한다. 두 사람은 바짝 붙어 어느덧 지하실에 단둘이 앉아 있게 된다. 사람들이 지나다니자 방해받지 않으려고 두 사람은 점점 어두운 구석으로 가서 결국 서재 겸 옷방인 뒷방에 들어가 삐걱거리는 소파에 앉았다. 두 사람은 이어폰을 나눠 끼고 거의 팟캐스트 한 회 분량을 집중하며 듣는다. 그는 유부남이지만, 당신은 아랑곳하지 않고 끼를 부린다. 말하자면 한계가 설정된 게임을 플레이하는 것이다. 그는 아무것도 할 수 없고, 당신은 그가 원하게 만든다. 활발하고 똑똑한 학교 후배와 사랑에 빠져 삶을 충만하게 만드는 뭔가가 필요하다고 여기게 만드는 거다. 당신은 《서양 문학의 정전The Western Canon》을 읽었다. 조시 래드너는 관련된 영화♥♥도 만들지 않았던가? 그가 당신을 원하게 만들지 못한다면, 당신이 지는 거다. 팟캐스트가 끝나자 그는 귀에서 이어폰

♥　steampunk, 역사적 배경에 공상과학, 판타지 요소가 적용된 문학장르.
♥♥　국내에는 〈리버럴 아츠〉라는 제목으로 개봉됨.

을 빼지만 자리에서 일어서지 않는다.

"러브크래프트 읽어봤니?" 그가 묻는다. 당신은 읽지 않았다. 보통 또래 남자애가 특히 브라운대학에서 이런 질문을 할 경우, 거짓말로 둘러대 약점을 보이지 않는다. 그러나 이 유부남 앞에서 당신은 거짓말을 할 수가 없다. 그가 당신의 모든 걸 알기를 바란다. 당신은 고개를 젓고 그는 웃는다.

그는 일어서서 책장 쪽으로 가서 책을 찾더니 환호성을 지른다. "여기 있네!" 물론 러브크래프트의 책이다. "네가 재밌는 걸 알려줬으니, 나도 보답을 해야겠다."

그렇게 두 사람은 졸업생들이 기증한 수백 권의 책과 미스매치된 가구들로 둘러싸인 방에 앉아 있다. 유부남 선배는 러브크래프트의 책을 펼쳐 〈니알라토텝Nyarlathotep〉이라는 단편을 읽어주기 시작한다.

문장은 미사여구가 가득한, 말도 안 되는 공포영화 같은 내용이었지만 상관없다. 처음부터 홀딱 반했던 그의 목소리와, 그의 어깨에 머리를 기대면 보이지 않는 선을 넘는 건 아닌지 생각하느라 정신이 팔려 이야기에는 집중이 되지 않는다. 어쨌든 당신은 머리를 그에게 기댄 채 책장에도 시선을 준다.

"그렇게 나는 세상이 암흑과 맞서 싸우는 장면을, 궁

102

극의 공간이 파괴되며 만들어내는 파장에 마주하는 걸 바라봤다." 유부남의 목이 기분 좋게 울렸고, 당신은 새끼손가락을 그의 목에 갖다 댔다.

그는 당신이 지금까지 살면서 본 사람 중 가장 잘생겼다. 그의 옆모습은 선이 완벽했고 머리의 컬은 바이런 경을 떠올리게 했다. 피부는 하얗게 빛났고, 흠이나 결함이 전혀 없어 비인간적이기까지 했다. 가까이 있는 것만으로 감전된 기분이 들고, 손으로 스치기만 했는데도 아드레날린으로 맥박이 요동쳤다. 그런 그가 당신과 시간을 보내기로 한 것이다.

"전례가 없었던 불가해한 눈이 모든 걸 산산이 휩쓸어버려, 모든 것을 암흑 속으로 덮어버리는 반짝이는 벽으로 모든 것이 사라져갔다." 그의 목소리가 울렸고, 당신은 그의 손 위에 당신의 손을 올린 뒤 손가락으로 부드럽게 긁었다.

유부남은 잠시 망설이다 자리에 앉은 채로 책장을 덮었다. "데이나." 그가 말한다. "너는 정말 섹시해. 솔직히 말해서 내가 결혼하지 않았다면 지금 당장 네 유혹에 넘어가 너를 덮쳐버렸을 거야."

당신은 모욕당한 척한다. "내가 유혹했다고요? 나 원래 이렇게 행동하는데요. 특별히 당신을 유혹하려던 건 아녔어요."

당신의 말을 곧이 들었는지, 그는 계속 책을 읽는다.

"소름끼칠 정도로 지각이 있는, 말할 수 없이 의식이 혼미한 이 상황에서, 오직 신들만이 말할 수 있으리라." 그가 속삭이는 동안, 당신은 그의 목에 완전히 머리를 기대고 코를 비비며, 손을 완전히 맡긴다. 그는 딱히 움직이지도, 당신을 말리지도 않는다.

마침내 단편이 끝나고 그는 책을 덮는다. 더는 두 사람이 어두운 방에 단둘이 있을 구실이 없어졌다. 당신은 이 순간이 끝나버리는 걸 견딜 수가 없다. 결핍과 조바심 등 인생의 다른 것들은 모두 통제할 수 없었지만 오늘밤 해야 할 단 한 가지 일이 있다면 지금까지 꿈꿔왔던 방식으로 당신을 원하고, 당신을 유혹적으로 느끼게 하는 이 낯선 남자와 좀 더 많은 시간을 보내는 것이다.

"우리 묘지로 가요." 당신이 제안한다. "거기서 밤을 보내요. 저 한 번도 거기 안 가봤단 말이에요." 핸드폰의 화면이 반짝이며 거의 자정이 되었음을 알린다. 한밤중에 묘지로 몰래 숨어들어가는 일은 말도 안 되게 낭만적인 것처럼 느껴진다.

"안 돼." 남자의 목소리가 마치 셰익스피어 작품의 주인공 같다. "너무 피곤해."

"재미없게 왜 이래요." 당신은 재촉한다. "이봐요, 인생은 단 한 번이잖아요. 이 동네에 얼마나 머물 건가요?"

"오래 있진 않을 거야." 그가 당신의 눈을 바로 쳐다보며 말했다. 두 사람 사이의 열기가 달아오름을 느끼며 당신은 그에게 팔을 휘감고 싶은 마음을 꾹 참기 위해 손가락으로 허벅지를 두드린다. "내일 떠나."

당신의 실망한 표정을 눈치챈 게 분명한 듯 그는 말한다. "하지만 곧 다시 올 거야. 그때 보자."

"약속해요?"

"응, 약속해." 그는 말한다. 두 사람은 집의 나머지 부분, 혹은 학교의 나머지 공간, 나아가 두 사람의 남은 인생에서 떨어져 나온 공간에 있는 것처럼 그렇게 방에 머물러 있다가 둘 중 누군가가 문을 열자 다시 급격히 현실로 돌아온다.

106쪽으로 가시오.

당신은 우울하다고 생각하지 않는다. 그렇지만 뇌의 85 퍼센트를 오늘 먹은, 혹은 먹을 음식의 칼로리를 끝없이 계산하는 데 쓰면서도 당신은 자신의 섭식장애를 인지하지 못하고 있다.

진정 우울하다면, 스스로의 병증을 이성적으로 의식하지 못하는 게 당연하다. 진퇴양난의 딜레마다. 이토록 자의식이 뚜렷한 사람의 뇌가 제대로 작동하지 않는다는 게 말이 되는가? 그러나 당신은 고등학생 시절 숨을 제대로 쉬지 못하고, 차가운 바닥 타일에 얼굴을 처박고 쓰러져 밤새 심하게 울던 시기가 있었다. 당신은 자살하고 싶었지만 죽는 건 내키지 않았다. 그저 존재하고 싶지 않았다. 그게 가능한가? 누가 그런 일을 주선할 것인가? 타일들 사이의 틈은 뺨에 자국을 남겼다. 그곳에 영원히 남아 있다면 사라지는 것과 다름없을 것이었다. 당신은 꼼짝도 하지 않고 누군가 강제로 먹이지 않는다면 그대로 굶어 죽을 수 있었다. 누가 뭐라고 하든 문자 그대로 영원히 바닥 위에 누워서.

진실은 당신이 왜 우는지 스스로도 모른다는 것이다. 이렇다 할 이유도 없이, 거의 항상 당신은 운다. 마치 게

으른 직원이 실수로 '개방' 버튼에 기대 댐이 열려버리듯, 몸 전체의 가뭄에 대비해 비축되었던 눈물이 온통 터져나오듯이.

고등학교 3학년 때의 일이었다. 더 극적인 효과를 위해 당신은 목욕탕 문을 잠궜지만, 부모님이 반대편에서 문을 부수려고 대화하는 소리를 듣고서는 잠금장치를 열어 마치 문이 원래 잠기지 않았던 것처럼 만든 다음 그들이 들어오기 전에 타일 바닥에 다시 엎드렸다. 계속 흐느끼면서.

"저 아이를 병원에 데려가야 할까요?" 엄마가 아빠에게 물었다.

당신은 더 큰 소리로 흐느꼈다. 병원에는 가고 싶지 않았다. 그 무엇도 하고 싶지 않았다. 그저 가만히 바닥에서 흐느낀다고 병원에 데려가진 않겠지.

아빠가 당신을 일으키려 하자 당신은 온몸에 힘을 빼고 봉제인형처럼 축 늘어졌다. "싫어어어어어어어어!" 당신은 헐떡이는 와중에도 외친다.

"이 애를 어떻게 해야 하죠?" 부모님이 서로에게 물었다.

"싫어어어어어어!" 당신은 소리를 지르며 한층 큰 소리 흐느낀다. 스스로도 알 수 없는 이유로, 자신을 구경

거리로 만들고 있었다. 주변의 모든 사람을 혼란스럽게 만들고, 결국 그들이 당신을 내버려둘 때까지 계속 시끄럽게 울부짖다보면 영혼 속 어두운 10대의 고뇌가 사라질 거라고 믿기라도 하듯이. 그러다 아빠가 당신을 계단으로 끌고 내려가기 시작하자, 당신은 부모님이 당신을 차에 실어 병원에 데려가기로 결심했다는 걸 깨닫는다.

어떤 수를 써서라도 그것만은 막고 싶었던 당신은 여전히 울부짖는 와중에 멘트를 바꾼다. "제발, 제발, 싫어요. 저 이제 괜찮아요. 진짜예요." 계속 반복한다. "정말이에요. 저 이제 정말로 괜찮아요." 당신은 의사라는 의사는 죄다 만난다. 부모님이 지켜보는 앞에서 멜로우마스 쿠키♥와 두유 한 컵을 마신다. 살이 찌겠지만 신경 쓰지 않는다. 이제 당신은 스스로의 몸에 대한 소유권을 포기했다. 부모님은 모든 치료법을 동원하지만 상황은 나아지지 않는다. 열여덟 살이었던 그때, 어떤 순간에는 나을 수 있을 것만 같다가도 한 시간이 지나 눈물이 마르고 뇌에 산소가 돌기 시작하면 확신은 순식간에 사라져버렸다. 영원히 치료될 수 없을 것만 같은, 사막의 자갈밭을 건너 아무런 신호도 없는 오르막길을 끝없이 올라가는

♥   Mallomars cookies, 마시멜로우가 든 초코 쿠키.

듯한 기분이었다. 당신이 좀 나아졌다고 여겨 부모님은 당신을 대학에 보냈다. 가끔은 괜찮을 때도 있었지만, 괜찮은 것과 나은 것은 달랐다.

어릴 때 보고 또 봤던 애니메이션 영화 〈미녀와 야수〉를 기억하는가? 거지인 척했던 마녀는 자기를 거절한 야수뿐 아니라 야수를 위해 일하던 사람들까지 모두 벌줬다. 물론 야수가 야수로 변한 건 딱한 일이지만, 최소한 그는 인간의 형상을 닮아 있었다. 그의 하인들은 시계나 의자, 식기류로 변했는데, 그건 아무리 생각해도 공정치 못하다. 애초에 원인을 제공한 야수(그에게 이름이 있기는 했나 모르겠다)는 약간 털이 덥수룩하고 몸집이 커졌을 뿐 옷도 입고 식탁에서 식사하면서 인간과 같은 생활을 하는데, 아무런 잘못도 없는 하인들은 계단을 오르는 일조차 낑낑대야 한다. 그들은 집을 떠나지 않는다. 그들은 반란을 일으키거나 연대하지 않으며 가구며 집기로 변해서도 여전히 하인으로 지내면서 자기들을 이 꼴로 만들고선 돌이키려는 노력조차 하지 않는 주인을 위해 충성한다. 그냥 떠나면 되잖아! 당신은 스크린에 대고 소리지르고 싶었다. 왜 그놈한테 밥을 차려주는 거야?? 이제 나무와 쇳조각일 뿐인데, 왜 인간일 때 하던 업무를 계속하는 거냐고. 말이 안 되지 않는가. 어쨌든, 이게 바로 우울증이라는 거다. 어떤 이유로 당신은 움직일 수 없는 몸이 되어버렸고, 완벽히 정상적으로 살아가는 듯 보이는 사람들은 당신에게 자신들처럼 직업을 갖고 사랑에 빠지고 시험에 통과하라고 말한다. "하지만 난 지금 테이블이란 말이야!" 당신은 소리 지르고 싶다. "테이블이라서, 지금 난 도저히 생물학 시험공부를 하러 침대에서 일어날 수가 없다고. 그건 테이블이 할 수 있는 일이 아니니까!"

그러면 테이블이 아닌 사람이 이딴 식의 말을 하는 거다. "내 사촌동생은 마라톤을 시작했는데 아침에 힘이 솟는다더라. 너도 한번 시도해보는 게 어때? 하루 20분만이라도 말이야, 수면의 질이 높아지고 기분도 훨씬 나아질 거야. 마치 마법처럼!"

"하지만 난 테이블이라고!" 당신은 바보 같은, 잘난 척하는 얼굴에 대고 대꾸하고 싶다. "네가 말하는 걸 나는 할 수가 없어!"

그러나 그렇게 대답하는 대신 당신은 진지하게 고개를 끄덕인다. "그래, 네 말이 맞아." 그러고는 더 이상 인간이 아님에도 인간에게 기대되는 일들을 하려고 최선을 다해 노력하는 것이다.

다시 당신이 욕실 바닥에 누워 혼자 있고 싶어질 때, 그들은 당신을 정신과 의사에게 데려갈 것이다. 펜이며 처방전 패드에 자기 이름이 적힌 정신과 의사는 당신을 15분간 본 다음 엄마를 불러다 앉힌 다음 렉사프로♥ 한 움큼을 쥐여주고, 처방을 내릴 것이다.

다음 의사는 당신이 복용하는 약의 이름을 듣고선 소스라치게 놀라겠지. 아웃도어 쇼핑몰 건물 건너편 고가도로에 있는 진료실은 심리 상담과 결혼 상담, 아동 상담을 겸하고 있다. 대기실에선 항상 누군가 비명을 지르고, 사람들은 몇 주 지난 잡지를 거칠게 넘길 것이다.

세번째 의사는 자기 집 거실이 진료실이다. 네번째는 자기 집 지하실이 진료실이다. 당신은 무엇보다 왜 이런 일을 겪고 있는지 기억해내려 한다(사람들의 말에 따르면 화장실 바닥에서 있었던 "자살성 사고" 때문이다). 나아지는 거라곤 없고, 이 모든 게 부질없이 여겨진다.

약은 처음에는 효과가 없다. 당신은 너무 과민한 상태에 있으며, 극적으로 영화의 배경음악 같은 효과가 나타나 뇌에서 화학반응이 일어나 행복해지기를 바란다. "그건 계속 더 밝게 빛나는 태양 같은 거야." 당신이 쪼글쪼글한 약봉지를 품고 집에 들어서자 오빠가 말한다. 어느 날 밤 공황상태에 빠져서 병원에 실려갈 때까지 그 역시

♥　Lexapro, 항우울제.

같은 회사의 항우울제를 복용했다. "난 그저 본래의 감각을 느끼고 싶어." 당신도 본래의 감각을 느낀다고 생각한다, 적어도 지금 이 순간은. 이 약들을 먹으니 예전에 친구의 친구가 집에서 가져와 20달러에 팔았던 대마초가 든 브라우니를 반 통이나 먹었던 기억이 떠오른다. 적들을 파악하는 잠수함 선장처럼 당신은 기억들을 소환해 점검한다. 정상. 정상. 정상. 정상. 어쩌면 변화 가능성을 무력화하는 너무 과민한 상태에 있으면서도 뭔가가 변하기를 기다리는 건지도 모른다. 브라우니는 아무 효과가 없었다. 심지어 입이 마르지도, 머릿속에 가득한 생각이 사라지지도 않았다(지금 와서 생각하니 그냥 평범한 브라우니를 속아서 산 것일지도 모르겠다).

하지만 하루라도 약을 빼먹으면 당신은 예민하고 우울해진다. 소중한 사람들에게 시비를 걸고 일에도 집중하지 못하며, 디즈니 애니메이션에 나오는 산만한 캐릭터처럼 15초마다 핸드폰을 확인하며 인터넷에서 물어뜯을 게 없는지 살핀다. 이틀이 지나면, 브레인 잽(brain zap)이 시작된다.

당신은 브레인 잽이 뭔지 몰랐다. 인터넷에서 "심발타" 금단 증상 고통 없는 전기 충격"이라고 검색하니 여러 부작용 중 가장 첫번째로 나왔다. 브레인 잽, 과민성,

악몽, 수면장애, 설사, 공격성. 거의 설명하기 힘든 감각을 중립적인 단어 두어 개로 깔끔하게 정리한 설명을 인터넷에서 찾아보면 무서운 느낌이 줄어든다. 흔히 불행은 다른 불행을 몰고 온다고들 말하는데, 이 말은 의학적 부작용에도 적용된다.

당신이 두려워하는 건 잽이 처음 시작되고, 아침에 서두르다 약을 챙기지 못했는데 그게 이틀 연속이 되면, 그렇게 생물학 수업 시간에 책상에 앉아 있다가 갑자기 뇌가 바닥에 발을 질질 끌고 가다가 문을 여는 듯한 기분이 찾아오는 것이다. 그건 고통 없는 전기 충격 같은 이상한 기분이며, 두번째, 세번째 잽이 찾아올 때까지 당신은 실감이 나지 않는다. 나중에 당신이 그 감각을 (망설이다가 자연스럽게, 호들갑 떨지 않으면서) 엄마에게 설명하려 했을 때 그건 마치 '짠맛'을 설명하려고 하는 것과 비슷한 느낌이었다. 당신은 새로운 감각에 확신이 없으며 적합한 어휘도 갖지 못했다. 마치 맹인에게 색깔을 설명하는 격이다.

이제 인터넷에서 브레인 잽이라는 표현을 알게 된 당신은 일종의 안도감을 느낀다. 그러니까 항우울제와 항

♥   Cymbalta, 항우울제의 하나.

불안제를 복용하는 사람들에게 나타나는 증상 중 하나란 말이지.

그래서 당신은 매일 데오드란트를 뿌리기 직전 알약을 복용한다(전자를 잊은 날에는 후자도 따라 잊게 되므로, 그날은 안타깝게도 끔찍한 불안감과 땀내를 세트로 감수해야 한다). 더 이상 울지는 않지만, 원래의 자신을 잃어버린 듯한 기분도 든다. 그러니 다시 시작하자. 다시 초반부로 돌아가서, 나아진 기분으로 온전한 자아 정체성을 재정립해보는 거다.

당신이 원하는 캐릭터는?

🅐 유혹자. 인생에서 젊음은 한 순간이고, 아마도 지금보다 인생에서 더 매력적인 시기는 오지 않으리라. 잡지 《세븐틴》에서 읽었던 매력적인 10대가 되는, 제대로 유혹하는 모든 팁을 샅샅이 활용하자.

115쪽으로 가시오.

🅑 모험가. 《먹고 기도하고 사랑하라》의 여주인공이 되기 위해 꼭 이혼할 필요는 없다. 당신은 중산층 백인 여성으로서, 원한다면 언제든 주인공이 될 수 있다.

128쪽으로 가시오.

당신의 졸업 학기가 끝나기 전에 그 유부남은 다시 등장한다. 카페에서 만난 두 사람은 계속해서 차를 마시고, 길을 걸으며 지난번 만남에서 서로가 얼마나 통했는지를 확인하며 대화를 나눈다. "우리가 딱 한 번 만났을 뿐이라니 믿을 수가 없네요!" 두 사람은 외친다. "아주 예전부터 알고 지낸 사이 같은데. 동시에 반하다니, 마치 마법 같아요."

캐스팅 작업은 완벽하다. 베네딕트 컴버배치와 타지에서 온 젊은 미국 여성은 지적인 소울메이트로 10년(혹은 15년)의 나이차를 극복한 성적 끌림과 으스스한 스팀펑크라는 특이 취향을 공유하고 있으며 성가신 결혼제도가 둘 사이를 가로막고 있다. 처음부터 저주받은 연인이라니. 계속 연기하기만 한다면 어떤 의미에선 아름다운 관계 아닌가.

두 사람은 다시 〈웰컴 투 나이트 베일〉과 닐 게이먼♥에 대해, 당신이 읽기로 한 판타지 소설에 대해 이야기하는데, 마침내 소재가 떨어져 다시 두 사람이 《로미오와

♥　영국 출신의 각본가이자 컬트작가로, 《샌드맨》 시리즈가 가장 유명하다.

줄리엣》의 주인공이 된 것 같은 상황이 되자 대화는 훨씬 즐거워진다.

　유부남은 당신이 다섯 명의 하우스메이트와 지내는 아파트로 돌아와 주방에 서서 맥주를 마시며 마치 단순한 친구인 것처럼 군다. 그는 당신의 방으로 와서 침대에 앉고, 곧 당신과 마주 보고 누워 키스하러 기대온다. 그의 매력에 당신은 취한다. 그는 당신을 원하고 있고, 이 끔찍한 게임은 인생 어느 순간보다 짜릿하다. 그 순간 두 사람은 키스한다.

　키스는 축축하고 서툴렀다. 폭죽이 터진다거나, 영화처럼 음악소리가 들리는 일은 없다. 그냥 당신은 30대 남자랑 침대에 누워, 서투른 섹스를 하는 거다. 당신은 '하지만 이 사람은 유부남이잖아'라고 생각한다. 이건 비련의 사랑이야. 우리 사이에는 뭔가가 있어. 그게 아니라면 지난 두 시간 동안 내가 이야기한 건 뭐겠어. 그가 떠나려 하자 당신은 놀라울 정도로 아쉬움을 느낀다.

　"사랑해." 그가 말한다.

　"이건 미친 짓이에요." 당신은 말한다. "우리는 딱 한 번 만났을 뿐인데! 서로에 대해 잘 알지도 못하는데."

　"나는 당신에 대해 다 아는 것 같은 기분이 들어."

　"저도 그래요." 당신은 진심이라고 생각하며 말한다.

그는 일어나서 바지를 입는다. 왠지 그의 바지가 흘러내린다.

"가지 마요." 당신이 말한다.

"그럴 수 없어." 그가 대답한다.

당신은 가능한 한 최대로 섹시하게 머리카락을 넘기며 등을 구부린다.

"안 돼." 그가 다시 말한다.

"사랑해요, 유부남." 당신은 약간의 미소를 머금고 고통을 삼키며 말한다. 그는 모든 게 나아질 거라면서 인사하고 떠난다.

다음 날, 그가 당신에게 음악을 선물했다는 메일이 연달아 도착한다. 전자음의 비트에 재잘거리는 듯한 높은 목소리로 부른 애절한 음악들이다. 한 곡의 제목은 〈경멸당하는 여자들〉이고, 다른 한 곡은 가사 중에 '나와 어울리지 않는 걸 알지만 당신을 원해'라는 구절이 있다. 추락하는 비행기에서 마지막 전화를 거는 사람에 대한 노래다. 당신은 이 노래들로 플레이리스트를 만들어 반복해 듣고, 갑자기 끝난 사랑을 받아들이며 베개에 얼굴을 파묻고 운다.

그는 두 달 뒤 메일을 보낸다.

네 생각을 멈출 수가 없어. 네가 트위터에 올리는 재밌어 보이는 나날들(혹은 그래 보이는 걸까? 온라인과 실제 삶 사이의 경계를 잘 모르겠다)을 보면 약간 서운하기도 해. 얼마 전 런던의 한 술집 화장실 벽을 보니 누군가 이런 낙서를 썼더라.

"우리가 사는 이 땅은 에덴동산에서 내던져진 릴리스♥들이 모여 사는 곳이다."

왠지는 모르겠지만, 그 문구를 보니 네가 생각났어. 어쨌든 하려는 말은 이게 아니라, 곧 돌아오는 10월 초에 다시 그 동네로 가는데 같이 저녁 먹을 수 있을까?

아래에는 그의 이니셜과 함께 '사랑하는'이라고 서명이 되어 있다.

당신은 어떻게 하겠는가?

🅐 당연히 가지 않는다. 당신의 환상은 이미 충족됐고, 어린 여대생한테 사랑한다고 말하는 30대 남자 따위

♥ Lillith, 아담의 첫 아내.

는 자기 인생을 살게 두면 된다. 그의 아내를 위해 조용히 기도하고, 그의 관심을 끌어 잠시 비대해진, 파괴적인 자아를 다시 건강하고 현실적인 상태로 되돌려 행복해질 수 있게 집중하자.

50쪽으로 가시오.

B 간다. 밖의 날씨는 얼어붙듯 춥지만 몸에 딱 붙는, 긴 소매의 톱과 미니스커트를 입고 타이츠에 스틸레토 힐 부츠를 신고선 그의 차에 넘어지듯 들어가 당신의 롤모델인 브리짓 바르도처럼 우아하게 앉으려 했지만 그의 차에 넘어지듯 들어간다. 당신은 신용카드로 눈두덩이에 자주색 아이섀도를 날개처럼 얇게 펴바르고, 립스틱을 바른다.

결국 가까스로 (조심스럽게) 그의 차에 타게 되자, 당신은 의도했던 것보다 '창녀같이' 보이지는 않을까 걱정이 되기 시작한다. 막상 두 사람이 실제로 만나자, 지난 두 달간 절박한 정부처럼 연기했던 것과는 달리 어색했기 때문이다.

"어떻게 지냈어?" 그가 당신의 뺨에 키스한 뒤 묻는다. 두 사람 모두 어디다 키스하는 게 좋을지 확신하지 못했다.

"잘 지내죠." 당신은 말한다. "평소처럼요, 아시다시피."

결혼한 남자와 사랑에 빠진다고 해서 자신의 캐릭터를 총체적으로 부정하는 건 아니라고, 당신은 스스로를 설득한다. 캐리 브래드쇼♥도 유부남인 미스터 빅과 사귀었어. 빅은 완벽한 아내와 혼인 상태였고, 캐리도 당시 에이든이라는 애인이 있었는데 말이지. 올리비아 포프♥♥는 어떤가. 막 결혼한 로리 길모어랑 바람피우지 않았는가. 《더드 아보카도》♥♥♥는 첫 열 쪽 내내 주인공 샐리가 유부남과 연애하는 내용을 더없이 사랑스럽게 그리지 않는가. 어쩌면 당신은 자기 삶에서 다소 주인공 같아 보이지 않는 주인공일지 모른다.

차를 타고 가면서 당신은 자신에 대해, 두 사람 간의 감정에 대해, 부유하고 교양 있고 나이 많은 남자와의 불길한 사랑에 휘말린 여대생이 겪곤 하는 이야기를 내내 혼자 떠올린다. '그래 오늘 무슨 일이 일어나든, 그건 내 탓이 아니야.' 당신은 모든 죄책감과 성가신 양심의 가책

♥　미드 〈섹스 앤 더 시티〉의 여주인공.
♥♥　미드 〈스캔들〉의 여주인공.
♥♥♥　*The Dud Avocado*, 1950년대 파리로 간 미국 여성의 모험담을 그린 소설.

에서 벗어나고자 한다. '나는 순진하고 무지하고, 어리고, 섬세한 꽃일 뿐이야.' 당신은 스스로에게 면죄부를 주고 싶다. '아니면 팜므파탈이거나. 남자들을 유혹하는 건 재밌고 섹시한 일이잖아, 담배 연기를 내뿜고 꼬았던 다리를 푸는 사이에 시간 때우기에도 좋고.'

고개를 돌려 남자를 보니 그의 목울대는 차의 움직임에 따라 흔들리고, 목 언저리에는 면도하면서 빠트린 수염 자국이 금색으로 남아 있다. 그걸 보자 당신은 자기가 엄청난 팜므파탈이나 섬세한 꽃이라기보다는 영화 〈귀여운 여인〉의 줄리아 로버츠 쪽에 가깝지 않나 싶다. 물론 자동차 수동 변속기를 어떻게 다뤄야 하는지 전혀 모르는데다 그녀가 입었던 파란 미니드레스와 지금 입고 있는 크롭탑 사이에는 엄청난 차이가 있지만.

학교에서 교외로 넘어가는 차갑고 구불구불한 언덕길을 차가 내려가면서 당신의 무릎은 위아래로 흔들린다. 남자는 미소지으며 흔들리는 무릎에 손을 얹고, 당신을 바라본다.

"뭐죠?" 당신이 묻는다. 그는 당신이 아름답다고 말한다. 식당에 도착하자 주차할 곳이 없었는데, 당신은 짧은 헤어스타일을 한 야반 도주자 같은 어린 여자애다운 당돌한 생각을 떠올린다. "그냥 옆에 있는 가게 주차장에다

대요." 당신은 말한다. "괜찮아요. 아무도 신경도 안 쓸 걸요." 그는 동의하고, 조금 떨어진 이탈리안 식당의 발레 주차요원에게 키를 건넨다. 모험심 넘치는 연인인 두 사람은 마치 그 식당에 들어가는 척하고선 차가 시야에서 사라지는 걸 확인하자 원래 목적지, 중간에 바가 있고 다 합해도 열 석 정도의 자리만 있는 아주 작은 식당으로 향한다.

당신은 코트를 벗어 걸어놓고 자리에 앉아 안도감을 느낀다. 드디어 해냈어. 우리는 아무도 모르는 곳에 나와 같이 저녁을 먹는 연인이고, 일시적이지만 함께야. 그는 다시 손을 당신의 무릎에 얹고서 메뉴판을 보고 와인 한 잔씩을 시킨다. 코스당 와인 한 잔씩이지.

당신은 그의 따뜻한 어깨에 기대 그의 무릎에 똑같이 손을 얹는다.

바로 그 순간, 문이 열리면서 아까 이탈리안 식당의 주차요원이 굳은 표정으로 당황하며 나타난다. 당신이 놀라 화장실로 도망갈까 궁리하는 동안 남자가 자리에서 일어난다.

식당 앞에는 잘 차려입은 그 지역 전문직 사람들이 모여 있고, 주차요원은 우리 식당에서 먹을 게 아니면서 그렇게 차를 놓고 가면 곤란하다고 말한다. 남자는 사과하고 차를 빼러 간다. "다른 곳은 줄이 너무 길어서요."
그가 변명하듯 말했고, 당신은 꽤 그럴듯한 임기응변이
라 생각한다.

그가 5달러를 건네 주차요원을 진정시키는 동안 당신
은 핸드폰을 확인하고, 한 페이지짜리 메뉴를 다시 읽고,
몇 자리 옆에 떨어진 남자의 시선을 피한다. 우리 사이를
그가 눈치챈 게 틀림없어. 중년의 위기에 처한 남자와 조
숙한 여대생 사이의 전형적인 부적절한 관계라니. 마치
조시 래드너의 영화♥ 같지 않은가.

남자가 돌아오고, 마법 같던 저녁의 흥은 조금 깨졌지
만, 몇 잔의 와인과 프리제니 콩포트니 하는 설명들과 함
께 코스 요리들을 먹고 있자니 모든 게 괜찮은 것처럼 여
겨진다.

"와인이 글라스에 부딪히는 거 좀 봐." 남자가 레드와
인을 빙빙 돌려 보이며 말한다. "이렇게 떨어지는 걸 와
인 레그즈라고 해. 무슨 말인지 알겠어?"

당연히 당신은 이해한다.

"먼저 한 모금 머금기 전에 와인 향을 통해 풀 바디를
느끼고 나서 맛보는 거야. 어쨌든 가장 중요한 건 향이

♥ 학교 교직원으로 일하는 중년의 남자와 조숙한 여대생의 로맨스를 다룸.

지." 그가 계속 설명한다.

당신은 향을 맡고, 최대한 섬세하게 입 속에서 와인을 굴려 맛을 본다. 남자가 먼저 감상을 말한다.

"소나무 향이 강하네. 타고 남은 재 같아. 하지만 그 속에 자두랑 아니스 향도 은근히 느껴져."

당신은 그중 어느 것도 느낄 수 없다. "내 생각에 와인 테이스팅의 화법이라는 건, 랜덤으로 세 가지를 말하는 거 같아요. 처음에는 과일, 그다음은 나무, 그다음에는 아무거나 한 가지요. 음, 이런 식으로 말이죠. 체리…… 그리고…… 오크…… 그리고 점토."

"하하." 남자는 소리냈지만 실제로 웃는 것 같진 않다.

어쨌든 서로에 대해 이야기하는 게 더 재밌으므로, 두 사람은 저기 구석에 앉은 남자가 우리 사이를 알 것 같으냐고 귀에 대고 속삭인다. 당신은 그의 허벅지에 얹은 손을 옮겨 바지 위에서도 그의 발기를 알 수 있을 정도로 더 위쪽으로 올라간다.

디너 코스는 차례대로 여러 요리가 나오는 방식으로, 그때마다 웨이터는 왕족을 모시듯 요리를 가져와 소개했다.

당신은 이것저것 질문하고, 대화를 주도하며 선을 넘지 않을 정도로 수위를 조절한다. 자식은 낳을 건가요?

아내를 사랑하나요? 언제 아내를 처음 사랑한다고 느꼈죠? 언제 두 사람이 결혼할 거란 걸 알았어요? 그렇다면, 나랑 사랑에 빠진 건 언제죠?

대답은 평이했지만 그의 목소리와, 두 사람이 다른 사람들 앞에서 공공연히 그런 대화를 한다는 사실 자체만으로 흥분됐다.

계산을 마치고(당신의 한 달 식비보다도 많은 금액이다), 당신은 자리에서 일어나 그의 팔짱을 낀다. 구석에 앉아 있던 남자의 시선에서 실망을 느낀 건 단지 착각이었을까?

어쩌면 남자는 호텔로 같이 가자고 물을지 모른다. 아니면 그냥 드라이브를 할 수도 있다. 차 안에서 두 사람은 눈 먼, 절박한 사람처럼 서로를 더듬는다.

로비로 들어서면서, 당신은 스스로를 〈귀여운 여인〉가 아닌, 〈런어웨이 브라이드〉의 줄리아 로버츠♥로 여기려 노력한다. 그의 방에 들어서고, 두 사람 다 먼저 몸을 눕혀 키스하려 하지 않았기에 침대에 같이 누워 영화를 봤고, 당신은 저녁 때 마신 와인 때문에 너무 졸렸지만 한편으로는 오늘 이 남자와의 마지막 밤에 낱낱이 깨어

♥　두 영화에서 모두 리처드 기어의 상대역으로 나왔으나 전자는 성매매 여성으로, 후자는 당찬 여성으로 나온다.

있고 싶다고 생각했다. 그때 그가 몸을 숙여 키스하며, 약간은 어색하고 성의 없이 올라가더니 당신에게로 들어왔다.

나쁘지 않았다. 기대했던 것보다 빨리 끝났고 당신은 아무것도 느끼지 못했지만. 역시나 아침이 되자 당신은 옷을 입으며 '제길' 하고 생각했다. 그리고 선을 넘기로 한다.

"나랑 유럽으로 가요." 당신은 말한다. "졸업하면 석 달간 유럽으로 떠날 거예요. 매일 전시도 보고 맛있는 거 먹으면서 같이 살아요." 말을 할수록 계획은 더 괜찮은 것처럼 느껴진다.

"그럴 수만 있으면 얼마나 좋을까." 남자가 슬프게 말한다.

"그럴 수 있잖아요." 당신은 말한다. "다 버리고 떠나요. 나랑 같이 유럽으로 가요." 당신은 그를 망설이게 하는 것들을 나열한다. 직업? 새로 얻으면 되잖아요. 아파트? 팔아버려요. 아내? 이미 나랑 잤잖아요. 이혼해요. "나랑 떠나요, 네?"

"정말, 정말 멋진 이야기야." 그가 검정색 정장 양말을 입으며 말한다(정사 후에 남자들은 반드시 검정색 정장 양말을 입는다). "그럴 수 없어 유감일 뿐이야."

그의 무심함에 당신은 분노한다. 나는 그에게 모든 것을, 인생을 걸고 기꺼이 모험을 하겠다는데, 그는 대학생이랑 자는 30대 남자라는 입장으로 만족한다고? "생각해 봐요." 이미 선을 넘었고, 설득하려 할수록 철없는 아이의 심술처럼 보이리라는 걸 충분히 인지했지만 당신은 다시 말한다. "파리에서 핫초코를 마시고, 센강에서 오후 내내 글을 쓰고……." 사실은 프랑스로 갈지조차 정한 적 없지만, 로맨틱한 생각 아닌가.

남자는 당신의 머리에 키스한다. "분명 넌 거기서 멋진 시간을 보낼 거야. 부럽네."

'부러워할 일이 아니라구요.' 당신은 거의 소리칠 지경이다. '같이 가자구요!' 하지만 아무 소용없는 일이다. 그는 당신을 아파트로 태워다주고, 당신은 남은 오후 내내 침대에서 그가 당신을 가지기 위해서라면 뭐든 할 수 있을 듯 굴며 보내줬던 음악을 듣는다.

50쪽으로 가시오.

진짜 세계로 들어가야만 한다는 사실을
부정하고 있는 당신이
유럽의 어느 도시에 가면 좋을까?

1. 하루 중 당신이 가장 좋아하는 시간은?

🅐 새벽녘, 새들이 지저귀고, 잔디에는 이슬이 맺혀 있고, 디즈니 애니메이션의 공주처럼 당신이 옷 입는 걸 숲속 동물들이 도와주는 거다. (그런데 그게 새벽 맞나?)

🅑 오후 2시. 한창 낮잠 자는 시간.

2. 새로운 문화를 경험하는 최선의 방법은?

🅐 야외에서 법적으로 술을 마셔도 되는 곳이 어딘지, 다른 애들이 주로 노는 힙한 곳은 어딘지 알려줄 현지인 친구들을 사귄다.

🅑 미술관? 솔직히 낯선 사람들과 어울려 술을 마시고

이야기 나누는 건 지옥 같은 일이다. 무작정 사람들에게 다가간다고? 그들도 이미 친구들이 있지 않을까? '새로운 사람들을 만난다'는 건 '바람맞아 혼자 밥 먹는 것'처럼 보이는 게 두려워서라고 생각한다.

3. 매일 식사로 선호하는 음식은?

🄰 블러드 소시지.♥ 마치 아이스크림 막대기에 '뱀파이어가 제일 좋아하는 브런치 메뉴는?'이라는 퀴즈의 답으로 나올 법하게 들리겠지만.

🄱 치킨 윙. 유럽에 가서도 바지에 바비큐 소스를 흘리고 다니면서 털털한 캐릭터라는 걸 모든 사람에게 알리고 싶으니까.

4. 길을 걷다가 100달러짜리 지폐를 발견했다. 주변에 아무도 없고 돈을 흘렸을 만한 사람도 보이지 않는다면 어떻게 하겠는가?

🄰 노숙자에게 주거나, 경찰서로 가져간다.

🄱 물론 원칙대로라면 경찰서에 가져가는 게 맞다. 그러나 말 그대로 돈을 길에서 주운 것 아닌가. 당연히 가

♥ 돼지 피로 만든 소세지.

진다. 탐욕스럽거나 이기적인 게 아니다, 100달러를 발견한 것이니까! 잠깐, 이 질문은 자책감을 불러일으키는 함정 같다. 바보같이 굴지 말자.

5. 생일날 선물로 가장 받고 싶은 것은?

Ⓐ 가장 좋아하는 자선단체에 기부하는 것.

Ⓑ 조금 전 질문이 함정 같다고 했는데, 이것도 그런 것 같다. 괜히 있어 보이는 척하는 건 위선이다. 진심으로 원하는 건 가죽 재킷이다. 나는 정말 멋진, 괜찮은 가죽 재킷을 원한다.

대답이 대부분 A였다면

런던이 좋겠다. 여왕과 컴버배치가 있는 대영제국으로 가자.

131쪽으로 가시오.

대답이 대부분 B였다면

에든버러가 좋겠다. 스코틀랜드에 대해 아는 거라곤 작가 J. K. 롤링이 산다는 것과 배우 데이비드 테넌트가 거기 출신이라는 것뿐이지만, 솔직히 말해서 그 정도면 충분하지 않을까. **149쪽으로 가시오.**

호스텔 방에 들어가니 아마도 남성인 듯한, 여러 유럽 혈통이 섞인 듯한 어두운 피부색의 세 명이 있었다. 방이 너무 어두워 그들을 정확히 구분하기는 어렵다(최소한 한 명은 자고 있는 듯, 방의 조명은 꺼져 있었다). 당신의 유럽 여행은 이 시점에서 이미 망했는데, 호스텔 로비의 자동판매기에서 산 젤리 베이비를 먹어치우면서 '여기는 영국이야! 미국에서 젤리 베이비를 먹는 거랑은 다르다구! 〈닥터 후〉에서도 먹잖아. 그 얄팍한 이유만으로도 폭식의 근거는 충분해'라고 생각했기 때문이다. 배는 터질 듯 더부룩하며, 새끼 하마처럼 땀에 흠뻑 젖은 상태로, 장이 고통과 메스꺼움 사이에서 요동치기 시작한다. 방금까지 한 모든 행위의 증거들이 소화될 때까지 공처럼 몸을 웅크리고 싶다.

같이 여행 온 친구는 클럽으로 놀러갔다. 최상의 컨디션이라 해도 당신은 클럽을 싫어했고, '유럽 여행 중'이라는 달콤한 속삭임이 평소와는 다른 환경으로 가게 했을지 모르나 이미 젤리 베이비를 잔뜩 먹은 상태에서 몸에 딱 붙는 옷을 입고 지나치게 시끄러운 음악과 함께 밤새 서 있는 건 좋은 생각 같지 않았다. 즐거운 시간 보내고 와, 당신은 친구에게 말했다. 난 상태가 별로 안 좋네. 내일 아침에 보자.

그렇게 당신은 아픈 배를 움켜쥐고 혼자, 살찌고 비참한 기분으로, 즐겁고 신나는 일들을 즐겨야 할 도시에서 어두운 호스텔 방 이층침대의 아래층에 누워 있는 현실을 마주하고 있다.

그렇게 관심받고 싶고 고립을 무서워하는, 그러나 생얼로 밖에 나가는 건 내키지 않는 여자애라면 누구나 했을 일을 당신은 한다. 틴더♥에 접속해 가장 잘 나온 사진과 미국 성조기 이모티콘, 그리고 다음과 같은 소개글로 프로필을 업데이트하는 것이다. "잠시 여행 중인 미국 여자애."

틴더의 놀라운 점은 그게 얼마나 끔찍한지를 알면서도 잊어버리고 다시 하게 된다는 점이다. 더러운 거울 앞에서 포즈를 취하는 근육 돼지들, 선글라스가 개성을 나타낸다고 믿는 부류들, 마취총을 맞은 호랑이 앞에서 포즈를 취하는 마초 스타일, 번쩍거리는 슈트를 입고 증권사에서 일하고 싶어 하는 이들의 행렬이 끝없이 이어진다. 그러다 당신은 꽤 괜찮아 보이는 남자들이 나오면 혹

♥   Tinder, 데이팅 앱.

시나 하는 마음으로 매치를 누르지만, 첫 메시지부터 키보드 아이콘 중 최악의 것들로 가득한 답장이 온다. 이를테면 혀를 내민 웃는 얼굴 같은. 틴더는 게임과도 같다. 제발-제발-나를-선택해줘, 라며 다시 연락할 일 없는 낯선 이들과 거짓된 친밀한 대화를 나누는 단순한 흥분을 경험할 수 있는 즐거운 게임.

당신은 정말이지 밖으로 나가고 싶다. 나가서 '뭔가를' 하고 싶다. 배가 좀 나아지는 것 같다. 이제 저녁 7시 30분이고 쓸쓸하게 혼자 있는 건 충분히 했다.

호스텔 바로 나가보지만 거의 아무도 없다. 당신은 음료를 시키고 휴대폰을 쳐다본다. 틴더에서 알림이 하나 와 있다. 보기 드문 귀여운 남자애다. 검정색 곱슬머리에 친절해 보이는 눈, 그리고 문학적 취향이 드러나는 소개글. "아마 틴더에 큰 기대를 하고 있지 않겠지만. 그렇다면 그냥 무시하면 됨."

"한번 이야기나 나눠볼까." 당신이 답장한다.

"나는 문예창작과 석사과정 중이야." 곧 답장이 온다.

당신은 폰 화면을 바라보며 혼자 웃는다. 외국의 이 낯선 남자애는 트위터의 나를 알고 있네. 그 계정에서 내가 자기 같은, 그러니까 데이비드 포스터 윌리스를 좋아하고 문예창작 석사과정에 있는 그런 부류의 남자들을 놀리는 걸.

당신은 수천 개의 느낌표와 하트와 키스마크, 오르가
슴을 답장으로 보내고 싶다. 그렇지만 미소 짓는 얼굴 하
나로 타협한다. "딱히 너를 공격하고 싶진 않아." 당신은
답한다. 그리고 로리라는 이름의 남자애와 조금 더 이야
기를 나눈다.

"지금은 뭘 하는 중인데?" 당신은 묻는다. "술이나 한
잔 할까?"

그는 그러자고 한다. 당신도 좋다고 한다. 당신은 지
금 지내고 있는 호스텔 위치를 알려주고, 그는 거기서 가
까운 곳의 바 이름을 댄다. 한 시간 후에 두 사람은 만나
기로 한다.

당신은 최선을 다해 나갈 준비를 한다. 엉킨 머리를
빗고, 당 섭취와 스트레스로 올라온 여드름을 가리기 위
해 컨실러를 펴바르고, 가져온 옷 중 제일 날씬해 보이는
걸 골라 입는다. 그럼에도 약속 장소인 바 앞에서 기다리
는 시간이 1분, 2분, 그러다 5분으로 길어지자 당신은 그
가 혹시 안 오는 건 아닐까 하는 생각이 들기 시작한다.
아니면 최악의 시나리오도 있다. 그는 이미 왔지만 밖에
서 있는 당신을 보고 실망해서 가버린 것은 아닐까?

지나가는 모든 남자가 그일 수 있다. 당신은 목을 길

게 빼고 검은 머리가 지나갈 때마다 "로리?"라고 외치고 싶은 걸 겨우 참는다. 바 안에 들어갔다가, 다시 앞으로 나온다. 유력해 보이는 남자 한 명이 지나간다. 맙소사, 지금 막 가려는 건가? 내 실물이 사진보다 그렇게 별로인가? 그 남자는 다시 바 앞으로 돌아왔지만 당신을 쳐다보지 않는다.

"로리?" 당신은 용기를 내본다.

그가 맞다. 그가 정말로 왔다. 상상했던 것보다는 조금 키가 작지만, 테가 두꺼운 힙스터 안경을 쓴 그는 꽤 귀여웠다. 인사를 교환하고, 어색한 포옹을 한 뒤 두 사람은 나란히 바로 들어간다.

바는 네온사인이 현란한 클럽에 가까운 곳으로, 시끄러운 음악과 찢어진 가죽 의자들, 'DJ 스낵아이즈', 'MC TITZ' 같은 이들의 공연 홍보물이 붙어 있다.

"혹시 조금 더 조용한 곳으로 가지 않을래?" 당신이 묻고 그도 그러자고 해서 두 사람은 걸으면서 책에 대해 이야기를 나누다 친츠♥와 도일리♥♥로 꾸며진 찻집 같은 곳으로 들어간다.

♥　주로 꽃무늬 패턴의 패브릭.
♥♥　장식용 직물 깔개.

그는 겨울 코트 안에 망할 론 위즐리♥ 같은 니트 스웨터를 입고 책을 담은 캔버스 가방을 매고 있었다. 그가 당신보다 박식하다는 건 쉽게 알 수 있었으나, 그는 잘난 척하지 않는다. 그는 당신에게 인정받고 싶은 기색이 역력했고, 당신도 그게 나쁘지 않다. 그는 전형적인 영국인 방식으로 쑥스러워하고, 사과하고, 부끄러워하고, 웃었다. 무례한 질문에도 차분하게 대답하는 그에게 당신은 바로 호감을 느낀다.

그가 당신을 호스텔로 바래다주고, 문 앞에서 키스하자 당신은 놀란다. 그가 당신을 좋아하지 않거나, 적어도 반하지는 않았다고 생각한 것이다. 그는 인터넷에서 알던 사람이기 때문에 당신에게 관심을 가져 데이트한 것이 분명했다. 그러나 그가 키스하는 태도가 너무도 절실하고 순수해서 당신 또한 처음으로 그를 진심으로 원하게 되었다. 추상적인 표현이 아니라 이런 식으로. 안아줘. 내 머리 뒤를 받치고, 최대한 서로의 몸이 겹치게 한 뒤 제발 키스해줘.

"있잖아." 그가 자기 발을 쳐다보며 말했다. "너도 원한다면 우리 집으로 가지 않을래?"

♥   해리 포터의 친구.

"오, 로리." 당신은 말하자마자 이 밤의 끝을 누군가 망치기라도 할 듯이, 그의 집으로 가선 안 될 것만 같은 기분이 든다.

그가 다시 키스한다. 그는 꽤 키스를 잘한다. 그는 자기 집으로 가자고 한다. 시간이 늦어 지하철도 끊겼다. "심야 버스를 타면 돼." 그가 말한다.

어떻게 할까?

A 그와 함께 집으로 간다. 언제 또다시 유럽에 오겠는가. (아, 물론 다시 안 오겠다는 말은 아니고, 어쨌든 지금 이 순간은 다시 오지 않는다는 뜻에서.)

138쪽으로 가시오.

B 로리에게 잘 자라고 인사하고 호스텔로 돌아간다.

140쪽으로 가시오.

로리와 심야 버스를 타고 자리에 앉자마자 당신은 후회한다. 두 사람은 다리를 까딱거리고, 어두운 창밖을 보며 나란히 앉아 있다. 버스에는 우울하게 취한 사람들 몇 명과 핸드폰을 들여다보는 10대 여학생 몇 명만 타고 있다. 생각했던 것보다 버스를 탄 시간은 길어지고 있었고, 그만큼 호스텔에 있는 친구가 내일 아침 일어나기 전에 돌아가느라 걸릴 시간도 길어지고 있었다. 당신은 이미 그녀에게 몸이 많이 좋아져서 우연히 만난 친구 집에서 자고 가겠다고 문자를 보냈지만 ("로리, 집 주소가 어떻게 돼? 혹시나 만일을 대비해서 말야") 아직 답장은 오지 않은 상태다. 혹시나 친구가 호스텔로 돌아와서 당신이 납치됐거나 길을 잃었다고 생각하진 않을까? 만약 내가 실제로 납치된 거라면? 당신은 로리를 힐끔 쳐다봤지만 그는 쑥스러운 미소를 지으며 당신의 다리를 만질 뿐이었다. 괜찮아. 나는 모험을 즐기는 거야. 모험 좀 해본다고 다치는 사람이 어디 있으랴.

문제는, 당신이 바로 그 재수 없는 경우에 해당되었다는 것이다.

그날 오후, 런던 북부에 사는 조금 알려진 방송 작곡

가가 사는 집 2층으로 피아노 한 대가 배달될 예정이었다. 그랜드 피아노를 옮기기에는 계단이 너무 좁다는 걸 깨닫고, 배달하는 사람들은 도르래를 통해 2층 창문으로 피아노를 옮기기로 한다. 피아노는 무사히 올라갔지만 문제는 2층 창문이 피아노가 통과하기에는 너무 작다는 것이었다. 적당한 다른 장비도, 계획도 없었기에 인부들은 다음 날 아침에 다시 대책을 강구하기로 하고 피아노를 공중에 매달아놓은 채 우선 자리를 떴다.

로리가 사는 곳으로 가기 위해 아파트 단지 옆길을 지나가다가, 당신은 떨어지는 피아노에 깔린다. 당신도, 로리도 다모클레스의 검♥처럼 위에서 대롱거리던 피아노를 보지 못한 탓이다.

죽기 전 마지막으로 당신은 다음과 같이 생각한다. '내가 썼던 에세이와 소설을 누군가 전부 모아 책으로 내주면 이 비극적인 죽음과 함께 엄청난 베스트셀러가 될 텐데.' 물론 아무도 그러지 않았고, 로리가 이 경험을 소재로 인상적인 단편 하나를 썼을 뿐이다.

끝

혹은 137쪽으로 돌아가시오.

♥ 언제 닥칠지 모를 위험을 뜻함.

이건 너무 과하다. 처음 보는 사람 집에 버스를 타고 갔다가, 아침에 돌아올 생각을 하다니. 오버했다고, 당신은 생각한다. 로리는 생각할 수 있는 모든 면에서 완벽하다. 그는 영국인이고, 귀엽고, 문학적인데…… 영국인이다! 그렇다 해도 그와 도피 행각을 벌이는 건 너무 과하다.

"호스텔에 친구가 기다리고 있어서, 이렇게 갈 순 없어." 당신은 말한다.

"아니, 이렇게 갈 수 있어." 로리가 반박한다. 그리고 당신도 그의 말이 옳다는 걸 안다. 그냥 가도 된다는 걸. 그냥 그의 말대로 따라가서 아침까지 함께할 수도 있다. 하지만 다음 날을 상상하기만 해도 벌써 스트레스와 불안으로 온몸이 짓눌리는 기분이다.

"안 돼." 당신은 말한다. 두 사람은 다시 키스하고, 조금은 열정이 사그라진 채 조금 더 키스한다. "하지만, 월요일까지는 런던에 있을 거니까, 원하면 내일 같이 놀거나 할 순 있어."

"응." 로리가 말한다. "그러자. 내일 친구랑 약속이 있긴 한데……"

"같이 와." 당신이 제안한다. "나랑 같이 온 친구는 고등학교 동창이야, 다 같이 놀자. 재밌을 거야." 아주 이상하고 끔찍한 생각일 수 있지만, 현지인들과 어울리는 건 디즈니 채널의 영화나 영어덜트 소설의 주인공들이 언제나 하는 일이 아니던가. 재밌는 도전이 될 것이다. 베스파를 타고 마을을 구경시켜줄 친구들이 생길지도 모른다. "좋은 생각이야." 당신은 단호하게 말하며 로리의 거의 입술에 가까운 뺨에 다시 키스했다. 마침내 당신이 호스텔 건물로 들어올 때까지 두 사람은 어색하게 손을 흔든다.

다음 날, 당신과 친구 매디는 로리와 그의 친구 캐머런을 테이트모던 근처에 있는 버로우마켓에서 만났다. 캐머런은 미드 〈O.C.〉에 나오는 배우 벤저민 매켄지 같은, 전형적인 미남이다. 그와 매디가 악수하는 동안, 로리는 당신과 눈을 마주치며 눈썹을 들어올린다.

"조노와 클레어도 곧 소개해줄게." 넷이서 테이블에 앉아 수제 너겟과 김치 요리 등을 한창 먹고 있을 때 로리가 말한다. "내셔널시어터 쪽에서 만나기로 했어." 로리와 캐머런은 둘 다 '더 갱'이라는 단체 채팅방에 있었다. 당신은 멍하니 그들을 따라간다. 한 시간도 되지 않아 로리는 런던 사우스뱅크의 친구들을 실제로 불러냈다.

클레어는 그래픽 디자이너로, 빛나는 머리와 둥근 얼굴이 숲속 요정을 떠올리게 했다. "아, 이제 조노를 불러야겠다." 어쩌다 들어온 작은 영화 박물관의 기프트숍에서 다섯 명이 디브이디를 훑어보는 동안 그녀는 말했다. 당신이 파악하기에 조노는 그 갱의 친구들 사이에서 특히 아버지 같은 존재 같았다. 그래서 그가 도착했을 때, 턱수염을 포함해 덥수룩하게 머리를 기르고 미소를 지으며 끝없이 웃긴 이야기를 늘어놓는 모습이 보스라기보다 아주 친근한 강아지 같이 느껴져 당신은 조금 놀란다.

"핌스♥ 마실래?" 클레어가 묻는다. 당신은 핌스를 마셔본 적이 없다.

"핌스를 마시자. 그리고⋯⋯ 음⋯⋯ 그다음엔 뭘 하지?"

"사우스뱅크 도서전에 가자." 로리가 대답한다.

"아, 그리고 버로우마켓 가면 되겠네." 조노가 말한다.

"거긴 이미 들렀다 왔어." 캐머런이 말한다.

"알았어. 그럼 테이트 밖에서 핌스를 마시고—두 사람은 이미 테이트에 다녀왔지? 그래, 잘했어—그러고 나서 도서전에 가자." 클레어가 말한다.

♥　Pimm's. 진, 레모네이드, 탄산 등을 섞은 칵테일.

"괜찮겠어?" 로리가 당신에게 묻는다.

그렇다. 아주, 아주 멋지게 들렸다.

그래서 모두는 남은 오후를 같이 보낸다. 당신은 시트콤에 들어온 것 같은 기분이 든다. 네 명의 친한 친구가 런던 곳곳을 같이 싸돌아다니면서 재밌는 걸 하고, 끝없이 농담을 해대는 영국 시트콤. 그런 시트콤을 볼 때마다 당신은 뉴욕의 웃기는 커다란 아파트, 디자이너의 옷이 가득한 옷장, 완벽한 헤어스타일과 끝없는 썸의 연속보다도 더 비현실적이라고 생각했다. 넷 혹은 그 이상의 성인이 서로의 삶에 마치 가족처럼 깊이 연결되어, 누구 하나 이사를 간다거나 더 중요한 사람이 생기거나 누구 하나 반년쯤 잠수타거나 하는 일 없이 헤어지지 않고 우정을 이어가는 일 말이다.

당신에게 친구들이 없는 건 아니지만, 고등학교 때부터의 절친과도 너무 오랜 시간을 보내면 혼자만의 시간이 절실해지곤 했다. 대학에 와서 만난 친구들은 다양하고 각기 섞일 수 없는 개성을 가지고 있었다. 필요할 때 어울릴 사람은 항상 있었지만, 항상 당연한 듯 만날 무리는 없었다. 로리와 '더 갱' 친구들은 친구가 된 지 몇 년 되었다고 한다. 그 세월 동안 있었던 여러 에피소드들에서 때로 제외된 사람은 있었지만, 그 누구도 소외되지 않았다. 그들은 서로를 위해 만든 서클에서 각자 온전한 멤버였다. 그들 모두 그 단체 채팅방 멤버였다.

저녁 시간이 되자, 핌스를 마시고 이어서 와인 한 병을 마신 뒤 약간은 겉도는 느낌을 받은 당신은 영국식 악센트를 시도해본다. 끔찍하다. "어렵네!" 당신은 말한다. "너희처럼 자연스러운 영국식 악센트로 말하고 싶은데. 내 생각에 영국인은 두 종류로 나뉘는 거 같아. 첫번째는 이거야." 그렇게 당신은 영화배우 딕 반 다이크♥의 전형적인 런던 말투를 흉내 낸다. "오, 나는 런던의 굴뚝 청소부! 투펜스, 투펜스'♥♥ 그리고 다른 한 종류는 점잔빼는 고상한 타입이지. '부디 차 한 모금 하시지요, 여왕 폐하'처럼."

"차 한 모금 하시래!" 테이블에 앉은 나머지 네 사람이 같이 외치고 빵 터진다.

"차 한 모금이라니!" 클레어가 크게 웃는다.

"아니면 명령형은 어때?" 캐머런이 묻는다. "여왕에게 차를 마시라고 명령하는 거야. '개의치 않으신다면 차 한 잔 마시지요, 여왕 폐하.'"

"아니 포인트는 그게 아닌 거 같아." 로리가 말한다.

♥　Dick Van Dyke, 1964년작 〈메리 포핀스〉에서 굴뚝 청소부로 출연한 영화배우.
♥♥　영화 속 노래 가사.

"포인트는 아무도 실제로 여왕을 폐하라고 부르지 않는 다는 거야."

"나는 그러는데." 당신이 말한다.

그렇게 모두는 광대가 아플 때까지 웃는다. 당신은 남은 여름 내내 그들과 일원인 것처럼 어울리면서, 이야기를 하고 그들의 이야기를 들으면 좋겠다고 생각한다.

그러다 당신은 자기 위치가 '더 갱'의 임시 멤버라는 것을 깨닫는다. 로리가 틴더 앱으로 알게 된 여자와 그의 친구. 만약 런던에 더 머문다고 해도, 이렇게 지내다 곧 멀어지는 건 시간문제리라. 그게 바로 우정, 가족 같은 진짜 동료애의 무서운 점이다. 레벨을 업그레이드하면 되는 게임과는 다르게 계속해서 노력하고, 또 노력해야 하는 것. 자신으로 존재하면서 덧없는 기준을 충족시켜야만 한다는 것.

그렇지만 처음으로 갱들에게 인정받을 만한 농담을 만들어낸 것만으로 당신은 충분히 만족스럽다. 클레어는 그룹창의 이름을 바꿨다. "차 한 모금 하시지요, 여왕 폐하." 모두 대문자다. 당신의 사진이 포함된 페이스북 앨범 제목도 그거다. 사진 속 당신은 중간에 끼어 웃고 있다. 그렇게 당신은 하루 내내 웃었다.

당신과 로리는 이후에도 메일과 문자로 썸을 타고, 몇

달, 1년이 지날 때까지 계속 연락하고 지낼 것이다. 그러다 어느 날, 스카이프♥로 당신은 기타를 치면서 노래를 부르고 그는 글로켄슈필♥♥로 반주를 하고, 당신은 몰래 두 사람이 같이 죽는 상상을 한다. 당신은 두 사람이 사랑하게 된다면 얼마나 어울릴지 상상한다. 하지만 두 사람은 직접 만나지는 못하다 어느 날, 둘 다 다른 사람을 만나 진짜 사랑에 빠지고 서로에게 이제 바다 건너에 살아 실제로 만날 수 없는 사람 대신 진짜 만나는 사람이 생겼다고 말해야 할 것이다. 두 사람이 아무리 서로에게 강하게 끌렸다 해도, 이 관계는 조용히 끝나 기억 속으로 사라질 수밖에 없을 것이다.

그날 밤 호스텔로 돌아온 당신은 CBS에서 누군가가 보낸 메일을 수신한다. 예전에 당신은 〈스티븐 콜베어의 심야 쇼The Late Show with Stephen Colbert〉의 인턴십에 지원한 적이 있다. 수백 명의 비슷비슷한 절실한 지원자들 가운데 인사 담당자의 눈에 띄기 위해 최선을 다해 자기소개서를 썼다.

메일은 당신이 면접 대상자가 되었으니, 1주일 뒤 뉴욕의 스튜디오로 올 수 있겠냐는 내용이었다.

♥   Skype, 화상채팅.
♥♥   실로폰과 비슷한 타악기의 한 종류.

이 인턴십은, 비록 아직 면접 단계라 할지라도 일생일대의 기회였다. 하지만 이 유럽 여행 역시 마찬가지였다. 지금이 아니면 언제 피렌체며 이스탄불, 에든버러를 가볼 수 있겠는가? 다음 여행지는 에든버러였다. 런던 호스텔의 로비에서 밤 11시에 내릴 결정은 미래를 통째로 바꿀 수 있는 것이었다. 몇 걸음 떨어진 계단에서는 낯선 무리들이 웃고 담배 피우고 술 마시며 외국어로 대화하는 소리가 들려왔다. 집에 전화해 엄마나 아빠의 의견을 묻거나 매디에게 물어볼 수도 있었다. 하지만 누가 뭐라고 하든 가장 중요한 건 한 가지 진실이었다. 당신이 원하는 바대로 선택해야 한다는 것.

그러니, 힘들겠지만 결정을 내리자.

🅐 인터뷰를 하러 미국행 비행기를 예약한다. 호스텔과 맥주가 더 싼 유럽 국가도 있지 않은가. 와이파이가 잘 터지는 호스텔 주방 구석으로 가서 인터넷에 접속하고, 뉴욕으로 가는 표를 찾아보자. 여름에 당분간 뉴욕에 있을 거라고 했던 새라네 거실 소파에서 지낼 수도 있다. 당신은 이미 짐을 쌌다. 계획이란 결국 언제든 바뀔 수 있는 유동적인 것이 아닌가?

169쪽으로 가시오.

B 이미 와버렸으니 여행을 계속한다. 아무 의무도, 책임 져야 할 것도 없이 유럽을 돌아다닐 기회가 인생에서 언제 또 다시 오겠는가? 미국으로 다시 가서 일을 하게 되면, 지금과 같은 삶은 이제 끝이다. 직업을 갖게 되면 (그게 아무리 멋진 일이더라도) 은퇴할 때까지는 계속 일을 해야 한다. 잠시나마 부질없어 보이는 무리의 멤버로 즐겁게 지내보자.

149쪽으로 가시오.

이곳은 동화에나 나오는 마을 같다. 난쟁이들이 햇빛에 반짝이는 바위며 계단 밖으로 머리를 삐죽 내밀어도 이상하지 않을 듯하다. 가파른 경사 길을 올라가는 택시 안에서, 고대 건물과 방사형의 공원, 보이는 모든 풍경과 도시의 아름다움에 당신과 매디는 감탄하며 서로를 바라본다. 두 사람 모두 여행에 지쳐 고단한 상태다.

택시는 털털거리며 로열마일 바로 위의 조약돌로 된 길에 멈춰 선다. 저 멀리 험준한 언덕 위의 성이 보이는 이곳에 숙소인 호스텔이 있다. 문 밖에 철로 된 간판으로 입구가 표시되어 있다. 이곳의 모든 게 그저 놀라웠다.

체크인 데스크의 남자는 두 사람을 쳐다보지도 않는다. 늘어진 머리가 눈까지 내려온 그는 통화 중이다. "체크인 하시나요?" 바로 앞까지 캐리어를 끌고 와 기진맥진한 두 사람의 존재를 마침내 알아챈 그가 묻는다. 호주 억양이고, 지금껏 본 사람 중 가장 치아가 희다.

"네." 당신이 대답한다. "슈워츠라는 이름으로 3일간 예약되어 있어요."

당신의 억양을 듣고 그가 여우처럼 웃는다. "미국에서 오셨나보네요."

"네. 그쪽은 호주…… 맞죠?" 당신이 묻는다. 그의 외모와 업무를 보니 종종 여행객과 자는 타입이 분명하다고 짐작하며. 이쪽 업계의 특혜 중 하나겠지, 어쨌든 그는 아주 귀엽다.

"맞아요, 여기 방 열쇠 드릴게요. 3층이에요. 원하시면 세탁물은 프론트 데스크로 가져오시고요. 휴게실은 저쪽 코너에 있어요." 그는 포스터를 가리켰다. "그리고 내일 밤에는 펍 투어가 있어요." 당신과 매디는 신용카드로 결제하고, 열쇠를 받아 로비를 통과하며 눈빛을 교환한다. '좀 까져 보이긴 해도, 엄청 귀엽긴 하다. 그치?'

당신은 문득 에든버러의 다른 호스텔은 어떻게 생겼을지 궁금해진다. 다른 곳에도 미드 〈왕좌의 게임〉의 소품으로 쓰일 법한 나무 벤치가 있고, 복도에는 갑옷이 걸려 있을까? 부엌과 영화 감상실, 커다란 거실에 소파와 당구대가 있을까? 이곳이야말로 사람들이 장기 투숙하는 곳 같다. 누군가 방은 1주일 단위로 빌릴 수 있고, 직접 청소를 하면 추가로 요금을 할인해준다고 알려줬다. 곧바로 당신은 여기서 완전히 새 출발을 해 영영 살면 어떨까 궁리한다. 가족이나 직장, 비싼 비행기표 같은 단어들이 계속 머릿속에 떠돌며 생각을 방해했지만.

매디와 당신은 캐리어를 끌고 두 층 올라가 열두 개

정도의 이층침대가 있는 방으로 들어간다. 몇몇은 침대에서 낮잠을 자고, 몇 명은 책을 읽고 있었다. 비어 있는 침대도 보였다. 두 사람은 자기 침대를 찾아 할당된 로커에 짐을 풀었다. 그러고 나서 창밖으로 다시 성을 보고, 반은 초원, 반은 바위로 된 높은 언덕 위에서 해가 지는 걸 바라봤다. 살면서 이보다 더 멋진 뷰에서 잠들 일은 없겠지.

두 사람은 다시 아래층의 라운지로 내려왔다. 사람들은 각자의 일에 몰두하거나 진지한 대화를 나누고 있었다.

당신과 매디가 코너의 빈자리를 찾아 앉으며 에든버러에서 해야 할 일을 검색하려던 찰나, 한 젊은 남자가 혼자 테이블에 앉아 위스키 한 병을 마시고 있는 게 보였다.

틀림없이 미국인으로 보였다. 몇 주간 여행을 하다보니 옷차림이나 행동만 보고도 호주, 캐나다, 영국, 미국, 독일 사람들을 구별할 수 있었다. 이 남자는 거의 전형적인 포르노에 나올 법한 분위기를 풍겼다.

"어디서 왔어요?" 이미 미국이라고 답을 확신하면서 당신은 물었다.

"시카고요." 위스키 병을 바라보고 있다가 두 여자애

가 자기에게 다가오자 남자가 미소지었다.

"어머, 우리도요!" 매디가 말했다. 몇천 마일 떨어진 곳에서 만난 미국인들은 같은 도시, 혹은 같은 주 출신이기만 해도 세상 나머지 지역 사람과는 전혀 다른 유대감을 느끼기 마련이다.

"시카고 어디서 왔어요?" 당신이 묻는다. 당신도 시카고 출신이다. 상대방이 정확히는 시카고 출신이 아닐 때에 한해서지만. 그럴 때면 당신은 시카고 북쪽으로 30마일쯤 떨어진 교외인 하일랜드파크에서 왔다고 답한다.

"버펄로 그로브요." 그가 말한다. 그곳 역시 교외다.

"우리는 하일랜드파크에서 왔어요."

"아, 멋지네요. 이거 좀 마셔볼래요?" 그가 앞에 놓인 갈색 병을 가리키며 묻는다.

"저랑 친구는 어제 하일랜드에 다녀왔는데, 이건 거기서 사온 거예요." 당신은 자연스럽게 그를 스캔한다. 여행하면서 호스텔에서 마주칠 수 있는 평균치보다 귀여운 편이지만, 미국 출신이라는 점이 감점 요소였다. 키는 크지만 덩치가 컸고, 곱슬곱슬한 털 때문에 더 커보였으며, 눈은 갈색이었다. 셔츠 소매 한쪽으로 문신 모양이 드러나 보였다.

"참, 내 이름은 빌이에요." 그가 손을 내밀었다.

빌이라니, 마치 서른아홉 살 이혼남에게나 어울릴 법한 이름이 아닌가. 아니면 자동차 세일즈맨이나 계부의 이름. 선택권이 주어진다면 절대로 선택하지 않을 이름이다. 중년의 남자가 아니라면 차라리 빌리가 낫겠다. 어쨌든, 그의 이름은 빌이었다.

그는 작은 유리잔 세 개에 술을 따라 두 사람에게 권했다.

당신은 예의상 조금 마신다. "술알못이라, 좋은 술을 마셔도 잘 몰라요."

당신의 겸손한 멘트에 빌은 신경 쓰지 않는 듯했다. 그는 마치 영성체를 모시듯 위스키를 들이켰다. 눈을 감고, 향과 맛을 아주 천천히 음미하며.

프론트 데스크에 있던 호주 남자가 라운지로 들어와 당신과 매디를 훑어보더니, 친구쪽으로 시선을 고정했다. 매디는 그와 눈빛을 교환하더니 다시 당신에게 무언의 메시지를 보냈다.

'왜, 귀엽잖아. 우린 여행 중이고.' 당신은 허리의 툭 튀어나온 살을 인지하고, 좀 날씬했더라면 저 호주 남자애가 날 보는 시선이 좀 달랐을까 생각한다.

당신은 다시 빌에게로 몸을 돌린다. "그 문신은 무슨 의미가 있어요?" 잡지에서 읽은 섹스 팁을 떠올리면서,

당신이 관심 있다는 걸 표현하기 위해 팔뚝 앞쪽을 살짝 건드린다. 키가 크고, 우람하지만 과체중은 아닌 그의 몸을 보니 직접 손으로 지은 오두막집에서 지낼 것만 같다. 그는 당신이 대학생 때 잠시 좋아했던 동호회의 남자애랑 닮았다. 그 애는 당신의 기숙사에서 밤새 귓속말을 하며 웃고 떠들어놓고 다음 날 다른 여자애에게 데이트 신청을 하겠다고 말했다.

빌은 당신의 손길을 뿌리치지 않고 빙긋 웃었다.

"이건 매예요. 아빠랑 똑같은 모양을 문신했죠."

매디는 이미 앞에 놓인 위스키 잔은 무시하고, 핸드폰을 꺼내 발을 까딱거리며 나가서 도시를 둘러볼 태세였다. 하지만 당신은 조금만 더 이곳에 있고 싶다.

"정말 멋지네요. 우리는 좀 나가서 돌아다니려 하는데, 나중에 다시 볼 수 있겠죠?"

그는 고개를 끄덕인다. 동의의 의미인지 아닌지 애매하다. "그래요."

당신과 매디는 호스텔을 나와 로열마일의 조약돌 길로 온다. 매디는 눈을 굴린다. "이렇게 멀리까지 나와 여행하는데 결국 또 시카고 촌뜨기나 만나다니."

둘은 아침 내내 아서시트 꼭대기를 향해 빙빙 돌아가는 거친 길을 헉헉대며 오른다. 두 사람의 폐가 증기기관

차에서나 날 법한 소리를 내며 경련을 일으키는 동안 조깅하는 사람들이 땀 한 방울 흘리지 않고 날쌔게 두 사람을 추월하는 걸 외면하면서.

하지만 결국은 정상에 올랐고, 구름 낀 하늘 아래 펼쳐진 도시를 바라보며 사진을 수백 장 찍은 뒤 기진맥진한 몸을 끌고 다시 내려가기 시작했다.

레스토랑에 간 두 사람은 아이언 브루♥에 도전해보기로 한다. 웨이터가 서빙하면서 두 사람 다 여행자라 한 번도 마셔본 적 없다고 하자 웃으며 캔을 건넨다. 살짝 마셔보니 풍선껌 맛이 난다. 당신은 탄산 거품이 그대로인 오렌지향 음료를 거의 남긴 채 칠판에 적힌 안내문에 따라 미국인 입맛에 맞을 법한 음료로 다시 주문한다. 아이스크림을 올린 핫초콜릿.

호스텔로 돌아오자 머리는 땀에 절어 엉망이고, 스포츠 브라는 갈비뼈 사이의 살을 파고드는 듯하다. "당장 샤워해야겠어." 당신은 말한다.

"나는 열두 시간 정도 낮잠을 자야겠어." 매디가 맞받아친다.

"펍 투어는 오늘이에요!" 프론트 데스크에 있던 호주

♥　Irn-Bru, 스코틀랜드 대표 음료.

155

남자가 외쳤다.

당신과 매디는 서로 바라봤다. 이 먼 스코틀랜드까지
와서 마실 기회를 놓칠 수가 있나.

이후 밤에 있었던 일의 기억은 필름이 끊겨 드문드문
기억난다. 두 사람은 다른 여행객들과 함께 마을로 내려
가 손목 밴드를 하면 5파운드어치 술을 주는 바로 갔다.
매디랑 호주 남자애는 썸을 타다가, 남자애가 다른 여자
애한테 가버렸다. 당신은 음악 소리보다 더 크게 여자애
가 아깝다며 남자를 욕하고, 너는 그렇게 귀여운 게 아니
라 그냥 여기 있어서 괜찮아 보이는 거라고 소리쳤다. 두
번째 바에는 사람이 별로 없었는데, 라이브 밴드가 80년
대 락음악을 커버해 연주하는 곳이었다. 세번째 야외 바
는 사람이 많았고, 기다란 나무 테이블이 늘어선 비어가
든 같은 곳이었다. 너무 붐벼서 당신은 매디를 놓쳤다.
대신 모두 180센티미터는 훌쩍 넘고, 킬트를 입은 남자
들을 만났다. 그러고는 보드카 소다를 든 채 매디를 찾았
는데 매디 역시 웨일스에서 온 조정 팀 남자애들이랑 놀
고 있었다. 그들은 총각파티 같은 걸 하고 있었는데, 매
디는 그중 제일 귀여운 신랑 들러리랑 눈이 맞아 따로 좀
놀다 오겠다며, 내일 안전하게 혼자 호스텔로 돌아오겠
다고 했다.

기억은 거기까지였다. 당신은 조약돌 길을 걸으면서 폰을 켜서 길을 찾아봤지만 호스텔은 로열마일의 꼭대기, 성의 바로 오른쪽에 있었기 때문에 사실 확인할 필요조차 없었다. 도시 어디에 있든 그쪽을 향해 가기만 하면 되어, 취한 상태에서도 찾기 쉬웠다.

빌은 그때부터 쭉 있었던 것처럼 여전히 라운지에 있었다. "안녕." 당신이 말을 건네자 그가 바로 알아듣는다. 당신은 곧장 그의 무릎에 앉아, 그의 목에 팔을 둘렀다.

"사람들 없는 쪽으로 가죠." 그는 당신의 허리에 손을 두르고 2층의 샤워실로 데려갔다. 흰색 타일이 깔린, 물 한 방울 떨어지는 소리도 울리는 곳이다. 그는 형광등을 켜고, 칸막이 문을 닫는다. 당신은 갑자기 술이 확 깨서 낯선 사람과 호스텔 욕실에 있다는 걸 인지한다. "성이 뭐라고 했죠?" 당신은 급히 묻는다.

그는 당신의 무릎을 밀면서 대답한다.

그가 옷을 벗자, 배 왼쪽에 뱃살로 약간 휘어진 친숙한 문신 하나가 또 나타나 당신의 주의를 끈다.

"이 문신은 뭐예요?"

"아." 그가 마치 처음 보는 양 배를 내려다보며 소리를 냈다. 벽의 그래피티에 종종 등장하는, 눈에 엑스 표시가 된 스마일이었다. "그건 블링크182♥의 심벌이에요."

"혹시 10대 때 새긴 건가요?" 당신은 조심스레 묻는다.

"아뇨." 그가 말한다. "작년 12월에요. 완전 팬이거든요."

그렇게 당신은 말 그대로 락밴드 심벌♥과 눈을 맞춘 채 에든버러에서의 구강 섹스를 끝낸다. 이제 다시는 〈애덤스 송〉♥♥을 아무렇지 않게 들을 수 없으리라.

"당신 침대로 가요." 그가 말하며 앞장섰고, 당신은 호스텔 침대에서 둘이 자면 안 된다는 원칙을 떠올렸지만 그가 확신에 찬 채로 어두운 2층 복도를 살금살금 걸어가자 쭈뼛대며 따라간다. 방에 있는 열두 개의 침대 중 반 이상에는 누군가가 함께 누워 있다. 매디는 옷도 갈아입지 않은 채 아래쪽 침대에서 잠들어 있었다. 다행이다. 두 사람은 최대한 소리를 내지 않으려 조심하며 부실한 이층침대의 사다리로 서로를 끌어올리고, 당신은 빌의 팔뚝에 새겨진 문신의 소문자 시(c)를 뚫어져라 바라보며 서투르게 움직인다.

눈을 뜨니 빌이 침대 옆에서 청바지를 입고 있었다. 창밖으로 보이는 새벽 하늘은 해가 뜨고 있었다. "가려고요?" 당신은 속삭인다.

♥   락밴드.
♥♥ Adams Song, 블링크182의 노래.

"응, 하지만 이 동네를 떠나기 전에 연락줘요." 그가 말한다. "한 번 더 보고 싶어요."

"전화번호를 모르는데 어떻게 연락해요?" 술에서 덜 깬 채 당신이 묻는다.

"걱정 안 해도 돼요." 대답하고서 그는 작별의 키스를 하고, 슬그머니 나가버린다. 당신은 그가 한 말을 더 생각하기 전에 잠들어버린다.

다음 날 아침이 되자, 모든 일이 꿈에서 일어났던 것만 같다. 다시는 빌을 볼 수 없고, 전화번호도 알 수 없으며, 페이스북에서 그를 찾을 수도 없을 것이다. 결국 뻔한 귀신 이야기의 결말처럼, 그가 존재했음을 증명할 만한 건 사실상 아무것도 없다. 그날 저녁의 일을 말해주자 매디도 온라인에서 그를 찾으려는 당신의 모험에 처음에는 호기심에 합류했다가, 이내 빠져든다.

그의 이름과 성을 안다. 아버지 이름도 안다. 그가 어느 지역에서 대학을 다녔는지, 그다음에 로스쿨에 간 것도 안다. 그의 고향도 안다. 그런데도 인터넷에서 아무것도 찾을 수가 없다. 페이스북 프로필도, 사진도, 그에 대한 그 어떤 언급도. 구글 검색 결과의 수십 페이지를 샅샅이 뒤졌는데도 말이다. 그의 성을 스무 가지 버전의 철자로 바꿔가며 검색해봐도, 아무 정보도 없다. 그는 인간의 형상을 하고 돌아다니며 당신의 이층침대와 호스텔에 출몰한 유령이었을까? 만약 호스텔로 돌아가 프론트 데스크에 그 이름을 가진 투숙객이 있었냐고 물으면, 그들의 안색이 창백하게 변하면서 "지난 100년간 그런 사람은 머문 적이 없는데요!"라고 외칠 것만 같다.

이 모든 일이 그저 일어난 적 없는 일이라고, 아이언브루와 싸구려 맥주가 섞여 불러일으킨 환각이라고 당신은 스스로를 설득하고 싶지만 그의 배에 있었던 블링크 182 문신은 마치 뇌 속에 새겨진 문신처럼 생생하다.

빌의 부재에도 불구하고 (혹은 그의 부재로 인해 한층 더) 이곳은 동화 속 마을 같다. "J. K. 롤링은 이 거리를 보고 영감을 받아《해리 포터》를 썼다고 합니다." 길가의 조약돌이며 구불구불한 가게를 바라보는 당신에게 투어 가이드는 으쓱거리며 설명한다. 해리 포터에 관한 이야기는 마치 성경의 유적처럼 다뤄지고, 관광객은 성지 순례자 같다. 당신은 매디를 끌고 그레이프라이어스 커크야드를 벗어난 메인 스트리트의 작은 카페 엘리펀트 하우스로 간다. 카페의 창문에는 밝은 노란색으로 해리 포터의 '생가'라고 적혀 있는 커다란 빨간 표시가 있다. 안으로 들어가면 내부는 커피 한잔 혹은 아침식사를 하기 좋은 평범한 카페인데, 테이블과 의자마다 비밀스러운 약속을 숨기고 있다. 어쩌면 '그녀'가 여기 앉아 글을 썼을지 모른다는. 엘리펀트 하우스의 화장실 벽면은 글자들로 빼곡한데, 낙서가 너무 많아 벽이 보이지 않을 정도다.《해리 포터와 죽음의 성물》에 나오는 삼각형과 불을 뿜어내는 지팡이 그림 등, 몇 초도 걸리지 않아 낙서들의 공통점을 찾을 수 있다. "해리 포터를 사랑하는 지니와 한나 스펜서를 위해 남김"이라는 누군가의 펜글씨 위에는 빨간색 마커로 다음과 같은 낙서가 있다. "저는 못된 짓을 꾸미고 있음을 엄숙히 맹세합니다." "마법의 장난 완료."♥ 쥐어짜낸 듯한 손글씨의 필체는 각기 다르지만, 모두 빨간색이다.

당신은 마치 마법에 걸려 이 식당에 오게 되어 20여 년간 쌓인 낙서들을 판독하는 고고학자라도 된 기분이다. 시리즈에 대한 애정과 감사의 마음이 가득한 낙서들은 겹쳐 있지만 한 번도 페인트칠을 덧댄 적은 없는 듯하다. 펜이 없지만, 있더라도 낙서를 할 만한 공간은 손톱만큼도 찾을 수 없다. 심지어 화장실 뒤쪽 벽면마저 온갖 언어로 적힌 낙서들로 가득하다. 그래서 당신은 낙서들의 사진을 찍고 자리로 돌아온다. 원래대로라면 오후

♥　모두《해리 포터》에 나오는 대사.

에는 에든버러를 떠나기로 되어 있었지만, 첫날 날씨는 섭씨 21도를 조금 넘겼고, 당신은 아직 자연사 박물관에도 가지 못했으며 로열마일에서 충분한 시간을 보내지도 못했다. 전날 호수로 가는 1일 투어를 갔던 당신은 새벽 5시에 출발해 버스에 타자마자 잠이 들었다. 눈을 떠보자 세상은 온통 초록 골짜기와 안개였다. 모든 게 축축하고 빛나고 이끼로 뒤덮여 있었다. 버스는 좌우로 흔들리며 저주받은 다리와 무너져 내리는 성터로 둘러싸인 흑색 호수를 건넜다. "결혼하면 신혼여행으로 오고 싶다." 당신은 매디에게 선언했다. "오두막집 하나 빌려다가 한 달 동안 지내는 거야." 매디는 당신에게 남자친구가 없다는 사실을 굳이 지적하지 않는다.

"화장실은 어땠어?" 테이블로 돌아온 당신에게 매디가 묻는다.

"끝내줬어." 당신은 대답한다. "가서 봐봐. 온통 해리 포터 인용문으로 뒤덮여 있어. 굉장해."

"에든버러는 정말 멋진 것 같아." 라테 한 모금을 마시면서 매디가 말한다.

"여기서 살고 싶다." 당신이 대답한다.

"나도."

"아니." 당신이 말한다. "진심으로. 정말로 살고 싶어."

"그렇게 해. 나도 좀 더 나이를 먹으면 외국에서 살고 싶어."

"아니." 당신이 다시 정정한다. "난 당장 여기 살고 싶다구. 어쩌면 대학원을 다닐 수도 있고."

매디가 눈썹을 들어올린다. "음, 에든버러대학은 좋은 학교지." 그녀가 바로 말을 이어간다. "세인트 앤드루스♥도 있고." 우리의 친구 앨리슨은 윌리엄 왕자와 케이트 왕세자가 만난 놀라운 땅, 스코틀랜드의 세인트 앤드루스로 학부를 선택해 우리를 놀라게 한 적이 있다.

"호스텔에서 일하면 주거는 거기서 해결할 수 있어." 당신이 제안한다.

"그렇지." 자신이 당신의 허세를 부추기고 있다는 걸 인지하지 못한 채 그녀가 반쯤 웃으며 말했다.

머릿속 이성은 이제 정중한 반박 신호를 보낸다. 당신은 여기에서 직업도 없고, 시민권도 없기에 직업을 구할 수 있을지도 확실치 않다. 그러나 한편 생각해보면 호스텔에서 일하는 사람들은 모두 호주인이나 미국인이었다. 투어 가이드는 캔자스 출신 대학생이었다. 여기서 투어 가이드로 일하면서 대학원에 지원해볼 수도 있다. 부모

♥ 스코틀랜드 동부의 항구도시.

님한테 옷을 좀 부쳐달라고 할 수도 있고, 아니면 완전한 새 출발을 위해 꼭 필요한 것만 살 수도 있다. 편의점에서 별로 마음에 들지도 않는 화장품을 60달러어치씩 사면서 미니멀리스트, 노마드의 생활방식으로 사는 건 당신의 비밀스러운 로망이었다. 스코틀랜드에서라면 모든 걸 새로 시작할 수 있을지 모른다. 섭식장애, 우울증에서 벗어나서. 매일 아침 달리기를 하고 주말에는 아서시트를 하이킹하면서. 요리도 배우고, 스코틀랜드 출신 농부나 영국인 학자와 사랑에 빠질 수도 있다. 새로운 장소에서 인생을 완전히 새롭게 시작하는 거다.

"나 그냥 여기 머물까?" 당신이 묻는다.

매디는 아무 대답도 하지 않는다.

어떻게 할 것인가?

🄰 우선 여행을 끝내고 미국으로 돌아간다. 당신은 '인생을 새로 시작하는' 유형의 사람이 아니다. 스코틀랜드에서 곧 돈이 떨어질 것이다. 사람들은 왜 즉흥적으로 외국에서 살기로 마음먹을 때 그런 재무적인 부분을 신경쓰지 않는 걸까? 비자 문제는 어떻고? 비자가 필요할 텐데, 그 부분은 생각하지 않는가?

169쪽으로 가시오.

B 다음 날 런던행 버스를 타는 매디와 헤어진다. 프론트 데스크에 일자리가 있는지 물어본다. 아직 풀타임 자리는 없지만, 하루에 한 번 거실과 주방을 청소하면 숙박비를 반으로 할인해주겠다는 제안을 받는다. 일을 하려면 비자가 필요하지만 학생이거나 호스텔에서 지내면서 글을 쓰는 일을 하는 경우는 비자가 필요 없다. 그래서 당신은 노트북을 켜고 대학원에 지원하기 위해 수천 개의 사이트를 돌아다닌다. 할인점 구석에서 세일하는 6개들이 속옷 세트를 산다. 유럽 여권도, 옷장도, 직장도 없고 친구 하나 없지만 그렇게 당신은 에든버러에 머물게 된다.

166쪽으로 가시오.

당신은 퍼거스라는 이름의 스코틀랜드 남자를 만난다.
(진짜 이름은 마이크라는 게 나중에 밝혀진다.) 두 사람은 로열
마일 아래에 있는 바닥이 찐득거리는 바에서 만났다. 그
는 당신에게 묻지도 않고 위스키 샷 한 잔을 시킨 다음
거부할 수 없는 미소를 지어보인다. 무슨 일을 하냐고 당
신이 묻자 그는 대답한다. "응, 이것저것." 첫번째 힌트라
고 할 수 있는 이 대답을 듣고 이상한 예감을 느낄 수도
있었을 테지만 당신은 그와 밖으로 나와 시간을 보낸다.
〈지킬 앤 하이드〉의 하이드 의상을 입고 아이 패치와 초
록색 페이스 페인팅, 높은 모자를 쓴 미국인 가이드가 이
끄는 투어 그룹이 멍하니 두 사람 옆을 지나간다.

　"집이 어디에요?" 당신이 묻는다.

　"음, 좀 멀어. 네가 지내는 곳으로 가자."

　그의 목에 키스하면서 당신이 말한다. "아, 안타깝지
만 난 아직 호스텔에 머무는데, 여러 명이랑 같이 방을
써요."

　"재밌겠는데?" 그가 말하곤 윙크한다. 그것이 두번째
힌트였다. (윙크는 세번째 힌트였다.)

　그래서 당신은 퍼거스를 호스텔의 도미토리로 데려

온다. 좋은 소식은, 당신이 눈을 떴을 때 호스텔 방이 온통 폭격 맞은 듯한 와중에도 그가 당신의 물건은 아무것도 훔치지 않았다는 것이다. 위장에 구멍이 난 듯한 격렬한 숙취를 느끼며 당신은 거실에 내던져진 옷들을 주워 캐리어 가방에 넣었다. 그는 당신이 지퍼백에 넣어 손가방 깊숙이 넣어둔 돈과 여권, 신용카드를 찾지 못했다.

나쁜 소식은, 당신과 함께 방을 쓰는 텍사스 출신 에마의 돈과 여권, 신용카드가 모조리 사라진 것이다.

당신은 그녀와 미국 대사관에 가서 400달러를 물어준다. 호스텔은 당신에게는 방문객을 끌어들이면 안 된다는 규범을 어겼으니 한 시간 내로 체크아웃하라고, 에마에게는 자물쇠를 사라고 한다.

결국 당신은 몹시 피곤하고 기진맥진한 상태로 시카고에 돌아온다. 머리는 너무 지저분하게 길었고, 엄마는 포옹을 풀기도 전에 머리를 잘라야겠다고 선언한다. 다시 누군가의 보살핌을 받는다는 건 기분이 좋았다.

"이번 주에 병원에 가봐야겠어요." 당신은 말한다.

당신은 시스템을 벗어나 모험을 하고 싶었다. 다른 곳에서 살면 당신이 지금과는 다른, 나은 사람이 되리라는 판타지를 가지고 있었던 것이다. 에든버러에서 그게 이뤄지지 않았다면, 뉴욕 역시 마찬가지일 터였다. 당신은 여름 방학 동안 돌아온 여동생과 집에서 지내게 되었다. 두 사람은 싸우고 어린애처럼 다투다가 마침내 엄마가 일자리를 구해보라고 하자 동네 도서관에서 파트타임으로 일하면서 9월에 있을 대학 입시를 준비하는 학생들에게 과외를 하며 돈을 벌지만 그 돈으로 뭘 할지 모른다. (에마가 메일을 보내 마이크로 밝혀진 퍼거스를 경찰이 잡아냈고, 신용카드 결제 내역을 취소해줬다고 알려줘서 당신은 죄책감을 조금 덜게 된다.)

책을 한번 써볼까, 당신은 생각한다. 그러나 지금은 방을 치우는 것조차 버겁다. 엄마는 매일 아침마다 침대를 정리하라고 잔소리를 한다. 방도 못 치우는데 어떻게 책을 쓸 수 있겠는가? 당신은 지쳤고, 무기력하지만, 안전하다. 어쩌면 곧, 실패한 모험의 기억이 사라져갈 때쯤이면 뭔가 새로운 걸 시도해볼 수 있을지 모른다.

끝

아니면 164쪽으로 돌아가시오.

드디어 뉴욕 시티에 온 것을 축하한다!
중심에서 한참 벗어난 곳의 아파트에,
냉장고에는 흰 쌀밥 테이크아웃 용기들이
쌓여 있기는 하지만.
최근 당신이 꽂혀 있는 건 무엇인가?

A 끝내주는 직업 갖기. 당신은 숙녀고, 그에 걸맞은 성공적인 직업이라면 끝내주는 것이 분명하다. 성공의 척도는 당신이 광택 있는 블랙 드레스와 블레이저, 하이힐을 얼마나 잘 소화하는가와 속옷을 전혀 드러내지 않고 차에서 내릴 수 있는가에 있다. 빛나는 머릿결과 비싼 하이라이트, 국제선과 수없이 끊어도 '마크'라는 이름의 사람에게서 끝없이 걸려오는 전화 등의 세계가 당신을 기다리고 있으리라.

171쪽으로 가시오.

B 사랑할 사람 찾기. 뉴욕을 배경으로 한 모든 로맨틱

코미디와 텔레비전 쇼의 전제 아니던가? 당신은 〈섹스 앤 더 시티〉의 캐리 브래드쇼와 같다. 단, 옷차림이 조금 더 평범하다는 것, 새벽 2시에 너무 아이스크림을 먹고 싶어 잡화점에 사러 갈 때는 하이힐 대신 버켄스탁을 신는다는 점만 빼고.

185쪽으로 가시오.

C 친구들을 만난다. 같이 있을 때 편안하고, 매주 브런치를 할 수 있는 이상적인 무리들(예컨대 〈섹스 앤 더 시티〉의 그들 같은!). 당신은 어떤 우정이든 핵심은 오믈렛과 브런치 메뉴를 주문하고, 웨이터가 그걸 가져다주는 동안 나누는 대화에서 유머코드가 얼마나 잘 맞느냐에 있다고 거의 확신한다.

214쪽으로 가시오.

셀럽을 실제로 만나는 건 언제나 머릿속으로 상상했을 때보다는 약간 더 흥분되는 동시에 조금은 김빠지는 일이다.

먼저, 첫번째는 인식의 순간이다. "가만, 저 사람 맞나? 아닐 거야. 하지만 되게 닮아 보이는데." 그 단계는 몇 초가 지나면 확신의 순간으로 바뀐다. 그렇다. 그들의 표정은 밝고 당신은 의심을 버리게 된다. 그 사람은 당신이 텔레비전 혹은 노트북 화면에서 본 바로 그 사람이다. 그리고 스크린에서 봤던 것보다 키가 더 크든 작든, 살이 더 쪘든 말랐든(보통은 더 말랐다) 간에 그들은《US 위클리》의 "닮은 꼴 찾기" 코너에서 튀어나온 것처럼 자기를 닮은 사람처럼 보인다. 아무리 유명한 사람도 때론 카트를 끌면서 시장을 보기 때문이다.

그다음 결정적인 두번째 단계에서 당신은 그들을 방해할지 말지를 결정해야 한다. 당신은 머릿속으로 모든 가능한 선택지를 떠올리지만(사진을 찍거나, 셀카를 부탁하거나, 전혀 보지 않았으면서 최근 출연한 영화가 너무 좋았다고 말한다거나 등등), 결국 그중 뭔가를 결정했을 때 그들은 이미 뛰어가서 소리를 질러야만 들릴 정도의 거리로 멀어진 상태다. 설사 그들의 최근작을 거의 볼 뻔했을지라도 당신은 낯선 이에게 뛰어가지 않는다.

마지막 단계로, 저기 서 있는 사람이 어맨다 사이프리드였다는 걸 드디어 뇌가 확신한다. 당신은 당연히 그녀에게 말을 걸지 않은 상태다. 대체 어맨다 사이프리드가 당신에게 듣고 싶은 말이 뭐겠는가? 당신은 자기 합리화 단계에 도달한다. 저 여자가 대체 뭐가 특별한가? 물론 돈도 많고 매력적이지. 하지만 나나 그 여자나 마찬가지로 자기 삶을 살아갈 뿐이다. 내가 그들의 얼굴을 알아보고 지미 펄론♥을 통해 몰디브에서 스노클링하며 멋진 시간을 보냈다는 소식을 들을 수 있는 건 그들의 직업적 특수성 때문이다. 그게 뭐 대수인가?

이 모든 과정(의심, 확신, 흥분 그리고 마침내 냉담에 이르는)은 통틀어 대략 12초가량 걸린다. 그보다 더 짧을 때도 있고, 때론 자기도 모르게 소리를 내거나 경솔하게 핸드폰 카메라를 꺼낼 때도 있다. 하지만 유명인 앞에서 태연하게, 어른답게 굴기 위해서는 평균적으로 12초의 시간이 필요하다.

〈스티븐 콜베어의 심야 쇼〉의 인턴으로 근무하게 된

♥ 〈SNL〉의 주요 멤버.

172

첫날, 당신이 지척에서 스티븐 콜베어를 보고 옷걸이를 든 채 미친 듯 계단을 내달리는 데는 정확히 0.25초가 걸렸다.

새로 개설된 쇼(혹은 새로운 호스트와 함께하는 기존 쇼)의 인턴으로 일하는 것의 문제는 새 세트장의 대부분이 아직 완성되지 않았다는 점이다. 텔레비전 쇼의 일반적인 혼돈을 포함해 그 무엇도 정리되지 않았다. 부엌의 디스펜서에 어떤 시리얼을 채워야 할지, 누군가 깜짝 선물로 보낸 세발자전거가 사무실 어디에 있어야 할지 아무도 몰랐다. 그리고 옷장도 아직 만들어지지 않았다.

그래서 스티븐 콜베어가 에드설리번 극장의 12층에 있는 극작가 방에서 굉장히 중요해 보이는 누군가와 이야기를 나누고 있을 때, 투명한 유리벽과 아직 조립되지 않은 이케아 옷걸이로 나뉜 바로 옆의 계단을 오르면서 당신은 그를 처음 본 것이다.

"저기 스티븐 콜베어가 있어요." 당신은 방금 만나 아직 이름도 모르는 인턴에게 다 들리도록 속삭였다. "바로 저기, 그 사람이 있다구요."

"네." 인턴은 안경을 똑바로 하며 대답했다. "브루클린 가이랑 미팅하느라 며칠 전부터 계속 저기 있었어요. 어제는 그의 가족들을 데리고 투어를 했는데, 아이들이 엄청 착하더라고요." 그러고선 그는 뽐내며 자기에게만 주어진 중요한 일을 하러 사라졌다.

당신은 초등학교 2학년 때부터 지금까지 품어온, 아무에게도 말하지 않은 판타지가 있었다. 어느날 음악실에서 당신은 맞은편에 떼를 지어 선 인기 많은 여자애들 무리를 바라보며, 왜 자신은 거기 속하지 못하는지를 생각한다. 왜 저들은 인기가 많을까? 포터 스튜어트 대법원 판사의 말은 아이들 사이에서의 인기 서열 구조를 묘사한 말 중 가장 와닿는다. "오늘날 나는 그런 종류의 문제들이 서술로 온전히 전달되지 않는다는 것을 안다. 어쩌면 그걸 알기 쉽게 설명하는 건 절대 불가능하리라. 하지만 그게 존재한다는 건 분명하다."

당신의 낮은 신분은 당신의 외모나 옷차림 때문이 아니다. 눈썰미 있는 엄마는 그 동네에서 그해 유행하는 스타일을 정확히 파악해 세 딸에게 입히곤 했다. 그보다는 어떤 행동 방식 때문에 인기가 없는 게 분명하다는 게 당신의 결론이었다. 만약 그 가설이 맞는다면, 당신이 행동 방식을 바꿀 경우 적당한 타이밍에 적당한 말을 한다면 인기가 생기리라는 가설 또한 성립한다.

인식의 근원을 이루는 이상한 판타지로 다시 돌아오자. 당신은 복권에 당첨되거나 공주나 팝스타가 되겠다는 꿈을 꾼 적이 없다. 당신은 자신을 감시하는 장비들을 상상한다. 그 장비에는 아주 작은 카메라와 아주 작은 마이크들이 설치되어 있어서 아주 인기가 많은 사람들이 몇 킬로미터 떨어진 군용 벙커로 설계된 곳에 모여 당신의 일거수일투족을 바라보며 당신에게 말해주는 것이다. 그러면 당신은 이어폰을 통해 그들의 지시대로 말하고 행동하며 사람들이 당신을 좋아하게, 어떤 아이들은 이미 초등학교 때부터 가지고 있는 사람들을 끌어당기는 신비로운 매력을 발산하는 것이다. 당신이 원하는 건 '최고로' 인기 있는 것이 아니며, 그저 아무에게도 비난받지 않고, 자기보다 못한 사람의 부러움을 받으면서 인기 있는 그룹 내에 자연스럽게 낄 수 있는 정도의 인기다.

몇 년 뒤에 이 판타지가 다시 떠오르는데, 잘 봐줘야 서열 구조에서 중간 정도의 위치에 있는 당신의 쭈글쭈글한 모습을 아무도 모르는 캠프에서의 첫날, 당신은 정확히 원하던 상황에 놓인다. 막 열한 살이 된 아이들 사이에서 당신은 작은 카메라도 마이크도 없이 스스로가 자신의 컨설턴트가 되어 무슨 말을 할지 미리 계획하고, 신중한 검토 과정을 거쳐 인기 있는 아이가 할 만한 말만을 하기로 한다.

숙소인 오두막집에 들어간 당신은 새로운 계획으로

자신감에 차서 가장 인기가 많은 건 아니지만 꽤 인기가 많은 축에 속하는 한 여자애(이 모든 파악은 아주 순식간에 이루어진다)가 매점에서 간식으로 탄산음료나 사탕, 초콜릿바를 사서 바닥에 앉아 먹는 걸 바라본다. 대본에 충실하게, 당신은 신중하게 대사를 친다.

"캠프 생활은 할 만하니?"

여자애가 당신을 올려다본다. "뭐라구?"

아뿔싸. 하지만 그만두기에는 이미 늦었다.

"캠프 생활 말이야." 당신이 말한다. "음…… 그러니까 캠프가 마음에 드냐구."

"캠프가 마음에 드냐고?" 그녀는 동정과 순수한 어리둥절 사이의 표정을 지으며 당신의 말을 되묻는다. 당신은 중얼거리면서 사과하고 다시는 이런 시도를 하지 않으리라 다짐한다. 10년도 더 지난 지금까지도 그때 있었던 모든 순간을 기억한다. 문을 열고 들어가서, 바닥에 앉아 있는 여자애를 바라보고, 뭔가가 잘못됐다는 걸 깨달았던 바로 그 순간을 말이다.

하지만 지금 당신은 스물두 살이다. "너 자신으로 살라!"는 말을 너무 많이 들어서 이제는 그게 "쿨해 보이려면 멋져 보이는 상대를 그대로 따라하라"는 것과 똑같은 말이라는 걸 안다. 그리고 〈스티븐 콜베어의 심야 쇼〉

의 인턴으로 일하게 된 건 멋진 일이다! 객관적으로, 이제 당신 역시 그 인기인 그룹의 대열에 들어서게 된 것이다!

인턴은 모두 조심스러운 동물이다. 상사(직원)들에게는 공손하고, 동료들에게는 뭐든 캐묻고, 전날 앤 테일러에서 산 옷을 입고 등을 꼿꼿하게 세운 채 계속 웃는 표정으로 눈을 빛내는 대학생들. 누가 최우수 인턴이 될까? 모두가 궁금해한다. 아마도 3층의 싱크대에 페이퍼타올을 가장 잘 갈았다는 이유로 이 중 누군가가 정규사원으로 승진할 것이다. 그러나 무엇보다 이들이 조심스러운 건 아직 서열이 정해지지 않았기 때문이다. 이들은 각기 다른 학교 출신으로, 사회적 반경이 겹치지도 않는다. 누가 가장 멋진가? 옷차림으로 알 수 있는가? 아니면 자기를 소개하는 방식에서? "음, 저는 티쉬♥에서 영화를 전공했어요." 이런 식의 멘트가 여기서 먹힐 것인가? 어떤 화법이 적절할지를 모르기 때문에, 모두 조심하는 차원에서 과도하게 예의를 지키고 있는 것이다. 모두 서로를 미처 알기도 전에 친구를 만들고 싶어 한다.

눈을 반짝이며 성실하게 일하면 실력을 인정받을 수

♥　Tisch, 뉴욕에 있는 예술대학.

있다고 믿는다면, 눈을 반짝이며 성실하게 일하는 중서부 출신 사람들이 가득한 방송국에서 일한다는 건 멋진 일일 것이다. 어떤 곳에서는 그런 실력주의가 실제로 통용되리라. 그러나 여기서는 아니다. 인턴들이 서로 이름과 학교를 소개한 뒤 "그래서, 어떻게 여기서 일하게 됐어?"라고 묻는 이곳에서는.

대답은 다양하지만, 인턴들은 대개 비슷한 경로를 통해 이곳으로 왔다. 우리 엄마가 프로그램실 실장이야. 내 사촌오빠가 회계부서에서 일해. 존 스튜어트♥가 우리 아빠한테 신세진 일이 있어. CBS 이사가 차로 개를 치고 도망친 사진을 입수해서, 인턴십에 붙여주는 조건으로 입을 다물기로 협의했어. 이 정도가 보통이다. 단 두 사람만이 못 믿겠다는 듯 대답했을 뿐이다. "뭐야, 난 그냥 이력서를 보냈는데? 다들 그렇게 해서 여기 오게 된 거 아니었어?" 그리고 당신의 경우, 두 명의 여성 작가에게 직업적 조언을 구했고 그중 한 명이 인터넷상으로 당신의 계정에 올라온 농담들을 보고 친절을 베풀어 당신을 이곳에 추천해준 것이다. 어쨌든 그전에 〈코난 쇼〉 인턴십 이력이 있었기에 이 자리를 얻게 되었을 가능성이 크고,

♥　Jon Stewart, 미국의 유명 코미디언이자 토크쇼 진행자.

그 인턴십 이력 또한 그 프로그램의 수석 피디였던 브라운대학 선배의 이름을 팔아 운 좋게 얻게 된 것이지만 말이다. 결국 모든 건 인과관계에 의한 것으로, 당신이 여름방학마다 무급으로 일할 수 있었던 것 역시 바트미츠바♥로 인해 생긴 돈을 저축해놓은 덕분이다. 결국 특권층 엘리트 계급의 구성원으로서 당신은 부끄러움과 본능적인 감사라는 모순된 감정을 동시에 느낀다.

"데이나, 가서 에이미 좀 봐줄래요?" 인턴 코디네이터가 사무실 문 너머로 물었다.

당신은 깜짝 놀라 다른 인턴 중 한 명에게 묻는다. "에이미가 누구죠?"

"스티븐의 어시스턴트요." 당신의 무지를 놀리는 게 처신상 좋은 건지 나쁜 건지 판단이 안 서 다른 인턴들의 표정을 살피며 그녀가 대답한다.

그걸 보고 당신은 에이미의 사무실이 어디인지 묻지 않고, 여러 시도와 실수를 거쳐 (대체로는 실수로, 그러고선 공손하게 다른 어시스턴트 피디들에게 물어보는 식으로) 그곳을 찾아낸다.

"음, 좋아요." 반짝거리는 눈과 이 세계에 익숙지 않아

♥　12~14세 소녀가 치르는 유대교 성인식.

혼란스러워하는, 한눈에 봐도 인턴인 누군가가 사무실로 들어오자 에이미가 말한다. "스티븐이 쓸 퍼터를 좀 사다 줄래요?" 그녀가 당신의 손에 신용카드를 쥐어준다.

"어떤 종류의 퍼터 말이시죠?" 당신은 엉뚱한 물건을 사가지고 오면 안 된다는 생각에 책임감을 가지고 묻는다. "저 고등학교 때 골프를 쳤어요."

"잘됐네요" 에이미가 한숨을 쉬며 말한다. "사실 골프채 종류도 잘 모르거든요. 그냥 사무실에서 연습용으로 쓸 퍼터면 돼요."

"음, 스티븐씨 키가 어떻게 되시죠?" 당신이 묻는다. 골프 전문가라고 했으니, 그 평판에 걸맞게 행동해야 되지 않겠는가.

"180이에요. 여기로 곧장 가져와요. 고마워요."

당신은 수백 개도 더 물어볼 수 있었다. 퍼팅컵은 필요 없나요? 공은요? 퍼터는 얼마짜리를 사면 될까요? 그러나 어시스턴트는 이미 자기 일로 돌아가 '얼른 안 가고 뭐해요'라는 강한 메시지를 몸짓으로 풍기고 있었다.

당신은 곧장 그 과정을 건너뛰고 열네 블록 떨어진 골프 가게로 간다. 손가락으로 신용카드 모서리를 꼭 쥐고선.

당신이 도착했을 때 가게는 아직 열지 않았다. 영업시

간은 2분 후부터다. 직원이 정문 앞을 쓸고 있다. 당신은 계속 그를 쳐다본다. 고작 2분이잖아요, 조금만 일찍 열면 안 되나요? 드디어 나에게도 일이 주어졌는데. "이해를 못 하시네요." 당신은 유리창 너머 소리치는 상상을 한다. "아주 급한 일이라고요. 스티븐 콜베어의 심부름이라구요."

당신은 발을 동동 구른다. 핸드폰을 확인한다. 느긋하게, 밖에 누군가 셀럽을 위해 뭔가 사려고 기다리고 있다는 사실을 전혀 의식하지 못한 것이 분명한 직원이 열쇠를 돌려 천천히 문을 연다.

"퍼터를 하나 사려고 하는데요." 당신이 외치자 그가 위층을 가리킨다.

"퍼터를 하나 사려고요." 위층으로 올라가자마자 마주친 직원에게 당신이 외친다. "상사가 쓸 거예요." 막상 실제로 눈앞에 마주한 사람에게 이름을 대자니 당신은 쑥스러워진다. "키는 180 정도고요."

"음, 그래요." 직원이 말한다. "어떤 용도로 쓸 퍼터인지 아시나요?"

"그냥 사무실에서 연습할 때 쓴대요."

"아, 그러면 이걸 한번 들어봐요." 그가 중간 크기의 골프채를 하나 건넨다.

당신은 씩씩하게 스튜디오로 돌아온다. 추천받은 게 하나뿐이긴 했지만, 적절한 퍼터를 가져왔다구. 당신은 마치 죽은 새를 입에 문 고양이처럼 자랑스럽게 에이미의 사무실로 들어간다.

"오, 멋지네요." 그녀가 말한다. "스티븐씨, 사무실에 둘 퍼터를 사왔어요. 이 인턴은 고등학생 때 골프 선수였대요."

"세상에." 옆방에서 아주, 아주 친숙한 목소리가 들려온다. "어디, 와서 나랑 잠깐 쳐봐요."

안 돼. 이건 예의와 겸손을 시험하기 위해 인턴에게 주어진 가짜 시나리오임이 분명하다. "말도 안 돼요. 최저임금을 받는 비천한 제가 어찌 대스타님과 함께 게임을……." 당신이 이렇게 말하면 스티븐은 고함칠 것이다. "정답! 그럼 이제 다시 창고로 가서 페이퍼타월이나 채우도록 해요."

하지만 당신은 그렇게 대답하지 않았고, 그 역시 그러지 않았다. 당신이 중얼거리자 그가 말한다. "어서 와보래도! 어디 출신이죠?"

"시카고입니다." 당신이 대답한다.

"시카고 좋지. 거기서 오래 지냈어요." 스티븐 콜베어가 볼 리트리버를 세우며 말한다.

"네. 알아요." 목소리가 사정없이 떨리는 걸 느끼며 당신이 대답한다. "저는 그 근교에 있었어요."

"나는 에반스톤의 노스웨스턴대학에 다녔어요." 스티븐 콜베어가 마치 당신이 모르는 사실을 알려주듯이 말한다.

"네. 알아요." 당신이 말한다.

익숙한 듯 그는 대답하지 않는다. 대신 그는 새 퍼터의 포장(당신이 사실은 손도 대지 않은)을 뜯고 공을 올려 컵으로 천천히 굴러가는 걸 바라봤다. 그리고 당신에게 퍼터를 건넨다. "어디 실력 좀 보여줘봐요."

고등학교 시절 골프 수업에서 당신은 늘 겁먹고, 좌절하고, 압박을 느끼며 공을 쳤다. 코치와 학부모 무리가 바라보는 앞에서 당신은 워터 해저드에서 티오프를 쳤다.

이미 다른 4인조 팀들보다 3타 뒤처진 가운데 나머지 멤버들은 인내심을 잃어가고 있었다. 공이 웅덩이로 들어가느냐 아니냐에 따라 승부가 갈리는 상황에서 당신은 나인홀을 쳤다.

이번 퍼터는, 고작 3미터도 되지 않는 카페트 위였지만 지금까지의 인생에서 가장 어려운 샷이었다. 당신은 수호성인에게 기도하며 공을 쳤다. 공은 무사히 구멍으로 들어간다.

바로 당신은 스티븐 콜베어에게 골프채를 건넨다. 이건 1,000달러가 걸린 내기에서 1:1의 상황이나 다름없다. 딱 여기까지. 더 머물면 어떤 경우에도 나빠질 뿐이다. 지금 이 순간이 셀럽 토크 쇼 호스트가 인턴에게 친절하게 구는 것과 인턴이 눈치 없이 너무 오래 머무는 것 사이의 경계선이다. "나이스 샷!" 스티븐 콜베어가 말한다.

아마 당신의 전 생애를 통틀어, 오늘이 최고의 첫 출근 날이리라.

계속 읽으시오.

그렇게 당신은 뉴욕에서 자리 잡는다. 일자리가 있고, 머물 곳이 있다. (페이스북 친구의 친구 중 하나가 주유소와 전자담배 가게가 바로 건너편에 있는 건물의 2층에 있는 흰색 방 하나가 비었다며 제안했다. 그 주변은 정말 좋게 말하자면 '윌리엄스버그 동쪽'이지만, 더 정확하게 말하자면 '윌리엄스버그의 동쪽과 부시위크 북쪽의, 아무도 살지 않는 지역'에 가까웠다.) 이제 필요한 건 뉴욕 시티에 어울리는, 신을 이해하고 공원에서 함께 피크닉을 가고 문학 세미나에 같이 갈 만한 사람과의 어른스러운 로맨스다. 이 도시는 혼자 지내기에는 지나치게 크고 외롭다. 그래서 당신은 몇 주간의 인턴 생활 동안 지하철로 통근하면서 가끔 친구들을 만나 한잔하기도 하고, 그러나 결국 텅 빈 하얀 방으로 돌아와 밤 10시까지, 때론 새벽 2시까지 노트북을 열고 유튜브에서 이미 네 번은 본 코미디언 특집 영상을 자동 재생시켜놓고 보다가 잠든다. 바닥은 절대 쓸지 않고, 침대 아래는 여동생의 색 바랜 파란 모직을 깔아뒀는데, 그 위로 먼지 뭉치들이 굴러다닌다. 다시 시리얼을 박스째로, 트윙키♥

♥   Twinkies, 안에 크림이 든 작은 케이크.

와 대용량 감자칩과 함께 사들이기 시작했고 지루할 때
마다 먹으려고 방에 가져다놓았다. 외로워하지 말고 누
군가를 찾아보자.

당신은 누구와 사랑에 빠질 것인가?

연하가 좋은가, 연상이 좋은가?

A 연하. 당신은 로빈슨 부인*이고 조개 목걸이를 목에 걸고 플립플롭을 신고 수영장에서 뭐든 질문처럼 들리게 말끝을 높이는 소년이 취향이다.

B 연상. 코냑처럼, 오래되어 결이 갈라진 가죽처럼 나이 들고 파이프로 담배 피우는 남자. 진짜 할아버지 연배가 아니라, 10대 때 실수로 사고 쳐서 어린 손자가 있는 40대나 50대 초반 정도라면 괜찮지 않을까.

---

* 영화 〈졸업〉에서 주인공 더스틴 호프먼을 유혹하는 연상의 여성.

2. 유머러스한 타입이 좋은가, 문학적인 타입이 좋은가?

🅰 유머러스한 타입. 재밌는 남자랑 데이트하는 건 집시
의 저주와 같다. 1,000번의 애드리브 쇼를 봐야 하는
저주 말이다.

🅱 문학적인 타입. 문학적인 남자랑 데이트하는 건 또 다
른 집시의 저주와도 같다. 1,000번의 그저 그런 글을
읽으며 고통받아야 한다.

3. 감정적인 타입이 좋은가, 회피하는 타입이 좋은가?

🅰 감정적인 타입. 만취한 여자가 술집 화장실에서 모든
사람에게 들리게 그를 사랑한다고 울부짖을 것이다.

🅱 회피하는 타입. 부들부들한 털 담요를 덮어쓴 채 당신
의 품에서 벗어나려고 바둥거리는 고양이를 껴안는
거라고나 할까.

4. 찰스 디킨스와 토머스 핀천 중에서 고른다면?

🅰 찰스 디킨스. 대중적인 주인공이니까.

🅱 토머스 핀천. 은둔자 주인공. 찰스 디킨스라면 〈심슨
가족〉에 안 나올 테니까.

5. 트위터 혹은 이메일?

Ⓐ 트위터. 마이크로픽션은 뉴 프론티어다.

Ⓑ 이메일. 《뉴요커》가 이제 이메일로만 구독 가능하다
는 것 아시는지?

A를 더 많이 선택했다면

190쪽으로 가시오.

B를 더 많이 선택했다면

203쪽으로 가시오.

당신이 사랑에 빠져도 될 것 같다고 느끼는 남자는 다음과 같다. 그는 가끔 응원하는 팀이 경기하는 날(토요일 아침 9시마다 그는 영국 축구팀을 응원하는 친구들과 함께 미드타운의 바에서 모인다) 입는 행운의 웨스트햄 팀의 티셔츠를 제외하고는 매일 얼룩이 묻은 똑같은 흰색 티셔츠를 입는다. 머리칼은 항상 기름져 있지만 휴 그랜트처럼 얼굴을 덮고 있다. 나중에 당신은 단지 그가 영국인이라 휴 그랜트와 비교한 게 아닌가 자문해본다. 대답은 아마도 그렇다는 것. 그는 당신이 극혐하는 월스트리트 은행 투자자들과 정반대에 속하는 사람이다. 그는 모든 사람과 친하고, 사람들은 모두 그를 좋아한다. 모두 그를 알고, 그에 관련된 일화가 있다.

영국식 악센트가 미국인들에게 왜 그렇게도 호감을 불러일으키고 성적 매력으로 이어지는지 모를 일이다. 어쩌면 미국인은 우유부단하지만 사랑스러운 왕자를 연기하는 전문적으로 훈련된 (대부분 옥스퍼드 출신인) 배우들을 통해 영국인의 이미지를 구축했기 때문인지 모른다. 미국에서 영국 남자를 만나면 '씻지도 않고 직업도 불안정한 코미디 작가'라는 뇌가 외치는 경고는 '신분을 숨긴 채 당신과 사랑에 빠져 성과 무도회가 나오는 동화 속으로 말에 태워 데려가줄 왕자'라는 소리로 바뀐다. 그리고 그 악센트의 매력이 너무도 강해서 그런 악센트를 가진 남자와 데이트하는 것만으로 친구들의 부러움을 산다. 그러한 부산물들이 그 악센트를 한층 더 매력적으로 만든다.

어느 날 밤, 그의 침대(정확히는 마룻바닥에 깔린 매트리스)에서 미드 〈남겨진 사람들The Leftovers〉의 에피소드를 시청한 당신은 그와 함께 있을 때 입을 가리지 않고 웃는다는 사실을 깨닫는다. 평소에 다른 사람들 앞에서 웃을 때면 당신은 남들보다 약간 더 큰 잇몸 때문에 아귀처럼 보일까봐 신경이 예민해지곤 했다. 그러나 그와 있을 때면 그게 문제가 되지 않았다. 그는 당신이 어떻게 보이든 신경 쓰지 않는 듯했다. 그는 당신이 섹시하다고 했고 당신은 그의 말을 거의 믿었다. 그와 시간을 보낼 때면 마치 브루클린에서 두 사람만이 진실한 존재인 것처럼 느껴졌다. 마치 열여덟 살이 되었을 때 《호밀밭의 파수꾼》을 읽은, 자의식 있는 홀든 콜필드♥ 같은, 모든 위선에 맞서는 존재 말이다. 때로 두 사람이 침대에서 같이 텔레비전을

♥ 《호밀밭의 파수꾼》의 화자.

191

볼 때면 그는 당신에게 팔을 휘감고 당신은 '이제서야 제대로 된 사람을 만난 게 틀림없어'라고 생각한다.

두 사람은 데이트하는 사이는 아니다. 두 사람은 정식 데이트를 한 적이 없다. 그는 당신을 "어이, 친구"라고 부르고 장난스럽게 어깨를 부딪치며, 두 사람의 이야기는 그의 꿈이나 장래희망이 아닌 〈남겨진 사람들〉에 관한 것이 대부분이었다. 그렇지만 뭔가가 시작되려 하고 있다고, 당신은 느꼈다. 두 사람은 같이 독서 모임에도 가고 오픈 마이크에도 갈 것이었다. 같이 빈둥대면서 침대에 누워 노트북으로 텔레비전 프로그램을 시청하고, 프렌치 프레스로 커피를 만들고, 팔을 베고 누워 그의 냄새를 맡을 것이다.

당신은 매거진 디렉터가 디자인한 것처럼 연달아 이어지며 하나의 온전한 이미지를 만들어내는 연속된 사진을 인스타그램에 올리는 종류의 여자가 될 것이다. 각각의 사진들은 모두 삐쩍 마른 몸에 긴, 천연 생머리를 하고 칼날처럼 날카로운 턱선을 한 당신을 찍은 것이다(실제로 당신의 뺨으로 이어지는 턱선은 머핀처럼 둥글지만). 사진 속 당신은 카메라가 아닌, 창밖을 응시하고 있다. 둥근 선글라스를 끼고, 루프톱 파티에서 찍거나 말차를 마시며 뾰족하고 섬세한 문신을 드러내기도 한다. 그와 있는 당신은 대담하고 무모하리만큼 용감하며, 아마도 마약을 할 것이다. 거부할 수 없을 만큼 매력적인 여자다.

그런데 잠깐, 왜 그는 절대로 키스하려 들지 않는 걸까? 왜 때로는 문자에 한두 시간, 때론 세 시간이나 지나서 답장을 하는 걸까?

진실이 무엇인지 사실 당신은 알고 있다. 그의 답장이 오지 않는 핸드폰을 열고 또 열 때마다, 혹은 당신이 친구와 연인 사이의 차이를 묻는 긴 비난조의 문자를 보내도 "하하"라고 답할 때마다, 무서운 한 문장이 당신의 뇌 속에 전류처럼 떠오른다. 그는 당신에게 반하지 않았다.

그러다 11월 말의 어느 날 밤, 그가 당신이 있는 곳(윌리엄스버그 동쪽이라고 주장하지만 실제로는 누가 봐도 부시위크 북쪽에 있는 아파트)으로 와서 브루클린에 사는 다른 작가와 그렇고 그런 사이라고, 아파트 공동 부엌의 꽃무늬 플라스틱 식탁보를 손으로 긁으며 당신에게 변명조로 고백한다. 당신은 페이스북과 트위터에서 그녀를 찾아본다. 주근깨가 있는 긴 팔다리와 풍성한 금발, 빛나는 미소의 그녀의 작업은 당신보다 더 흥미롭고 인상적인 것처럼 보인다. 그래, 그랑 그녀가 사귀는 게 이상할 것도 없지. 그렇다면 그는 대체 왜 당신과 그토록 많은 시간을 보낸 것일까?

언젠가 사람들이 일반적으로 예상하는 것과는 반대로, 지능지수가 높은 사람이 지능지수가 낮은 사람보다 더 컬트에 빠지는 경향이 있다는 기사를 읽은 적이 있다. 지적인 사람은 더 창의적이며, 컬트적인 믿음이 비이성적이라는 증거들을 이미 많이 접했음에도 자신이 믿고 싶어 하는 것에 정당성을 부여하는 근거들을 상상해낼 수 있다는 것이다. 지능이 높은 사람은 그들 자신이 믿고 싶은 것을 정당화해주는 이성 체계 전반을 창조해낼 수 있다. 이게 다 무슨 말이냐고?

브루클린 가이가 매번 농담을 건네고, 온갖 파티에 초대하고 포옹하고, 맥주병을 대신 따줄 때마다, 그의 행동들은 당신의 체계에서 그가 당신을 사랑한다는, 아니면 적어도 섹스하고 싶을 정도로 당신에게 관심이 있다는 믿음의 근거로 자리 잡은 것이다. 한 번 같이 자기만 한다면 그가 당신과 사랑에 빠지는 건 시간문제라고. 물론 그는 여러 사람들과 자고 다니는 타입이지만, 당신은 이 이야기의 주인공이고, 여러 사람 중 하나가 아닌 게 분명하므로. 그는 당신과 인생 최고의 섹스를 한 다음 매트리스에 벌거벗은 채 다시 눕고 거친 숨을 내쉬며 "와우" 하고 속삭일 것이라고 말이다.

두 사람은 한 번 같이 잔 적이 있다. 그가 늦은 시간 당신의 집에 와서 여자친구 비슷한 사이의 일을 이야기하던 날, (바로 그 팔다리가 긴 금발) 여자의 남자친구(그렇다, 그녀는 캘리포니아에 진짜 남자친구가 있었다)에게 들켜서 그녀의 남자친구와 다시는 말을 하지 않는 사이가 되었고(그렇다, 브루클린 가이와 금발 여자의 남자친구는 절친이었다) 여자와도 거의 헤어질 위기에 처했다며 한밤중 당신의 주방 식탁에 앉아 울 때, 당신의 머릿속에는 '어쩌면 이제 이 사람이 나를 원하게 되지 않을까'라는 생각뿐이었다.

당신은 그를 위로하며 껴안자 그도 당신을 안았고, 두 사람 사이에 대화는 없었지만 얼굴을 마주하다 키스하는 결정적 순간이 오자 당신은 그가 마음을 바꾸기 전에 침실로 가서 잽싸게 옷을 벗었다. 그가 당신에게로 들어와 휴 그랜트 같은 머리카락이 얼굴에 드리워지자, 당신은 거리낌없이 잇몸을 드러내고 웃으면서 브루클린에 있는 모든 여자와 맨해튼에 있는 여자 중 절반이 그를 원하지만 지금 그와 섹스하는 건 나야, 라고 생각했다. 결국 해냈어.

그는 절정의 순간이 지나자마자 실수했다고 생각하는 표정을 지어보였다. 방금까지 한 몸이었던 두 사람 사이에 방금 일어난 일에 대한 생각이 이토록 다를 수 있

195

다니. 당신은 이제 막 브루클린 가이와 꿈꾸던 섹스를 했다. 두 사람 사이의 러브스토리에서 이제 막 커다란 첫 장애물을 넘었다고 당신은 생각했다. 이제 이 고개만 넘으면 이후는 내리막길일 거라고. 그러나 그의 얼굴은 멍하고 어두웠다.

"실수였어." 그가 말한다. "나는 너에게 상처만 줄 거야." 여기서 개자식들의 특성을 짚어보자. 그들은 스스로를 개자식이라고 공공연히 선언함으로써 자기 행동이 낳은 결과에 대한 모든 책임에서 면죄된다고 믿는다. "나는 너에게 상처를 줄 거야"라고 그는 경고하고, 그다음 그가 상처를 주면 당신은 일어날 일에 대해 알고 있었다는 이유로 자책하며 홀로 남겨진다. 그들은 개자식으로 사는 걸 마치 식이장애에 걸렸거나 전문적인 마임극을 하는 것처럼 군다. '미안해, 나는 이런 사람이고 이런 나를 바꿀 수가 없네'라는 식이다. 남자는 20대 내내 여자들과 잘 때마다 미리 경고함으로써 총알을 막아내는 갑옷을 입은 양 자기 행동을 상대방의 탓으로 돌리며 살아왔다.

하지만, 당신은 자기는 다른 여자와 다를 거라고 확신한다. 그와 함께 침대에서 텔레비전을 보고, 그가 토요일 아침마다 바에서 웨스트햄 팀이 축구 경기하는 걸 같이 보자고 바에 초대하는 여자니까. 그가 사귀기로 결심하기만 하면 뼈가 드러날 정도로 날씬해지고, 긴 머리에 문신을 하고 말차를 마실 테니까.

"가지 마." 거의 애원하다시피 당신이 말한다. 당신은 여전히 벗은 상태다. 그는 아직 콘돔도 빼지 않았다. 왜 애원해야 하는가? 애원할 필요는 없었다는 걸 당신도 알지만, 이미 늦었다.

"당장은 너무 혼란스럽네." 그가 말하며 그 순간 콘돔을 빼고, 팬티를 올린다. 당신은 그의 팔꿈치를 잡으며, "나랑 여기 더 머문다면 입으로 해줄게"라는 전 세계적으로 통용되는 신호를 보낸다. 그는 15초 동안 가만히 생각하더니 다시 떠나기로 한다. 아까보다 더 최악이다. "정말로 가봐야겠어."

그렇게 그가 떠나고, 당신은 창문에서 그가 가는 걸 바라본다. 그는 보풀이 가득하고 찢어진 부분에 테이프를 붙인 파카를 입고 눈 속을 헤치며 주유소 옆 신호등의 노란불에 건너 지하철 쪽으로 걸어간다.

다음 날, 결정을 잘하지 못하는 사람인 당신은 그에게 문자를 보내고, 그는 답장을 보낸다.

어떻게 하겠는가?

Ⓐ 계속 그와 시간을 보낸다. 시간을 더 보낼수록, 그를

침대로 끌어들일 일이 생길 확률이 높아지지 않겠는
가. 그를 웃게 하고, 점점 더 편하게 해주다보면, 어쩌
면 그가 당신을 여자친구라고 할 만큼의 친근한 사이
가 될지도 모른다.

계속 읽으시오.

B 꺼지라고 한다. 아니면 적어도 다시는 그와 자지 않는
다. 그의 우유부단함, 이기적인 자의식, 당신에게 상
처주고 싶지 않다고 하면서 예민한 척 동정심을 유발
하는 행위는 모두 당신을 화나게 할 뿐이다. 그는 모
든 측면에서 남자친구인 척하면서 실제로 남자친구
가 되어주지는 않음으로써 어떤 여자든 사랑에 빠지
게 만들 수 있다고 생각하고, 당신 또한 그중 하나가
됐지만 그건 당신 잘못이 아니라 그의 잘못이다. 지
금부터는 유혹하는 여자가 되어라. 직업도 없는 유아
적이고 떡진 머리를 한데다 당신을 원하지 않는 남자
따위는 필요 없다. 당신은 이것보다 더 잘할 수 있다.

203쪽으로 가시오.

모든 게 원래대로 돌아간다. 두 사람은 같이 침대에서
텔레비전을 보고, 썸 타는 사이처럼 놀러 다니기도 한다.

두 사람은 바에서 같은 파티에 갔다가, 그가 은발에 가슴이 깊이 파인 톱을 입은 예쁜 여자와 한 시간째 시시덕거리는 걸 보자 질투심을 느낀다. 당신은 인사도 없이 파티를 떠난다. 나중에 친구들에게 그에 대해 불평을 털어놓자 ("그러니까, 대체 우리 관계가 뭔지 모르겠다니까?") 당신을 짓밟고 싶어 참을 수 없어하는 누군가가 당신을 동정하는 척하며 돌아다니는 소문을 알려준다. "세상에, 그 남자 아주 개자식이네." 그들은 말할 것이다. "너랑 같이 파티에 왔다가 다른 여자랑 놀아났단 말이야? 세상에, 너무 끔찍하다." 당신은 아랑곳하지 않고 계속 그와 시간을 보낸다. 여전히 먼저 문자를 보내고, 어디든 그가 자투리 시간을 같이 보내자고 하면 만나러 찾아간다. 당신이 만약 정말로 멋졌다면, 그도 진작 당신이 확신하고 있는 것을 깨달았을 것이다. 두 사람이 운명으로 맺어진 사이라는 걸 말이다.

바보 같은 농담, 화장기 없는 얼굴, 진짜로 즐거운 시간을 보낸다고 당신이 진정으로 느끼기 시작했을 때, 그가 당신도, 그 은발 여자도 아닌 브루클린에 있는 다른 여자와 진지한 관계임을 고백한다. 그녀의 이름은 머라이어로, 그의 말에 따르면 특별한 여자다. 그의 말을 듣고 있자니 배가 아파오고 위액이 올라오는 듯하다. 심지어 그는 그녀를 트위터에서 만났다. 바로 당신과 만났던 방법과 같다.

좋은 학교를 나와 웹사이트에서 프리랜서로 일하며 같은 친구들을 사귀는 사람은 세상에 대략 열두 명쯤 있는 것 같다. 그녀는 갈색 머리에 역시 유대인이며, 브루클린에 산다. 모든 면에서 당신과 같지만, 다만 좀 더 날씬하고 특별하다. 그리고 그녀는 당신과 달리 그 남자가 자신을 원하게 하는 뭔가를 가지고 있다. 그녀는 당신보다 멋지다. 그녀를 만나기도 전에 당신은 그녀에게 분개하며, 그녀가 쓴 칼럼과 사람들이 그녀의 글을 리트윗한 것을 보며 분노한다. 당신은 스스로에게 이만하면 충분하다고 자위하듯 마음속으로 그녀와 자신의 위치를 비등하다고 생각한다. 하지만 그게 다 무슨 소용이겠는가. 그는 그녀의 것이고, 당신의 것이 아니다.

하지만 아무런 희망도 없이 모든 게 완전하게 끝나버리기 전에 마지막으로 시도해볼 수 있는 일이 하나 있다. 당신은 그가 사귀는 새로운 여자, 머라이어에게 섬세하게 꿰맨 백기를 흔드는 문자를 보낸다. "안녀엉(무심하고 태연해 보이기 위해서 의도적으로 안녕을 길게 늘였다), 브루클린 가이와 관련해서 내 이야기가 조금 이상하게 들릴걸 알지만 (그녀가 얼마나 알고 있을까? 대충만 알고 있길 바란

다) 우린 꽤 공통점이 많은 것 같고 친구가 될 수 있을 것 같아."

전송.

그녀는 생각했던 것보다 빨리 답장을 보낸다.

"그래! 너가 연락해줘서 기뻐. 언제 한잔할까?"

그녀랑 한잔하러 나가겠는가?

A 그렇다. 어차피 지금보다 더 나빠질 게 있겠는가? 누군가 "빅토리아 시대에 지어진 오래된 집으로 가보자! 누가 지었는지 모를, 길도 없고 전기도, 전화도 안 터지는 지역의 숲속 한가운데 있는 으스스한 집 말이야. 뭐 더 나쁠 게 있겠어?"라고 말하는 공포 영화가 아니지 않은가. 영화 시나리오에서 벌어질 수 있는 최악의 사태는 앙심을 품은 19세기의 유령이 죽은 연인에 대한 잘못되고 억지스러운 줄거리로 당신의 몸을 이용해 기괴한 생체실험을 하는 것 정도이리라. 하지만 이건 그냥 한잔하는 거잖아. 별일이야 있겠는가.

222쪽으로 가시오.

B 가지 않는다. 분명 끝이 안 좋을 거다. 차라리 다른 세계에 있는 사람과 연락하자. 컬럼비아 예술대학교 석

사과정을 듣는 여자애가 예전에 같이 커피를 마시자고 한 적이 있다. 그녀는 좋은 사람 같았다.

217쪽으로 가시오.

프로답게 굴고 싶지만, 당신은 셀럽 인터뷰가 완전히 처음이다. 사실, 당신이 이 인터뷰를 수락한 유일한 이유는 (물론 친구의 친구가 당신이 관심을 가질 것 같다며 이 일을 소개해줬기도 하고) 구글링으로 대상자를 검색해 파란 눈에 안경을 쓰고 약간은 능글맞게 반쯤 미소 짓고 있는 그의 사진을 찾아봤기 때문이다. 완전히 당신 타입이다.

그는 작가다. 유대인으로서의 정체성과 형이상학적 실존을 다룬 800쪽짜리 소설을 쓰는, 진짜 작가 말이다. 그는 그 주제에 대해《뉴욕타임스》와《뉴요커》에 칼럼을 싣기도 했다. 그는 돈 드릴로와 매주 술을 마시고 토머스 핀천의 집 전화번호도 아는 필립 로스 같은 부류의 작가다. 그는 아이비리그에서 문예창작을 강의한다. 그를 보고 있자면 대학 때 마치 공항 신문가판대에서 '두 개 사면 하나는 50% 할인'이라고 적힌 책을 쓸 것이라는 저주라도 하는 듯한 어조로 당신에게 상업적으로 성공할 거라고 했던 작문 과목 교수가 떠오른다.

당신은 지하철과 버스를 갈아타며 그가 인터뷰 장소로 제안한 레드훅에 위치한 바에 도착한다(그가 인터뷰 자체를 수락하기까지도 두 번의 이메일을 보내 당신이 이 일을 아주 신속하게 할 거라고 설득해야 했다). 바의 구석에는 축축한 나무와 침침한 물고기 모양의 램프, 그리고 핀볼 기계가 있었다. 필립 로스를 닮은 남자는 25분 늦게 도착해서는 호밀 위스키를 주문한다.

주말에 당신이 녹취하려고 인터뷰를 다시 들어보면서 당신은 자신이 얼마나 아양 떠는 목소리로 위선적으로 말했는지, 인터뷰이가 말하게 두지 않고 자기 이야기를 길게 했는지 깨닫고 창피해서 견딜 수 없다. 녹음된 자기 목소리를 듣고 재생해 듣는 것만 해도 충분히 괴로운 일이었지만, 그보다 최악은 인터뷰 내내 자신의 삽질을 깨닫는 일이었다.

그 당시만 해도 당신은 자신이 앞으로 크게 성공할 것이 분명한, 섹시하고 순진한 리포터 역할을 완벽하게 연기해냈다고 생각했다.

인터뷰가 시작된 지 25분 만에, 그는 위스키를 다 마시고 주머니에서 담배 한 갑을 꺼냈다. "그래요." 그가 말한다. "그럼 난 이제 다시 일하러 돌아가 봐야 할 것 같네요."

"일 말고 다른 건 안 하시나요?" 당신의 질문은 그의 글쓰기 방식에 대한 것이었다. 그는 중간중간 담배 피우는 시간만 빼고서 하루에 열 시간씩 쓴다고 했다. 그의 작업을 두고 '후기 구조주의'라고들 했다.《타임스》에 실린 기사는 그런 그를 천재라고 했다.

"때로는 친구들과 한잔하기도 하죠. 하지만 대부분의 시간에는 글을 씁니다."

"행복하세요?" 마치 랩을 씌운 음식에 구멍을 뚫어 랩을 벗겨내듯 그에게서 심술궂은 작가 페르소나를 벗겨내려는 절박함에 당신이 묻는다.

"그건 논점을 벗어난 질문이군요." 그가 답한다.

당신은 그의 집 앞까지 같이 걸어가지만, 그는 들어오라고 하지 않는다.

다음 날 당신은 그에게 메일을 쓴다. "집으로 잠깐 들어오라고 하실 수도 있었을 텐데요."

"당신은 나에 대한 인터뷰를 쓰고 있잖소." 간결한 대답이 바로 돌아온다.

"그래서요?" 당신이 다시 답한다. "그거랑 인터뷰는 별개에요."

"내가 어떻게 했어야 했죠?" 그가 다시 (빠르게) 답장한다. "나에 대한 기사를 쓰고 있는 당신을 집에 들이고, 눕힌 다음 섹스했어야 했다고요?"

"네." 당신이 답장한다.

그는 대답하지 않는다.

그래서 당신은 기사를 끝내고 전송한 다음, 기사 링크와 함께 다시 그에게 연락할 구실을 만들어낸다. "자, 이제 당신에 대한 기사 쓰는 일이 끝났네요."

그렇게 메일로 이후 약속이 잡혔다. 필립 로스 가이는 당신의 아파트로 우버를 보낸다. 그는 당신보다 열다섯 살 많고, 당신은 그의 집으로 택시를 타고 가는 내내 당신이 '진짜 작가'와 곧 자게 될 거라는 사실을 인상 깊게 받아들일 모든 아는 사람들에게 문자를 보낸다.

당신은 약간의 두려움과 흥분감을 느끼며 도착한다. 그의 집은 자물쇠가 두 개 달린, 레드훅에 있는 아파트 지하였다. 그는 맨발에 청바지와 부드러운 재질로 된 회색 티셔츠를 입은 채 당신을 맞이한다.

방은 온통 책으로 가득하다. 책은 모두 커버로 싸여 있고, 벽마다 있는 책장에 넘칠 듯하며, 방 주변에도 천정까지 닿을 듯 쌓여 기둥을 이루고 있다. 책상과 의자를 제외한 모든 가구가 콘크리트 블록으로 되어 있고, 매트리스는 구석의 바닥에 놓여 있다.

당신이 대충 방을 다 둘러봤을 때쯤 필립 로스 가이는 이미 책상에 앉아 이미 넘치고 있는 재떨이에 담배를 비벼 끄고 새로운 담배에 불을 붙이고 있다. 그는 당신에게 담배를 권하지는 않지만 술을 한 잔 권했고, 당신은 응한다. 그는 와인을 잔에 따라준 뒤 몇 걸음 떨어진 곳에 당신을 뻘쭘하게 세워두고 다시 책상으로 돌아가 이메일에 답장을 한다.

"저…… 어디 앉아 있으면 될까요?"

그는 그저 당신을 바라본다. 두꺼운 안경 뒤로 촉촉한 파란 눈동자가 당신을 유심히 바라본다. "그냥 거기 서 있는 것도 괜찮네요. 긴장한 모습이 귀여워서."

당신은 긴장했다. 당신은 손으로 와인잔을 움켜쥔 다음 결정을 내린다. 책상에서 조금 떨어진 먼지나 종이가 없는 곳에 잔을 내려놓고 다리를 벌려 그의 위에 올라앉는다. 당신이 그의 입술에 입술을 대자, 그가 자세를 바꾼다. 그는 주도자가 되어 동물적으로 거칠게 빨고, 키스하고, 껴안는다. 그는 당신에게 옷을 벗으라고 말한다. 자신은 여전히 옷을 다 입은 채다. 그는 당신을 말 그대로 매트리스 위로 던진 뒤 청바지를 벗기 시작한다.

"당신 깨끗해요?" 그가 콘돔을 꺼내며 묻는다.

"네."

그가 콘돔 포장지를 벗기고, 들어온다.

"당신을 어떻게 믿지?" 그가 으르렁거린다. "당신이 깨끗하다고 말해봐."

"나는…… 깨끗해요." 당신이 말한다.

"당신을 어떻게 믿느냐고. 아무런 근거가 없잖아. 내 눈을 봐. 당신을 믿어도 되나?"

"절 믿어도 돼요." 당신이 대답한다.

"당신을 어떻게 믿지?" 그가 다시 물었고, 당신은 왠지 모르지만 그가 대답을 바라는 게 아니라는 걸 안다.

"당신이 상상하던 게 이거 맞나요?" 당신이 헐떡이며 묻는다. "그러니까, 인터뷰하면서 우리가 섹스하는 걸 생각했었나요?"

"조금은." 그가 대답한다.

"어떻게요? 나랑 섹스하는 걸 어떻게 상상했어요?"

그가 당신을 옆으로 뉘어놓고 꼭 붙든 채 당신 속으로 들어간다.

"이렇게 옆으로." 그가 대답하고, 코브라처럼 손을 위로 감고서 당신 목 주위에 두른다.

그는 끝내고 (당신은 아직 아니다) 두 사람은 땀과 정액 냄새를 풍기며 매트리스의 시트 위에 눕는다.

그는 당신의 집까지 가는 우버를 다시 부르고, 당신이 이중 자물쇠가 잠긴 문을 나설 때까지 작별 키스를 하지 않는다. "언제 다시 또 볼 수 있을까요?" 당신이 말한다.

"난 많이 바빠요."

그는 정말로 바쁠까? 그는 항상 글을 쓴다. 레드훅에

있는 아파트 지하에, 바닥에 매트리스를 깔고 살면서 술 마시고 담배를 피우면서. 상투적인 클리셰다. 당신은 그의 클리셰를 간파하고, 거기서 그를 구원할 수 있다. 그의 재능은 성적으로 옮겨지지 않겠지만, 그의 재능이 가진 사회적 성질은 그럴 수 있다. 당신은 그의 '순진한 처녀'♥가 되고, 그는 당신을 존경받는 문학계로 인도해줄 나이 많고 잘생긴 남자가 되어. 두 사람은 작가 줌파 라히리, 비평가 미치코 카쿠타니의 파티에 초대받고 턱시도를 입은 그가 바닥에 끌릴 만큼 긴 드레스를 입은 당신의 옆에 선다. "네, 올해 맨부커 상은 제가 받을 거라고 예상했습니다." 그는 겸손하게 말한다. "하지만 사실, 세상을 바꿀 건 데이나의 작업이에요. 그녀는 제가 더 좋은 작가가 되도록 영감을 줘요. 제가 만난 그 누구보다 천부적인 재능을 지녔죠." 《뉴욕타임스》는 브라운스톤의 어퍼 웨스트 사이드에 있는 당신 집에 사진사를 대동하고 와서 스타일 섹션의 1면에 실릴 사진을 찍을 것이다. 두 사람은 로드 바이런이라는 이름의 커다란 블러드하운드와 캐럴라인 램♥♥이라는 이름의 고양이를 키울 것이다.

"간단히 한잔만 해요." 당신이 제안한다. "이번 주 언

♥ 특히 영화, 연극 등에서 자주 등장하는 여성 설정.
♥♥ 사교계의 여왕으로 바이런의 공식적인 첫 연인으로 알려짐.

제라도 괜찮아요."

"좋아요." 그가 말한다.

그렇게 당신은 그와 결혼할 수 있으리라는 확신에 차 빛나고 자신만만한 상태로 집에 돌아온다.

다음 날, 그에게서 메일이 온다.

"일이 너무 정신없이 많네요. 술 약속은 다음으로 미루지요."

당신은 답장한다.

"곧 걸작이 탄생하겠네요. 여유가 생기면 알려주세요."

그가 답장한다.

"다음 주에 일 때문에 D.C.에 가고, 당분간은 돌아오지 않을 예정이에요."

당분간이라니, 괜찮다. 재떨이와 책장으로 가득한 아파트에서 자신이 얼마나 외로운지 깨닫게 되면 그가 정신을 차리겠지.

그 지점에서 당신은 관계를 한 단계 더 진전시키기로 결심한다. 유니온 스퀘어에서 가까운 스트랜드 서점을 찾아가 당신은 서가에서 그의 책을 찾는다.

당신이 책을 찾아내자 점원이 표지를 힐끗 본다. "이 책 좋다고 하더군요."

"그래요? 작가랑 최근에 데이트를 좀 해서, 이제 좀 읽어보려고 하거든요."

직원이 당신을 바라본다.

"아, 제 말은 처음 만났을 때 책을 읽은 것처럼 거짓말을 했었거든요. 그래서 이제 진짜로 읽어보기로 마음먹었다는 말이었어요."

직원은 예의를 지키며 고개를 끄덕였다.

당신은 공원에 앉아 책을 읽기 시작한다. 책은 반쯤은 시 같고 반쯤은 산문 같지만 줄바꿈은 거의 없었다. 주인공(저자와 이름이 같다)은 작가고, 자신과 이름이 같은 인물에 대한 소설을 쓴다. 뭔가에 대한 대단히 영리한 설정이라고 이해하면서, 네 쪽쯤 읽자마자 당신은 당신이 데이트하는 그 작가에게 문자를 보내고 싶은 충동에 사로잡힌다.

"다음 주는 어때요?"

답장이 올 때까지 걸린 2분 동안 당신은 거의 미칠 지경이다.

"아직 D.C.에 있어요." 답장이 왔다.

"언제 돌아올 건데요?"

답장이 없다.

마음 속 깊은 곳에서는 당신도 자기가 너무 앞서갔다는 걸, 당신에게 답장하지 않는 사람은 당신에게 빠지지 않았다는 인간관계의 기본 수칙을 알고 있었지만, 사실 전혀 빠지지도 않은 상대와 자선 안 된다는 것 또한 인간관계의 기본 수칙이다. 당신이 한 짓이 얼마나 지독했기에 괜찮은 성적 만남을 가질 수 있는 손쉬운 기회에 대한 남자의 관심조차 완전히 날려버렸을까?

그건 그렇고, 그는 자신이 행복하지 않고 여자와의 관계도 괜찮지 않다고 말했다. 그는 외로운 존재고, 당신이 먼저 다가가야 한다. 어쩌면 그는 당신에게 어떻게 행동해야 할지 모르는 게 아닐까? 당신은 그 아래 감춰진 모습이 드러날 때까지 그저 그의 외면을 계속 벗겨내기만 하면, 아니, 벗겨내기보다 깎아내기만 하면 된다.

몇 주가 지나 당신은 그에게 다시 메일을 보내고, 그가 답장하지 않자 다시 보낸다. 메일의 제목은 "저를 잊었나요?"와 같은 것으로, 본문은 입력하지 않는다. 때론 자각으로 이해되기를 바라며 애처로운 사과 내용을 보내기도 한다. 거의 대부분, 그는 답장하지 않는다.

그렇게 한 달이 지나고, 당신은 이 전설과도 같은 이야기를 친구에게 전한다. "그는 다시는 술 약속을 잡지 않았어. 나는 계속 이메일을 보내고 있고 그는 전혀 답장하지 않아."

몇 초간 아무 말도 하지 않던 친구가 부드러운 어조로, 마치 어린애나 맹목적인 광신도를 어르는 듯 말한다. "이제 메일은 그만 보내는 게 좋겠어."

당신은 씩씩댄다. "아니, 완전히 답장하지 않는 게 아니라, 가끔은 답장이 오기도 해. 이건 네가 생각하는 것과 달라." 그렇지만 뭐가 다르단 말인가? 당신은 바로 그렇게 굴고 있다. 당신은 완전한 스토커가 되는 길목에 서 있다. 이제 그에 대해서는 그만 잊고, 보낸 메일함 폴더에서 수치의 흔적을 삭제하도록 하자.

여전히 책장에는 그의 책이 꽂혀 있지만, 여전히 당신은 그걸 읽지 않았다.

214쪽으로 가시오.

당신은 내향적인 사람인가, 아니면
그저 게으른 쓰레기인가?

1. **요즘 자주 만나지 못한 친구와 나가서 한잔하기로 약속을 잡았는데 막상 당일이 되자 약간 피곤한 것 같다. 이럴 때 당신의 행동은?**

A 어쨌든 나간다. 그게 어른다운 행동이니까, 그리고 조용한 곳에서 친구와 단둘이서 이야기를 나누는 일은 즐거우니까.

B 약속 시간 두 시간 전에 지금 몸이 안 좋고 일도 많다고 친구에게 문자를 보낸다. 추리닝을 입은 채 오밤중에 아이스크림 한 통을 통째로 먹는다. 그게 전형적인 클리셰니까!

2. 친구가 브루클린에서 생일파티를 한다고 한다. 집에서 35분 거리고, 지하철을 한 번 갈아타야 한다. 가겠는가?

🅐 그렇다. 불금에 달리 할 일이 있겠는가?

🅑 가지 않는다. 같은 추리닝을 입고 배달음식을 폭식하면서 넷플릭스에서 〈페니 드레드풀〉♥을 본다.

3. 배터리가 떨어지면 '재충전'을 위해 혼자 보내는 시간이 필요할 때가 있는가?

🅐 물론이다! 나는 내향적인 사람이니까.

🅑 배터리가 떨어지는 일은 절대 일어나지 않는다.

4. 당신의 음료 취향은?

🅐 예쁜 머그잔에 담긴 차.

🅑 시리얼 열한 그릇을 먹고 난 뒤에 그릇에 남은 우유.

5. 아까 1번 질문의 친구랑 다시 약속을 잡아, 두 사람은 일요일 아침에 브런치를 먹기로 한다. 그런데 막상 일요일이 되자 당신은 너무도 졸리고 침대에서 나가기가

♥ Penny Dreadful, 미국, 영국 합작 성인용 호러 드라마.

싫다. 이럴 때 어떻게 하는가?

🅐 당장 침대에서 나가 친구를 만나러 나간다. 이미 계획을 세웠고 예전에도 한 번 취소하지 않았는가.

🅑 "제에에에발 날 미워하지 마. 머리가 끔찍하게 아프고 일도 밀렸어. 다음으로 미루면 안 될까?"라고 문자를 보낸 뒤 〈페니 드레드풀〉의 다른 에피소드를 본다.

대답 중 A가 많다면

: 당신은 내향적이다.

217쪽으로 가시오.

대답 중 B가 많다면

: 당신은 그저 게으른 쓰레기다. 제발 나은 인간이 되어보자, 좀. 약속을 했으면 지키도록 하고, 가끔은 브래지어도 좀 착용하자.

222쪽으로 가시오.

어느 날 오후 당신은 뉴욕에 있는 친구 무리에 기생충처럼 들러붙는다. 한 지인이 당신을 브루클린 도서전으로 초대해 토요일에 자기 친구들을 만나지 않겠냐고 제안했다. "점심 12시쯤에 거기서 만날까요?" 그녀가 말했다. 당신은 9시에 일어나 10시 45분까지 시계를 쳐다보다가, 부시위크의 아파트를 드디어 떠나 맨해튼으로 가는 지하철을 타고, 기차로 환승하고, 다시 브루클린의 코블힐로 가는 지하철을 갈아탄다. 그런데도 도착하자 약속 시간은 아직 30분이 남아 있었고, 그래서 당신은 부스 사이를 걸어다니며 하나하나 구경하고, 책 한 권 한 권에 눈길을 준다. 귀엽다고 생각하는 남자들과 눈을 맞추려 노력하지만, 그중 대부분은 전형적인 문학 찌질이들이거나(비니를 눌러쓰고, 단추가 잔뜩 달린 청재킷에 크로스백을 맨), 유부남, 아니면 명백한 게이다. 신기하게도 모든 황금비율은 셋으로 나뉘니까.

하지만 당신은 지금 브루클린 문학판의 진원지에 있고, 바깥 날씨는 너무도 더워서 당신은 거의 모든 부스를 돌아다니며 그늘을 찾아다닌다. 당신은 좋아하는 웹만화 시리즈의 양장본 한 권과 전부터 읽으려 했던 단행본 두 권을 사고 세 개째 받은 사은품 에코백에 몽땅 집어넣는다. 부스마다 메일링 리스트에 주소를 기입하고, 공짜 마그네틱과 북마크, 도넛 등을 챙긴다. 친구들을 만난다. 오늘은 괜찮은 사람이라는 자신감이 있다. 당신은 스스로의 미소와 샌들, 머리 상태를 과도하게 의식한다. 오늘 당신은 무적이다.

"흠, 그래서 이건 뭐예요?" 당신은 모든 부스에 들러 담당자를 유혹적으로 쳐다보며 묻는다. 이토록 오래 혼자 있을 거라고 예상하지 못한데다 친구들이 늦게 오고 있어서, 당신은 예상보다 더 긴 시간 동안 독립적인 여자가 되어 문학잡지들 사이에서 뽐내며 걸으며 최저임금에 가까운 인턴십 월급에도 불구하고 책에 돈을 쓰고 있다. 친구들이 오면 같이 구경하려고 한 구역쯤은 남겨놓고 싶었지만, 결국은 마지막 구역까지 혼자 보게 되었다. 《계간 랩함Lapham's Quarterly》 부스에서 시작되는 줄이다.

이제 날씨는 처음 도착했을 때보다 한층 뜨거워져 당신은 겨드랑이에서 번져가는 땀자국을 간신히 감추기 위해 팔짱을 낀다. 직접 아는 사이도 아닌 친구들은 14분 후에 도착한다고 한다.

《계간 랩함》 부스에서 일하는 남자는 꽤 귀엽지만 조금 어려 보인다. 어쩌면 아직 대학생일지도 모르겠다. 당신은 마치 살 의향이 있다는 듯 잡지 최신호의 책장을 넘겨본다. "오, 안 그래도 구독할까 생각 중이었어요." 당신은 거짓말을 한다. 남자는 웃으며 당신의 얼굴을 쳐다본다. 당신은 인터넷과 달리 자신을 알아보는 사람이 전혀 없다는 사실에 조금 낙담한다. 팬이라는 게 한 명이라도 있다면, 분명 브루클린 도서전에서 일하고 있을 거라 생각했는데. 반쯤은 시간 때우기용으로, 반쯤은 남자를 유혹해볼까 생각하고 있을 때쯤, 문자가 온다. "우리 도착했어요!!! 늦어서 미안해요, 펭귄 버스 옆이에요" 펭귄 랜덤하우스에서는 밴을 개조해 외관은 베스트셀러로 꾸미고, 내부는 이동도서관으로 만들었다. 사람들이 어디서 만나자고 할 때 지형지물로 삼기 최적인 랜드마크다. "금방 갈게요!!!!" 당신은 답장한다. 당신이 핸드폰을 집어넣고 고개를 들자 남자는 여전히 당신을 보고 미소 짓고 있다.

당신의 선택은?

🅐 남자에게 미소 지어주고 책을 사랑하는 수많은 교양인들의 인파 속으로 사라져 놓치기 전에 친구들을 찾으러 간다.

계속 읽는다.

B 조금 더 남자랑 시간을 보내본다. 재밌을 것 같지 않은가? 그냥 일이 어떻게 흘러가는지 놔둬보자.

345쪽으로 가시오.

초대받은 사람으로서 이미 친한 친구들 사이에서 같이 시간을 보내는 방법은 간단하다. 그들의 장난에 적당히 맞장구치고 내밀한 농담에 너무 크게 웃지 않으면서, 그들의 이름을 기억하고, 그러다보면 짠! 하고 어느 순간 입장이 허락되는 것이다. 하루짜리 우정 티켓이긴 하지만. 세 사람은 다른 두 명의 친구와 합류하고 곧 여섯 명의 친구가 더 추가되어 아메바가 한 몸이 되듯 뭉친다. 당신은 이미 봤던 부스들을 다시 지나쳐야 하지만 신경 쓰지 않는다. 사람들과 함께라면 100번도 더 지나갈 수 있다.

오후 4시쯤이 되자 누군가 배가 고프다고 소리쳤고, 모두 길 건너에 있는 쉐이크쉑♥으로 이동해 벽쪽 큰 테이블을 차지했다. 점점 사람들이 밀려들었지만, 당신은 이 자리를 처음 예약한 그룹의 주요 멤버다. 당신은 마치 궁중에서 여왕 옆자리에 앉은 듯 자리를 지킨다. 편한 낯

♥　Shake Shack, 햄버거 체인.

선 이들 무리에서 당신은 프렌치프라이, 케첩, 문학잡지들, 새로 산 책들 등을 공유하며 한 번도 들어본 적 없는 아이디어와 일, 작가들에 대해 이야기를 나눈다.

그들은 모두 뉴요커로, 여기서 태어났거나 자랐거나 대학을 다니면서 이 도시의 모든 걸 신속하게 흡수한다. 여자애들은 모두 짧은 픽시 헤어컷을 하고 단편집이 있으며, 남자애들은 귀에 피어싱을 하고 잘 다린 티셔츠를 입었다. 당신은 오랜만에 모인 친척 모임에서 애들과 약간 데면데면한 친척 이모가 된 듯한 기분을 느끼지만 딱히 소외된 적은 한 번도 없다고 생각한다.

당신은 아마 이들과 다시 어울리지 않을 것이다. 특유의 수동성 때문일 수도 있고, 여기서 통하는 우정의 단계가 그리 자연스럽게 여겨지지 않아서일 수도 있다. 당신과 그들은 사는 동네가 다르다. 당신을 오늘 초대한 한 명과 그나마 가깝다 해도, 두 사람이 따로 본 건 한 번뿐이다. 당신은 오늘 만난 이들의 이름을 잊을 것이다. 몇시간 친하게 지내다가 차가운 담배 연기처럼 사라져버린, 지금까지 수많은 파티에서 만났던 친구들과 마찬가지로.

234쪽으로 가시오.

그날 밤 술을 마시기로 한 건 당신을 포함해 다섯 명이다. 각자 다양한 인터넷 매체에서 글을 발표하는 작가인 여자들은 스키니 진과 톱을 차려입고, 각 조직을 대표하는 폭력배들이 모이듯 빌리지의 아트 바 뒤쪽 테이블에서 만나기로 했다. 세 명은 브루클린 가이와 잔 적이 있고 당신과 마찬가지로 차였다(각자가 느끼는 피해 정도는 다르지만). 그리고 이 모임을 주최한 머라이어는 '브루클린 가이에게 차인 무리의 여왕' 격이며 유일하게 여전히 그와 만나고 있다. "아, 그 사람은 최악이죠." (그녀는 아직도 그와 만나는 사이지만.) "우리 모두 그 사람의 뭐에 반한 걸까요?" (그녀는 아직도 그와 만나는 사이지만.) "맹세컨대, 뉴욕에서 영국 악센트를 쓰는 남자라면 원하는 건 뭐든 가질 수 있을 거예요." (그녀는 아직도 그와 만나는 사이지만.)

세번째 마티니를 마신 뒤, 당신은 이 모임을 마녀 집회라 선언한다. 인터넷에서 지나치게 시간을 보내는 여성 작가 군단으로 살아간다는 건 언제나 비슷한 칭찬과 기사를 두고 경쟁해야 한다는 걸 의미하지만, 이 집회는 여성끼리의 그렇고 그런 경쟁을 벗어난 것이다. 당신과 머라이어는 복수의 여신처럼 자기를 엿 먹인 남자 하나를 두고 연합해 친구가 됨으로써 급진적이고 강력한 페미니스트로 다시 태어났다(그녀는 아직도 그와 만나는 사이지만).

태어나서 처음으로 당신은 단체 채팅이라는 정치적 테러에 초대된다. 속도가 어찌나 빠른지 개개인의 이야기를 따라간다는 건 불가능했고, 핸드폰의 알람이 울렸다 사라지면서 당신이 계속 침대에서 폰을 들여다보는 동안 다른 사람들의 사회적 생활은 계속된다는 걸 끝없이 알려줬다.

하지만 중요한 건 당신이 단체 채팅방에 있다는 사실이다. 그건 마치 뉴욕 밀레니얼 여자들의 알파 그룹 같았고, 당신은 거기 속할 자격이 있는 어엿한 멤버라는 느낌이 든다.

열여섯 살 때 당신은 부모님을 조르고 구슬려 10대 청소년을 대상으로 유럽에서 진행되는 엄청난 비용의 여름 프로그램에 참가한 적이 있다. 당신은 수십 가지 브로슈어를 집으로 발송 신청했다. 친구들이 아이스크림을 먹고 즐거워하며 반짝거리는 사진과 "프랑스에서 멋진 경험을!"이라든가 "안녕, 이탈리아의 숨겨진 매력을 함께 해!"와 같은 문구가 적힌 브로슈어를 몇 시간이고 쳐다보며 고심한 끝에, 당신은 결국 스페인으로 가는 3주짜리 프로그램을 선택했다. 분명 프로그램은 완벽할 거고, 당신은 스페인어를 유창하게 하는 멋진 아이가 되어 돌아올 것이다. 평생지기 친구들을 거기서 만나 같이 사진도 잔뜩 찍고, 신이 나서 미소 지은 채로 다음 해 프로그램 브로슈어도 살펴보겠지.

떠나기 전 엄마는 이 프로그램이 뉴욕에서 온 빠른 아이들 사이에게 인기가 좋더라고 경고했다. 그게 엄마의 표현이었다. 빠른 아이들. 그 아이들은 곧 당신보다 나이가 많고, 빠른 나이에 술을 마시고 섹스를 하고, 도파민의 환락에 빨리 노출된, 스스로를 인기 투쟁의 장에 내던지는 데 자신만만한 아이들을 뜻했다. 엄마는 당신에게 검정색 나이키 스니커즈를 사줬다. 아이들이랑 어울리려면 그들이 신는 신발을 신어야 한다고 확신하며. 그래서 당신은 그걸 신고 공항으로 갔다.

엄마가 당신을 데려다주고선 포옹하고 눈물을 글썽이며 키스하자, 바로 옆에서 이미 혼자 캐리어를 끌고 온 빠른 아이들은 나이키 신발을 신은 당신을 아래부터 위로 훑어보며 평가했다.

나이키를 신었든 뭘 신었든, 당신은 인기 있는 아이에게 "캠프 생활은 할 만해?"라고 허세스럽게 말을 걸던 중서부에서 온 쭈구리 촌뜨기, 유일한 시카고의 공립학교 출신으로, 바에 가는 대신 미술관이나 박물관에 가고 싶어서 뉴욕에서 온 불평쟁이 아이들이랑 떨어지지 않으려고 따개비처럼 붙어 다니는 자의식 과잉의 아첨쟁이일 뿐이었다.

새로운 동네에 갈 때마다 (기껏해야 20대 초반에, 코가 빨갛게 타고, 남녀 할 것 없이 학교 마크가 있는 탱크톱을 입고 어깨를 드러낸) 인솔자들은 아이들에게 호텔에서 누구랑 같이 방을 쓰고 싶은지를 요청서에 적어 내라고 했다. 떼거리들은 예의를 지키며, 침묵 속에 매끄럽게 서로 돌아가며 방을 사용했다. 하지만 당신과 방을 쓰고 싶다고 써낸 아이는 없었다. 도시를 옮겨다니며 숙소를 바꿔가던 끝 무렵에 당신은 추방된 다른 아이와 방을 쓰게 됐다. 허리 아래까지 내려오는 검은 머리를 흘러내리는 가느다란 끈으로 간신히 묶은, 거의 말이 없는 아이. 두 사람은 서로를 거슬리게 하지 않았다(헤어스타일은 끔찍했지만, 적어도 그 여자애는 뉴욕의 사립학교 출신이었다).

당신은 당신의 존재를 참아주는 세 명으로 이루어진 무리를 절박하게 따라다녔다. 당신은 아무 의견도 내지 않고 조용히 있었으며, 그렇게 프로그램이 무리끼리 쇼핑과 식사를 하라고 주는 자유시간 동안 그들과 같이 다닐 수 있는 구명정에 타는 대가로 모든 개성을 내려놓았다. 그들의 농담을 이해하려 애쓰지 말자. 당신이 화장실에 간 동안 그들이 내 이야기를 할 것이 분명하지만 참자. 어쨌든 페이스북에 당신이 근사한 시간을 보내는 것처럼 올릴 수 있게 같이 사진을 찍자고 하자.

프로그램이 끝나기 1주일쯤 전, 점심을 먹은 뒤 3인방의 실질적인 리더가 당신을 잠깐 불러낸다. "우리끼리 이야기를 해봤는데, 너가 우리랑 너무 많은 시간을 보내고 있는 것 같아. 다른 애들이랑도 좀 어울려보는 게 어때?"

당신은 눈물이 흘러나오는 걸 멈출 수가 없다. "누구랑?" 흐느끼는 사이에 헐떡거리며 당신이 묻는다. 그녀는 어깨를 으쓱한다. 세 명 중 가장 착한 아이가 당신을 동정 어린 눈길로 바라본다. 다른 한 명은 눈을 피한다.

그 여행이 끝나고, 당신이 스스로를 재정비한 지도 10년이 지났다. 자신감 넘치고, 재치 있고, 당당하고, 뻔뻔하고, 무엇보다 그런 걸 좋아하는 사람들 사이에 둘러싸인 당신의 모습으로. 남자들은 당신이 기숙사 침대로 몰래 들어오는 걸 보통 좋아했고, (실제로 본 적은 없지만) 엠마 왓슨, (가상의 인물인) 세레나♥와 같은 학교인 브라운대학에 진학했으며, 뉴욕에서 〈스티븐 콜베어의 심야 쇼〉

♥ 미드 〈가십걸〉의 여주인공.

인턴이라는 그럴싸한 직업도 가지게 됐다. 이 정도면 어느 파티에 가서도 내가 무슨 일을 하는지 슬쩍 흘리고, 잠시 동안의 인정과 부러움을 즐길 수 있다. 사회성의 척도라 할 만한 트위터 팔로워도 충분히 많다. 뉴욕의 트위터 미디어 판이 있다고 들었는데, 이 정도면 거기 입장할 자격이 있다고 자신한다.

하지만 이곳의 문지기는 이 여자, 머라이어다. 마리화나를 피우고, 평생 뉴요커로 살면서 지독한 문신을 몸에 새긴 채 우울증 상담을 받고 이 모든 것들을 언제나 이야기하는 여자. 무슨 말을 꺼내든 결국 입에서 나오는 모든 단어는 투덜대는 불만으로 귀결되며, 무슨 말을 하든 뒷담화처럼 들린다. 그런데 브루클린 가이는 당신이 아닌 그녀를 선택했다.

그녀와 있으면 당신은 더 쪼잔하고, 시샘하는 최악의 자아만 드러나는 것 같다. 둘 다 아닌 척하지만 사실은 같은 자리를 두고 경쟁하는, 막 출판계라는 무대 위에 올라온 신참내기 같다.

본드걸은 단 한 명이다. 수십 명의 남자들이 서로 쟁취하려 경쟁하는 여자는 단 한 명이다. 터무니없지만 남자 영웅은 수없이 많아도 공주는 단 한 명이다. 남자는 자신을 루크 스카이워크나 한 솔로, 보바 펫이나 요다 혹은 다스 베이더나 오비완 케노비♥ 중 하나로 생각할 수 있다. 여자에게 할당된 캐릭터는 그저 짜증 많은 공주 하나뿐이다. 남자들은 자신을 야수나 개스톤, 루미에르나 코그워스나 하다못해 벨의 괴짜 아빠나 르푸♥♥에게 자신을 이입할 수 있는데 여자가 이입할 수 있는 캐릭터는 다시 짜증 많은 공주뿐이다. 남자들은 심바나 무파사나 티몬, 품바, 스카나 라피키, 자주♥♥♥ 등 많은 선택지가 있는데 여자는 다시 한번, 짜증 많은 공주밖에 선택할 수 없다. 이번에는 인간이 아닌 사자이긴 하지만. 이런 패턴은 끝없이 반복된다. 남자는 챔피언이 되거나 멘토가 되거나 조수가 되거나 광대나 악당이나 조언자가 된다. 반면 여자는 아마도 중년 남성이 만들어냈을, 단 한 가지의 불가능한 멋진 캐릭터, 권력을 쥔 여성 캐릭터의 변주로만 그려진다.

물론 예외도 있다. 때로 여성에게는 엄마 역할(구워진 빵 덩어리 같이 둥글고, 위협적이지도 성적이지도 않은 역할이다)이나 순진한 여주인공을 행복하게 만들기 위해 희생되는 거리의 똑똑한 여자, 창녀 역할이 허용되기도 한다. 하지

♥ 〈스타워즈〉의 남자 인물.
♥♥ 〈미녀와 야수〉에 나오는 남자 인물.
♥♥♥ 〈라이언 킹〉의 남성 캐릭터.

만 선택지는 극히 제한되어 있다. 만약 여성이 조롱의 대상이 아닌 욕망의 주체가 되고자 한다면, 그녀는 다른 여자들과 다른 존재여야 한다. 그 누구도 쟁취해낸 적 없는 새로운 분야에서 시도해봐야 한다.

어쩌면 다른 우주에는, 여유 넘치고 신중한 버전의 당신이 존재할지도 모른다. '아, 브루클린 가이는 나랑 안 어울려!' 당신이 생각할 수 있는, 자신과 정반대의 인물이라면 이렇게 말하는 것도 가능하겠다. '그 사람과 머라이어가 행복하게 지내면 좋겠네. 두 사람은 서로에게 딱 맞는 상대니까.'

하지만 머라이어와 어울리는 건 고통스러우면서도 달콤한 일이다. 그녀는 그가 충실하지 않고, 문자에 답장도 잘 하지 않는다며 불평을 쏟아낸 다음 미안하다는 표정을 짓고 당신을 쳐다본다. "아, 세상에, 미안해."

"아냐, 괜찮아." 그가 머라이어와 헤어지고 다시 당신의 품 안으로 들어오는 상상을 하면서 당신은 대답한다. "난 그 사람 이제 완전히 잊었어."

당신은 그녀와 같이 폰을 보다가 우연히 두 사람이 침대에서 찍은 사진이며 그가 보낸 바보 같은 문자를 보게 된다. 당신은 이게 우연인지 머라이어의 계략인지 헷갈린다. 그녀는 사디스트고, 당신은 마조히스트라서, 이 사실을 전혀 모르는 남자를 사이에 두고 게임을 하고 있는 걸까?

그러다 결국 종말이 찾아온다. 누구나 그렇듯, 머라이어 역시 그의 총애를 잃게 된다. 그녀는 그를 증오하고, 사랑하고, 계속해서 그에 대해 말한다. 당신이 듣기로는 여전히 가끔은 그와 이야기하기도 한다. 어쩌면 그도 아직 머라이어를 원하는지도 모른다. 어쩌면 두 사람은 아직도 그렇고 그런 사이일지도 모른다. 어쩌면 그녀는 그와 함께 당신에 대해 이야기하고, 침대에서 당신의 트위터를 같이 보면서 당신을 비웃고 조롱할지 모른다. 당신은 그녀가 당신의 어깨에 기대 울게 둔다. 그 자주 씻지 않아 떡진 머리를 한 남자가 개자식이고, 여자를 이용할 뿐이라는 데 동의한다.

그러고 나서, 머라이어가 보고 있지 않을 때 당신은 그에게 문자를 보낸다.

"두 사람 헤어졌다는 이야기 들었어. 기분은 좀 괜찮아?"

그가 두 시간 동안 답장하지 않다가, 마침내 메시지를 보내자 당신의 심장은 전기 충격이라도 받은 듯 터질 것 같다. 당신은 그의 문자를 확인한다.

"기분 아주 더러워. 너희, 작당하고 이 도시 전체에 내가 개자식이라고 말하고 다닌다며?"

그의 말은 틀리지 않았다.

"맙소사, 데이나. 너 뭐가 어떻게 된 거야? 내 인생을 말아먹으려고 작정이라도 했어?" 그가 이어 말한다. "난 더 이상 너희랑 엮이고 싶지 않아."

어쩌면 몇몇 단어의 완벽한 조합으로 그를 다시 당신의 편으로 만들 수 있는 마법의 주문이 있지 않을까? 어떤 경우에도 출구는 있기 마련이니까. 그저 그를 너무 사랑하고, 그가 당신을 사랑하지 않아서 너무 화가 났고, 질투가 나고 절박해서 그런 것뿐이라고 그를 설득할 방법이 분명 있을 것이다. 이 모든 일을 지켜보면서 내가 무슨 말을 어떻게 해야 할지 정확히 알려주는 멋진, 인기 많은 비밀 에이전시는 도대체 어디 있단 말인가?

"응, 맞아." 당신이 답장한다. "넌 개자식이었지. 사귀지도 않은 채 너랑 친구처럼 지내는 게 얼마나 괴로웠는지 몰라." 휙, 하는 소리를 내며 당신이 내뱉은 문자가 전송된다.

"우리 관계에 대해서는 내가 처음부터 분명히 말했잖아." 답장이 왔다. 문자 속에 얼음이 있다. 얼음뿐 아니라 우박, 진눈깨비, 비도 함께. 빌어먹을 눈보라네. "네가 머라이어랑 그 연맹인지 뭔지를 만들어서 하고 있는 짓이 뭐든 간에 제발…… 날 좀 내버려둬."

그가 맞다. 당신은 같은 남자에게 차인 여자들을 모아, 권력을 쥔 작은 갱단을 결성한 것이다! (와인잔과 함께 눈알도 굴리면서, 그렇지 않은가?) 어떻게든 그를 다시 되찾아보려는 절박한 마음으로 말이다. 그에 대해 이야기하는 걸 멈출 수 없었고, 같은 처지의 여자들만이 한 번 같이 잤을 뿐인 남자에 대해 계속 이야기하는 걸 참아줄 수 있었던 것이다.

브루클린 가이는 갔다. 그는 트위터에서 당신을 차단했고, 당신은 전혀 통하지 않는 복수로 그의 전화번호를 차단했다.

며칠이 지나, 그토록 활발하던 그룹 채팅창은 점차 잦아들더니 어느 순간 잠잠해졌고 당신은 여자애 몇몇이 당신을 제외하고 새로운 채팅창을 만들었음을 깨닫는다. 어느 날 오후 노트북을 하며 시간을 보내고 있는데 한순간 당신의 이기심, 부주의함, 질투심, 잔인함 이 모든 것들이 내면에서 한꺼번에 터진다. 몇 초 만에 컴퓨터가 꺼지자, 배 위에 얹어둔 노트북의 어두워진 화면에 당신의 모습이 보인다. 이중턱과 감지 않아 번들거리는 곱슬머리, 튼 입술과 여드름투성이 눈썹 주변으로 잔뜩 찡그린 표정.

당신은 당신이 초대되지 않은 인스타그램 계정에 올라온 그들의 사진을 본다. 작은 연맹은 해체됐다. 당신은 이전보다 한층 외로워진 상태로 남겨졌고, 그간의 일을 생각할 때마다, 간절히 사랑받고 싶어 하다가 사랑할 수 없는 존재가 되어버린 걸 생각할 때마다 마음이 무거워진다.

당신의 상처받은 긍지와 자존감을 어떻게 구원할 수 있을까?

Ⓐ 바로 새로운 남자친구를 사귀고 브루클린 가이에 대한 건 전부 잊어버린다. 하지만 새로운 남자친구를 만들면 궁극적으로 그의 질투심도 유발되지 않을까?

234쪽으로 가시오.

Ⓑ 다른 무리의 친구들을 사귀도록 해본다.

217쪽으로 가시오.

당신의 성적 페티시와
가장 잘 맞는 별자리는?

물병자리: 해변에서의 섹스

물고기자리: 해양 스포츠

양자리: 라텍스

황소자리: 애널

쌍둥이자리: 쓰리썸

게자리: 호텔 방에서의 섹스

사자자리: 나이프 플레이

처녀자리: 노출증

천칭자리: 안대로 눈 가리기

전갈자리: 촛농 사용하기

궁수자리: 선생님 역할극

염소자리: 메릴린 먼로 같은 란제리에 실크 가운을 입고, 완벽하게 손톱이 손질된 손으로 입에 사탕을 던져넣는다. 매혹적인 발음으로 '브드와'♥라고 부르는 방에서 당신은 새틴으로 된 시트로 몸을 가리고 있다.

하지만 야한 드레스룸이나 호텔 로비에서 실크정장을 입고 노래 부르는 남자들에 둘러싸여 있는 건 아니다. 당신은 택시를 타고 부시위크에 내린다. 한쪽에는 공터가, 다른 한쪽에는 창고가 이어지는 텅 빈 도로다. 당신이 입고 있는 코르셋은 수지의 것인데, 그녀의 가슴은 최소한 당신보다 세 사이즈 정도 커서 가슴의 윗부분과 단단한 코르셋 재질 사이에 존재하는 1인치 정도의 간극을 나머지 모든 부분에서 끌어와야 했다.

  "여기가 그 주소예요." 네 명의 여자가 뒷좌석에서 내리는 걸 보며 택시 기사가 머뭇거리며 말한다. 넷 중 사실상 리더인 (그리고 유일하게 목적지를 알고 있는) 수지가 먼저 내린다. 당신은 코르셋뿐 아니라 수지의 빨간색 실크 가운(그녀는 검정 가죽 재킷을 입었다)과 화장품도 빌렸고, 청바지만 당신 것을 입었다. "저번에는 다른 건물이었는데, 아마 보안상의 이유로 매번 장소를 바꾸나봐." 수지

♥   귀부인의 침실.

235

가 주소에 적힌 건물을 살펴보며 말한다.

"보안상의 문제?" 당신이 묻는다.

"응, 아마도 같은 사람끼리 마주치지 않게 하려는 거 아닐까. 그래서 온라인에서 신청하고 신분증도 가져와야 하는 거고."

갑자기 당신은 침대와 노트북에서 굉장히 멀리 왔다는, 마치 콜럼버스의 달걀과도 같은 깨달음을 얻는다. "그러니까 이거…… 파티인 거지?"

수지는 이미 프랑켄슈타인에 나올 법하게 생긴 육중한 문을 지나서 어두운 층계를 오르고 있다. "가장 파티지." 그녀가 말한다. 당신도 물론 알고 있다. 그렇게 알고 웹사이트에서 티켓을 구매하고 18세 이상 성인 인증도 한 게 아닌가. "음, 그런데 물론……" 당신이 주저하는 것 같자 그녀가 덧붙인다. "사람들이 섹스를 하기도 하지."

"신분증 보여주세요." 문 앞에 선 남자가 말한다. 당신이 상상했던 '섹스도 가능한 만남의 장소'를 지키고 선 사람과는 다르다. 40대 중반은 되어 보이는 남자는 약간 과체중에다가 가늘어진 머리를 뒤로 한데 묶었다. 당신은 입구 너머를 보고 안쪽 분위기가 섹스 파티라기보다는 '멍청한 대학 합창부가 마음껏 노는' 분위기에 가까움을 눈치챈다. 이곳은 나와 맞는 곳이 아니다. 나와 어울리는 장소는 서점의 카페나 해리 포터 테마파크지 한 개이상의 우스꽝스러운 아이템을 걸친 사람들이 가득한 창고가 아니라고.

하지만 택시는 한참 전에 떠났고, 모험을 위해 찾아온 부시위크가 얼마나 먼지도 모르고 여기까지 이미 와버렸으니 어쩔 수가 없다. 이것도 다 경험이지 뭐. 별일이야 있겠어.

당신은 스물한 살이고, 아직 오르가슴을 한 번도 느껴보지 못했다. 스스로에게 뭔가 문제가 있는 게 아닌가 생각이 들던 차였다. 섹스를 안 해본 것도 아니고(이미 했다), 남자에게 매력을 느끼지 못하는 것도 아니었다(느끼고 있었다). 다만 그 특별한 느낌, 책에서 묘사되거나 텔레비전 쇼, 캣츠 레스토랑 신♥에서 말하는 바로 그 순간을 아직 느껴보지 못한 것이다. 당신은 '환희의 파도'나 '폭발'을 느낀 적이 없다. 모두들 그 순간이 오면 모를 수가 없다고 하는데, 그 말대로라면 당신은 절대 느껴본 적이 없는 것이다. 그저 조금의 축축함과 적당히 즐거운 기분, 그리고 나서는 그게 끝날 때까지 잠깐 기다리는 순간이

♥ 영화 〈해리가 샐리를 만났을 때〉에서 맥 라이언이 가짜 오르가슴을 연기하는 유명한 장면.

있었을 뿐. 남자들은 거의 눈치채지 못했다. 당신이 조금 신음하기만 하면 그들은 자신의 쾌락에 만족하며 당신에게 오르가슴을 선사하고 그 대가를 받는 것이라 확신했다.

스스로의 몸을 만지는 것조차 소용이 없었다. 오르가슴을 느끼지 못했다는 사람들에게 블로거들은 "느긋하게 뭐가 기분 좋은지를 탐색해봐요!"라고 조언했다. 그래서 당신은 글로 배운 섹스를 탐색하다 결국《코스모폴리탄》에서도 알려주지 않는 낯선 곳에서 안 해본 짓을 해보게 된 것이다. 이건 부정할 수 없는 비약적인 발전이다. 당신은 분명 뚜렷한 한 발자국을 내딛은 것이다.

이제 오르가슴은 과학적인 도전 같은 것이 되었다. 인터넷에서 떠돌아다니는 통계에 의하면 25퍼센트의 여성이 오르가슴을 느끼지 못한다고 한다. 그 불운한 사람에 순순히 속하기 전에 적어도 한 번의 대담한 시도는 해봐야 하지 않겠는가.

그렇게 오르가슴을 위한 여정에서 당신은 성적 페티시라는 게 손등에 있는 새로운 주근깨나 사마귀를 발견하는 것과 비슷하다는 걸 알게 된다. 그게 원래 있었던 건지 새로 생긴 건지는 확신할 수 없지만 어쨌든 현재의 나를 이루는 한 부분이며 이걸 처리하든 내버려두든 결정해야 한다.

그렇게 당신은 뉴욕으로 왔고 새로운 친구 (친절하고, 쾌활하며 재밌는) 수지는 대학에 와서 갔던 비밀스러운 지하 모임에 대해 이야기하면서 당신이 (최근 연 페이지에 뜨는 걸 막기 위해) 익명 모드로 인터넷에서 읽어보기만 했던 일들이 현실에서 실제 사람들에게도 가능하다는 걸 알려줬다.

"음- 나도." 당신이 말한다. "아니, 내 말은…… '나도' 가 아니라 '나는' 사실 그래본 적은 없는데 완전 꼴릴 것 같네." 대화의 맥락상 전혀 뜬금없는 게 아니었는데도, 친구에게 그런 표현을 쓰는 일은 상상했던 것보다 훨씬 어려웠다.

"임자를 못 만나서 그래. 내가 찾아줘야겠다!" 수지가 말한다. "다음 주 금요일에 열리는 파티에 너 꼭 와야겠어. 조금만 알려주자면 완전 부담 없이 즐길 수 있는 자리야. 너 뭔가 입을 만한 것 있니?"

없다. 그래서 코르셋을 빌리게 된 것이다. 그러고선 수지와 택시를 타고 지금 여기, 당신이 지금까지 어떤 식으로든 엮일 일 없을 거라 생각했던 서브컬처 사람들로 가득한 장소에 오게 된 것이다.

방에는 사람들이 가득했다. 테라스에서는 사람들이

담배를 피우고, 다른 방으로 이동하려면 최소 몇 쌍의 포옹하는 커플들을 밀치면서 넘어가야 했다.

"바에서는 현금만 받아." 수지가 말한다. "난 화장실 좀 가야겠다." 같이 왔던 두 명의 여자애들은 이미 음료를 주문하려고 줄을 섰다. 당신은 수지를 바라본다. "그 냥…… 어울려봐!" 그녀가 말한다.

구석에 있는 가라오케 무대와 마이크 자리는 인기가 없어 텅 비어 있고, 주변에는 검정 가죽으로 된 낮은 소파들이 있었다. 아마 나중에 거기서 질펀한 일이 벌어지겠지. 지금 보이는 사람 중에서는 그 누구와도 어울리고 싶지 않다. 몇몇 괜찮아 보이는 남자들이 누군가 시작한 병 돌리기 게임♥ 주변을 맴돌고 있긴 하지만, 이미 당신보다 좀 더 귀엽고 날씬한 여자들에게 팔을 두르고 있다. '같이 섹스하고 싶은 사람이 한 명도 없는데, 여기서 대체 뭘 하고 있는 거지?' 당신은 자문한다. 그다음이 사실 더 중요한 질문인데, '여기 있는 사람들은 대체 왜 발정난 10대 청년처럼 병 돌리기 게임을 하고 있는 거지?'

"어디 괜찮은 남자 좀 발견했어?" 수지가 맥주병 하나를 들고 돌아와서 묻는다.

♥   병을 돌려서 걸린 사람끼리 키스하는 게임.

당신은 고개를 흔든다. "아무리 생각해도 나랑 어울리는 무리는 아닌 거 같아."

"음, 그런가." 수지가 주변을 돌아본다. "저번에는 더 물이 좋았던 거 같은데. 어쨌든, 그래도 즐겨보자구."

수지는 병 돌리기 게임에 합류한다.

여기서 즐겨보자는 말은 당신에게 난장판처럼 여겨진다. 당신은 그나마 덜 이상하게 섹시한 뱀파이어 고스족 의상을 소화해낸 사람을 찾아 헤맨다. 핫토픽*에서 샀을 것 같은 목걸이를 건, 정말 못 봐줄 것 같은 남자 몇 명이 접근했지만 당신은 정중하게 거절한다.

핫토픽 목걸이를 한 남자(이하 핫토픽남): 어디서 왔어요?

당신: 시카고요.

핫토픽남: 멋지네요. 나랑 할래요?

당신: 아뇨, 됐어요.

핫토픽남: *퇴장*

아주 간단하고, 공식에 충실한 대화 아닌가.

당신은 병 돌리기 게임에 참여하거나 이제 막 눈이

♥ Hot Topic, 코스프레 의상을 판매하는 사이트.

맞은 커플들의 엉덩이들이 엉켜 있는 잔디밭의 의자들을 지나 테라스 바깥쪽으로 나갈 수 있다. 그 대신 당신은 수지가 이 무리 저 무리를 돌아다니면서 비슷비슷한 사람들과 입을 맞추는 걸 바라봤다. 그래 나도 여기 왔으니까…….

"저기요." 당신은 멋지진 않지만 키가 큰(이 두 가지는 때로 동의어로 쓰인다) 남자 한 명에게 말을 건다. "나랑 할래요?"

그는 어깨를 으쓱하더니 당신의 어깨에 팔을 올리고, 당신은 몇 분간 키스한다. 낯선, 그리 즐겁지 않은 몇 분이 지나고 두 사람은 헤어지고, 10분 뒤에 당신은 그가 다른 여자와 키스하는 모습을 발견한다. 여기는 그런 곳이니까. 수십 명의 사람과 키스하도록 되어 있는 이 파티에서 당신은 오늘 처음 본 남자 때문에 상처받는다.

아직도 바에는 긴 줄이 늘어서 있었고, 그렇게 당신은 남은 시간 멀쩡한 상태로 축 처지게 지낸다.

'대체 왜 BDSM♥에 빠져 있는 사람들이 〈크리스마스의 악몽〉도 좋아해야 하는 거지?' 잭 스켈링턴♥♥ 무늬 레

♥ Bondage(구속)/Discipline(훈육), Dominance(지배)/Submission(복종), Sadism(사디즘)/Masochism(마조히즘)의 성적 지향을 일컫는 말.
♥♥ Jack-Skellington, 영화 〈크리스마스의 악몽〉에 나오는 해골 캐릭터.

깅스에 군화를 신은 여자가 지나쳐가는 것을 보며 당신은 생각한다. 침대에서 스팽킹♥을 즐기는 취향이랑 팀 버튼을 좋아하는 것 사이에 대체 무슨 연관성이 있는 걸까?

당신은 지금 싸구려 스트라이프 무늬의 트릴비♥♥를 쓴 사회 부적응자 집단에 있는 것 같다. 밖에는 사디스트 화이트칼라 타입이 있고, 그중 대부분은 머리 힐 어딘가에서 수천 달러를 주고 산 코카인을 흡입하겠지만, 당신은 월스트리트의 브로커랑 결혼해 티파니 귀걸이를 하고 다니는 여자가 될 수 없다. 소시오패스가 아닌 사람과 사귀겠다고 결심했다면 대체 누가 남아 있을 것인가?

언젠가 당신과 여동생은 부모님에게 위스콘신에서 열리는 브리스톨 르네상스 페어에 데려가달라고 조른 적이 있다. 운전하고 가면서 주 경계에 세워진 커다란 광고판에 실린 광고를 보며 네 사람은 거대한 칠면조 다리와 먼지 날리는 들판에서 뛰어다니는 말들, 몇몇 무뚝뚝한 10대 알바생들이 광대 유니폼을 입고 몰래 핸드폰을 들여다보는 장면을 즐겁게 상상했다.

당신은 자기 몫의 티켓값을 내고 작은 국가로 들어섰

♥ spanking, 체벌 플레이.
♥♥ trilby, 챙 좁은 중절모.

다. 축제는 인파로 가득하고 산만했으며, 의상과 무기, 중세를 테마로 한 조잡한 액세서리들을 판매하는 수많은 '왕국'들의 부스와 행렬이 이어졌다. "이것 좀 봐." 엄마가 갑옷을 파는 부스로 당신을 불렀다. 엄마는 쇠사슬을 엮어 만든 갑옷 셔츠를 들었다. "400달러래."

"다 직접 손으로 만든 수제품이에요." 부스 판매자가 거들었다.

"도대체 어떤 사람들이 이렇게 돈을 쓰는지 궁금하네." 엄마가 말한다. "매주 오는 걸까?"

"그럴 걸요." 꽉 끼는 코르셋을 입은 한 여자가 마술사 크리스 에인절 분장을 한 남자에게 건너가는 걸 바라보며 내가 대답했다. "커뮤니티 같은 거잖아요, 그쵸? 의상을 준비해서 페어에 오는 취미를 공유하는 거죠."

예전에는 지금보다 한층 크고 세계적이었다가 지금은 쇠락한, 조금은 낯설고 커다란 클럽을 잠깐 엿볼 기회를 얻은 것 같은 기분이었다.

이 파티도 비슷하다. 어쩌면 당신도 모든 걸 던져버리고 아이라이너를 한 남자들과 망사 타이츠를 입은 이 무리들, 자기들이 생각하는 섹시한 걸 정확하게 그대로 행하는 사람들과 어울려 놀 수 있을지 모른다. 그러나 젠장, 바깥세상에서 이 모든 건 부끄러운 일이고 당신은 집에 가고 싶은 생각이 더 크다.

수지는 같이 왔던 친구들과 함께 아직도 한창 병 돌리기 게임에 열중하고 있다. 아까 예상했듯이, 방 뒤쪽에 있는 검정색 소파에선 남녀가 뒤엉켜 있다. 이제 떠날 시간이다.

당신은 친구들에게 인사하고 좁은 층계를 걸어 길 쪽으로 나온다. 마침 당신의 절박함과 여자, 특히 섹스 파티에서 나와 코르셋만 입은 여자 혼자 부시위크에 혼자서 있으면 안 된다는 우주의 승인이라도 받은 듯 택시 한 대가 자비롭게 모퉁이에서 나타난다.

당신은 이제 막 처음으로 BDSM의 세계를 탐험해봤다. 계속하겠는가?

Ⓐ 그렇다. 상대를 찾아봐야지. 현실 세계에서는 나랑 어울릴지도 모른다.

246쪽으로 가시오.

Ⓑ 아니. 마지막 저장 단계로 다시 돌아간다. 이게 진짜 나일 리 없다.

315쪽으로 가시오.

수지는 결국 당신에게 누군가를 소개해준다. 최근까지 만나던 남자다. "괜찮은 사람이야. 그리고 안전하고. 너도 분명 재밌을 거야." 그녀의 말대로 일은 술술 진행됐다. 세번째 데이트를 하기 전, 그가 당신에게 문자를 보낸다. "8시에 우리 집으로 와요. 주소는 76 B○○○○스트리트. 운동화 챙기고."

지배 성향의 남자, 더군다나 BDSM 세계에서 이미 꽤 굴러서 그 의미를 알 뿐 아니라 스스로를 '돔(dom)'이라고 실제로 지칭하는 남자는 처음이다. 당신은 두 달 전까지만 해도 애크런시의 성적으로 자유분방한 중년들, 고급 콜걸에게 채찍질을 당하는 정치가들의 모임 말고 BDSM이라는 게 있는지조차 몰랐다. 하지만 크리스천 그레이나 패트릭 베이트먼♥만큼이나 BDSM 변호사를 남자친구로 두는 건 아주 뉴욕스러운 것 같다. 지금 당신은 엄마가 바나나리퍼블릭에서 산 새 코트를 입고 있고 있으며 울코트에 핏자국이 생기면 어떻게 해야 할지 모르므로 그레이나 베이트먼보다는 남자친구 쪽이 낫겠다고

♥   각각 〈그레이의 50가지 그림자〉와 〈아메리칸 사이코〉의 남주인공.

생각한다.

"난 사람들과 쉽게 애착관계를 형성하지 못하는 것 같아요." 첫 데이트에서 그는 말했다. 5분 일찍 도착한 당신은 로어 이스트 사이드에 있는 작은 크레페 가게에 서서 백팩을 맨 채 혼자 기다리면서, 옆 테이블에서 자기를 길 잃은 관광객으로 보지 않기를 바랐다.

그의 사진이라곤 펫라이프♥ 프로필에 걸린 멍든 엉덩이 사진뿐이었다. 그러니 그를 알아볼 길은 사실상 없었다.

그때 정장을 입은 한 남자가 식당 뒤쪽의 화장실에서 나왔다. 그가 당신에게 다가와서 뺨에 키스하기 전까지 당신은 그 사람이 그 남자일 거라고 생각하지 못했다.

그는 당신이 예상했던 것보다 나이가 많았다. 머리는 골프장 모래 벙커처럼 벗겨지고 있었고 졸려 보이는 눈은 미드 〈오렌지 이즈 더 뉴 블랙〉에 나오는 배우 맷 맥고리를 연상케 한다. 그는 당신이 생각했던 것보다 쉽게 당신을 알아본다. 당신은 검정색으로 눈 부분을 가린 (검정 드레스를 입고 가슴골을 드러낸 채 친구집 소파에 유혹적으로 기대앉은, 상대적으로 얌전한) 사진을 펫라이프 프로필로 설

♥   FetLife, BDSM에 관심 있는 사람들의 커뮤니티 사이트.

정했고 수지는 그 사진을 남자에게 전달했다.

"그렇게 알아보기 쉬워요?" 당신이 묻자 그는 간단히 "넵" 하고 대답하고 물 한 모금을 들이켰다. 그러니까 "네, 하지만 사진보다 실물이 낫네요"라는 식으로 말하는 남자는 아니군. 하지만 뭐 어떠랴. 어쩌면 그동안 너무 비슷한 부류의 남자들, 그러니까 부모님 돈으로 대학원 강의나 듣는 프리랜서 작가들만 만나고 다녔던 게 문제였을 수도. 이 남자는 성인이다. 직업도 있고 양복도 있다. 그는 자기 집으로 가는 택시비도 자기가 지불했다.

그는 왜 운동화를 가져오라고 했는지 말해주지 않는다. 늘 반에서 꼴등으로 뛰었고, 달리기라면 질색하게 된 당신은 그게 같이 운동하자는 게 아니라 특별한 섹스와 관련된 준비물이기를 은밀히 바란다. 당신은 1년에 정확히 세 번 헬스장에 간다. 뇌의 일부가 당신이 비싼 헤드폰을 사서 하루에 5킬로미터씩 달리게 해준다는 앱을 깔고, '이번에야말로' 진짜 버텨서 운동하는 여자가 되겠다며 결심했다는 걸 (물론 그 시도는 번번이 실패한다) 기억해내는 횟수만큼.

"저녁을 먼저 먹는 게 나을까요?" 당신이 문자에 답장한다. 그가 그 문자를 보고 저녁 8시는 저녁을 먹기에 적당한, 특히나 비밀스러운 섹스 혹은 운동을 끝낸 뒤에 먹기에 적당한 시간의 마지노선임을 알아차리기를 바라면서.

"아니요. 간단한 간식 정도면 충분할 것 같네요." 그가 답장한다.

그러니까 운동화를 가져오라는 그의 비밀스러운 지시의 의미는 아래의 몇 가지로 예상되는데, 순서는 당신의 선호도와 같다.

1. 그는 당신을 실내 암벽타기 컨셉 식당으로 데려갈 예정이다. 물론 이 옵션에는 음식이 따라온다.
2. 그는 당신을 일반적인 실내 암벽타기 체육관으로 데려갈 예정이다. 이 옵션의 단점은 물론 음식이 없다는 것이고, 또 하나의 단점은 당신에게 상체 근육이 거의 없다는 걸 그가 알게 되리라는 것이다.
3. 운동화는 섹스에 필요한 도구일 것이다(상체 근육의 부실함은 이 경우에도 문제가 될 수 있을 듯하다).
4. 그는 당신과 함께 체육관으로 갈 예정이다.

7시 58분에 당신은 38층에 있는 그의 아파트에 도착한다. 그날 직장에서 입었던 청바지와 스웨터를 입은 채지만 혹시 모를 경우에 대비해 운동화 말고 다른 옷도 준비했다.

　문이 열리고 변호사가 과장된 키스를 날리며 당신을 양팔로 안아 거의 들다시피 하자, 당신은 70킬로그램 가까이 나가는 체중을 의식하지 않을 수 없다. "운동복도 챙겨왔어요?" 그가 묻는다.

　당신은 백팩을 들어 보이며 완전히 순수하게 묻는다. "그래서, 오늘 우리 운동하는 건가요?"

　"그래요." 벌써 셔츠 단추를 풀고 편한 티셔츠로 갈아입기 위해 침실로 가면서 그가 대답한다. "벌써 운동을 못한 지 3일째라 오늘 밤에는 운동을 해야 하는데 당신을 보고 싶었어요."

　이 말에 당신은 뿌듯함을 느끼는가, 아니면 모욕감을 느끼는가? 둘 다 느끼는 것도 가능할까?

　체육관에서 데이트하는 일은 친구들에게 자랑할 만한 건 아니지만 뭔가 '진짜 연인'스러운 일처럼 여겨진다. 지금까지 당신이 했던 연애와는 전혀 다른 종류의 연애 말이다. 당신은 언제나 팝콘을 먹으면서 〈닥터 후〉를 보는 연애를 상상했지, 커플 추리닝을 입고 머리를 흔들며 토르처럼 공원을 같이 뛰는 연애는 상상해본 적이 없다.

지금 시간은 저녁 8시 15분이고 당신은 배가 고파 죽을

지경이다. 남자는 콧등을 문지르고 헤드폰을 목에 걸면서 기대에 찬 눈빛으로 당신을 쳐다보고 있다. 당신은 어떻게 하겠는가?

A 그에게 격렬하게 키스한다. 그의 셔츠를 벗긴다. 그의 셔츠를 벗기고 침대로 데려가 운동 생각이 사라지도록 최선을 다한다.

252쪽으로 가시오.

B 가져온 반바지와 스포츠 브라, 섹시해 보이는 탱크톱으로 갈아입는다. 이건 하나의 놀이다. 당신도 남자친구와 체육관에 가는 여자가 될 수 있다.

253쪽으로 가시오.

남자는 몇 초 정도 키스에 응해주다가 당신을 떼어낸다. "잠깐, 잠깐만." 그가 말한다. "나중에." 그리고 그는 눈을 굴린다. 서른 넘은 남자가 눈을 굴리는 모습은 처음이다. "옷 입어요." 그가 말한다. 명문은 아닌 평범한 로스쿨 마크가 새겨진 티셔츠 안으로 그의 가슴근육이 보인다. "걱정하지 마요. 오늘 운동은 그렇게 힘들진 않을 테니."

253쪽으로 가시오.

"약간 경사를 주고 싶으면 잘 봐요, 이렇게." 큰 보폭으로 뛰던 남자가 당신의 러닝머신으로 몸을 돌려 경사도를 높이자 러닝머신의 앞부분이 마치 호기심 가득한 동물이 머리를 쳐들 듯 불쑥 올라간다. 당신은 결코 '손이 많이 가는' 여자가 아니라는 걸 보여주듯 태연하고 멋지게, 1년에 세 번이 아니라 매일 달리는 사람처럼 보이고 싶다. "이 정도로는 재미없죠. 토할 정도로 뛰어야 되는데."

당신은 거의 후광 수준으로 곱슬머리가 부풀어 오르는 걸 신경 쓰지 않고 초집중해 러닝머신에 붙어 있는 LED 시계를 초 단위로 노려본다. 어찌 생각하면 이 데이트는 최악이다. 마침 빨래를 해야 해서 가는 김에 누군가를 세탁소에 함께 데려가는 셈이니까. 하지만 어떻게 생각하면 그가 당신을 (친구 수지를 포함해) 폴리아모리♥의 세계에서 존재하는 수많은 섹파 중 하나가 아닌, 제대로 된 파트너로 고려한다는 신호일 수도 있다.

사실 그가 폴리아모리를 한다는 사실은 당신에게 별 문제가 되지 않는다. 같이 있을 때 그는 충분히 다정하고

♥ 다자간연애.

재밌으니까. 그는 텔레비전에서 당신이 좋아한다고 생각하는 B급 공포 영화가 나오면 채널을 고정하고 흥미로운 장면에서 당신의 즐거워하는 표정을 살피며, 신부를 안고 문지방을 건너듯 당신을 침대로 데려간다. 게다가 그는 경비가 있고, 한쪽 벽이 온통 창문으로 되어 있으며, 〈왕좌의 게임〉에 나올 법한 직접 만든 커다란 테이블이 있는 아파트를 가진 어른이다. 존경받는 직업을 가지고 있고 웃으면 귀여운 보조개도 생긴다. 〈섹스 앤 더 시티〉의 가르침대로 뉴욕에서 괜찮은 남자를 찾기란 몹시 힘든 일이지만, 그는 그야말로 일등 신랑감이다. 다른 여자들과 섹스한다는 사실에도 불구하고 말이다.

당신은 서로의 성적 자유를 인정하는 커플을 알고 있다. 그들은 서로를 주요 파트너로 두고 서로의 허락하에 매력 확인용의 다른 상대들을 끌어들인다. 어떨 때는 모든 커플이 그런 식의 관계를 유지하는 것처럼 보이기도 한다. 어쩌면 아직 젊고 서로를 완전히 신뢰하는 사이에서의 지극히 현대적인 방식 같기도 하다. 어쩌면 이게 유일한 방식이고, 이 방법에 거부감을 느끼는 건 단순한 소유욕과 질투심에서 비롯된 이기적인 태도일 수도 있다.

러닝머신에서 뛴 지 14분이 되자 당신의 심장은 곧 터질 것만 같다. 당신은 달리기를 멈추고 속보를 시작한다. "난…… 이제…… 다시 올라가볼게요." 당신이 헛구역질을 겨우 참고 말하자 그가 실망한 듯 (다시) 눈을 굴리며 당신을 바라본다.

"나는 괜찮아요." 그가 뭔가 말하기 전에 당신이 재빨리 말한다. "자기 집으로 가서 기다리고 있을게요."

"난 아마 한참은 더 걸릴 텐데." 그가 당신 쪽은 보지도 않은 채 말한다.

"괜찮아요. 열쇠 어딨어요?"

그의 아파트로 올라가는 엘리베이터에서 겨우 숨을 가다듬으며 당신은 두 가지를 떠올린다. (1) 정말 살 좀 빼야겠다. 예전보다 훨씬 힘드네. (2) 배고파 죽겠다.

살펴보니 그의 냉장고에는 무지방 그릭 요거트 두 팩과 딱딱하게 얼어 있는 냉동 생고기 한 덩어리, 아스파라거스 한 묶음, 그리고 제로콜라 네 캔이 있다.

당신은 그를 기다리면서 심리스 브라나 살까 했으나 소파에 앉아 노트북을 열자 이 집의 와이파이 비밀번호를 아직 모른다는 사실이 떠오른다. 그래서 콜라 한 캔을 따고 소파에 앉아 핸드폰으로 트위터를 새로고침하면서 〈세이 예스 투 더 드레스〉♥가 커다란 텔레비전 화면에 나

♥ Say Yes to the Dress, 예비신부가 마음에 드는 웨딩드레스를 찾는 리얼리티 프로그램.

올 때까지 채널을 돌린다. 그의 책장에서 책을 하나 꺼내 (닐 게이먼의 《네버웨어》) 그가 돌아왔을 때 지적 호기심이 넘치는 사랑스러운 존재로 완벽한 모습을 보여줄 수 있게 준비한다. 책을 읽는 당신의 모습은 다음을 의미하리라. '이것 봐, 나는 러닝머신에서 뛰는 것보다는 책 읽기를 더 좋아하는 타입이라구!'

아무것도 잘못하지 않았지만 그가 달카닥 소리를 내며 문을 열자 당신은 뛸 듯이 놀란다(무릎에 책을 펼치기에는 시간이 부족했다). "자기, 여기 있어요?" 그가 외친다. 그는 숨을 헐떡이며, 마치 수영이라도 한 듯 땀범벅이 되어 있다. 티셔츠의 땀자국이 마치 로르샤흐 테스트지 같다. 당신은 나비와 단두대 이미지를 떠올린다.

"아직 샤워 안 했네요." 그가 셔츠 아랫단으로 이마의 땀을 닦자 기가 막히게 멋진 복근이 드러난다.

"아, 당신이 돌아왔을 때 노크하는 소리를 놓칠까봐서요. 열쇠가 저한테 있잖아요."

그가 히죽 웃는다. "문이 잠겨 있던데요."

"아, 미안해요."

뭐가 미안할 일인지 사실 잘 모르겠지만 당신은 그에게 잘 보이고 싶다. 그건 곧 그의 거친 면과도 마찰 없이 꼭 들어맞게 공손한 손님 역할을 연기하는 것을 뜻한다.

"배고파요?" 그가 냉장고를 열며 묻는다.

"네!!!"

"그럼 다시 얌전히 앉아 있어요. 내가 저녁을 만들어 줄게요."

그가 날고기와 아스파라거스와 커다란 버터 한 덩이를 꺼내고, 30분 뒤 당신은 처음으로 남자가 당신을 위해 요리한 저녁을 함께 먹는다. 아스파라거스는 바삭하고 스테이크에는 버터가 올라가 있다. 비록 탄수화물은 없지만, 저녁식사를 요리하는 건 너무도 남자친구가 여자친구를 위해 해줄 법한 일이 아닌가.

그날 밤 그는 당신을 침대로 데려가 벨크로 끈으로 당신을 침대에 결박하기 시작한다. 그러고서 그가 방을 나가자 당신은 그가 어디로 갔는지 볼 수 있게 편한 자세로 몸을 비튼다. 그를 만나기 전에는 한 번도 침대에 묶여본 적이 없다.

남자가 길고 좁은 칼을 손에 들고 휘저으며 돌아와서 당신 위에 올라타고, 칼 표면을 피부에 갖다 댄다.

"여기가 경동맥이에요." 그가 칼끝을 당신의 목에 바짝 누르며 말한다. "이 경동맥을 통해 피가 머리로 올라가죠. 바로 여기를 찌르면." 그가 칼을 살짝 위쪽으로 옮긴다. 물론 이 모든 건 게임이다. 그가 좋아하는 방식의 섹스 플레이. 수지가 당신에게 살인자를 소개시켜줬을 리 없다. 그는 완전히 안전하다고 하지 않았던가. 하지만 만약 그가 안전한 사람이 아니라면? 당신은 묶여 있고, 위에 올라탄 남자는 당신보다 훨씬 힘이 센데다 칼까지 들었다. 어쩌면 그는 여자의 고통스러운 모습에 흥분을 느끼는지도 모른다. 이렇게 죽는 건가? 물론 아니겠지. 그럴 리가 없어.

"한 방이면 당신은 죽을 수 있어요." 그가 속삭인다. 다시 칼이 천천히, 목으로 내려오더니 쇄골과 그 아래, 한쪽 가슴 주변으로 이동한다. "한쪽 가슴을 쳐낼 수도 있어요." 그가 말한다. "아니면 젖꼭지 하나 정도만. 그렇게 해도 될까요? 나에게 젖꼭지 하나를 허용해줄래요?"

당신이 미처 대답하기 전에 그가 키스를 퍼붓는다. "아냐, 아냐, 아냐." 그가 애무하며 속삭인다. "절대, 절대 그럴 리가 없죠. 하지만 어차피 칼은 필요하지도 않아요. 안 그래요?" 그 말을 입증하기라도 하듯, 그가 칼을 침대 아래로 떨어트리자 칼은 부드러운 소리를 내며 카페트 위로 떨어진다. 그가 당신의 복부 왼쪽 아래쪽을 문지른다. "바로, 여기가 신장이에요. 여기를 힘껏 치기만 해도 당신이 상상도 못할 만큼 아플 거예요." 그가 짧게 숨을 들이마시며 주먹을 들자 당신은 움찔하며 바둥거린다. 별로 세지 않게 주먹이 들어온다. "아냐, 아냐, 아냐." 남자가 말한다. "내가 그럴 리가 없잖아요."

한 시간쯤 게임이 이어진 뒤에서야 평소와 같은 방식, 그러니까 그가 들어오고, 점점 더 땀 흘리며 들어오고, 너무 깊이 들어와도 아프지 않은 척하고, 당신이 느끼는 것처럼 그가 생각하게 신음하는 식으로 섹스가 진행되고, 마침내 그가 침대 위, 당신 옆으로 쓰러진다. 당신은 느끼지 못했다. 모든 전희와 흥분에도, 모든 새로운 시도와 도구에도, 당신은 물리적으로 약간의 흥분 이상의 것을 느끼지 못했다. 아마도 당신에게는 문제가 있는 것 같다. 하지만 이게 최선이다. 이 남자는 BDSM 파티의 모든 곡예를 보여줬는데 그에 대한 당신의 저주받은 몸이 보이는 반응이란 "좋네, 나쁘지 않아" 정도라니.

하지만 이전에도 당신은 남자들이 열심히 노력하든, 대충 노력하든 한 번도 오르가슴을 느끼지 못했다. 오르가슴은 마치 컴퓨터에서 익명 모드로 들어가보고 나면 한층 더 수치심을 느끼는 부끄러운 포르노를 찾아내는 순간에만 느껴지는 듯했다. 변호사 남자가 당신에게 행동하고 걸 바라보는 기분도 비슷했다. 왜 이 모든 것들은 나 자신이 직접 하는 것보다 남이 할 때 더 섹시한 걸까? 도대체 남자에게 뭘 요구해야 절정을 느낄 수 있는지 전혀 알 수가 없다. 남자의 입은 언제나 축축하고 간지러울 뿐 쾌감을 주지 못했고, '젠장, 이 남자는 대체 이걸 언제까지 하고 싶은 걸까? 그가 이걸 정말 좋아할 리 없어, 아마도 나를 원망하고 있을 거야, 이 아래쪽은 얼마나 고약한 맛이 날까, 브라질리언 왁싱을 까먹었다니 믿을 수가 없어' 같은 온갖 생각을 하느라 그나마도 흥이 식어버렸다. 당신이 떠올릴 수 있는 먹힐 것 같은 말은 이런 것뿐이었다. "내가 너의 존재를 잊고 딴생각을 할 수 있게 눈을 감고 스스로 애무를 좀 해도 될까?"

새벽 1시다. 당신은 발을 질질 끌며 욕실로 가 샤워를 한다. 돌아오자 그는 벌써 반쯤 옷을 입고 거실에서 컴퓨터를 하고 있다. "저 졸려요." 당신이 말한다.

"응, 자요." 그가 말한다. "나는 끝낼 일이 있어서 이거 좀 하고."

몇 시간 후 당신은 그의 침대에서 일어난다. 아직도 아침이 아니다. 도시는 아직 어둡고, 하늘은 구름 낀 회색이다. 당신이 그의 탁자 위에 켜둔 램프는 여전히 오렌지빛으로 빛나고 있다. 그는 아직도 당신이 있는 침대로 오지 않았다.

당신은 어둠 속에서 그의 집을 살금살금 걷는다. 아파트 어디에 폰을 뒀는지 기억나지 않아서 양팔을 앞으로

내밀고 거실에서 들려오는 소리를 향해 시체처럼 조심스
레 걸어갔다. 변호사는 소파에서 담요를 다리 위에 덮고
잠들어 있다. 당신은 그의 뺨에 키스한다.

"소파에서 잠들었네요." 당신은 다정하게, 오래된 여
자친구처럼 말한다. "자기, 침대로 오지 않을래요?"

그가 당신의 말을 들었는지 못 들었는지 웅얼거린다.

당신은 다시 시도해본다. "침대로 와요."

"으음." 그가 중얼거린다. 좋은 여자친구는 잔소리를
하지도, 까칠하게 굴거나 자길 책임지라고 떼쓰지도 않
는 법. 당신은 다시 침대로 돌아가 혼자, 그의 커다란 침
대에서, 남은 밤 내내 잔다.

262쪽으로 가시오.

당신과 변호사는 책장을 사러 홈디포*로 간다. 그렇다. 당신은 뉴욕에서 변호사라는 직업에 관리인이 있는 아파트, 식스팩이 있고, 심지어 가구도 만드는 남자와 데이트를 하고 있는 것이다. 그는 대체 못하는 게 뭘까. 그가 차를 세워놓은 곳까지 지하철을 타고 가는 길에, 그는 당신에게 팔을 두르고 얼굴에 키스한다. 두 사람은 여행에 대해 이야기한다.

"페이스북 피드에 온통 올랜도에 생긴 해리 포터 월드에 갔다는 사진이 올라와서 부러워 죽겠어요." 당신이 말한다. 지하철이 덜컹거리자 그는 당신에게 두른 팔에 힘을 준다.

"디즈니 월드에 가고 싶다는 거죠?" 그가 말한다. "언제 한번 가요."

"정말요?" 당신이 묻는다.

"그래요. 재미있겠네요."

당신은 지하철에 탄 다른 사람들의 눈에 두 사람이 사랑에 빠져 서로를 속속들이 아는 커플처럼 보이기를

♥　Home Depot, 인테리어 자재를 판매하는 창고형 마트.

바란다. (다음에 여행을 가자고 약속하고, 집에서 저녁을 같이 해 먹고, 적어도 지루하지는 않은 섹스를 하는 이 모든 순간들은 당신이 이 남자와 계속 함께할 것인가를 고민할 때마다 머리에 떠올리는 장면들이다.)

두 사람이 홈디포 주차장에 도착했을 때, 그가 당신을 돌아보며 말한다. "당신은 내가 지금까지 만났던 모든 여자 중 가장 똑똑한 것 같아요."

"정말요?"

"그럼요. 어떻게 모를 수가 있겠어요. 아이비리그 출신에, 완벽한 ACT♥ 점수……. 다 엄청난 것들이죠."

"고마워요." 대답하면서 당신은 문득, 그 역시도 당신의 장점 목록을 작성하며 이 관계를 재보고 있다는 사실을 처음으로 깨닫는다.

그가 카페인을 잔뜩 섭취한 훈련교관 같은 기세로 홈디포의 목재 진열대를 돌아보는 동안, 당신은 짜증내며 지겨워하는, 전형적인 여자친구가 된다. 그가 오크나무와 전나무 사이에서 고민하며 무게와 가격을 비교하는 동안, 당신은 소위 인터넷 커뮤니티에서 말하는 '계집애'가 되어가는 듯한 기분이 든다. 순종적인, 그러나 제멋대

♥ American College Test, 미국의 대학 입학 시험.

로에 관심을 끌고 싶어서 애정결핍인 것처럼 구는 어린 여자애. 그건 BDSM 관계가 가지는 어감과는 조금 다르며, 당신 취향은 아니다. 당신이 원한 건 "동등한 관계에서 거침없이 대담하게 할 말은 다 하는" 것이었으나 자꾸만 "심통 부리는 어린애"가 되어가는 것만 같다. 하지만 어쩌면 관계라는 건 다 이런 게 아닐까? 결국 당신은 상대가 통제권을 가지고, 당신을 억제하고, 들어다가 벽 쪽으로 밀쳐 누르는 걸 좋아하는 게 아닐까? 게다가 가구를 만들 목재를 고르는 건 얼마나 남자다운가. 비록 침실 밖에서는 민망하고 움츠러드는 일이지만, 이런 걸로 흥분되는 걸 보면 당신은 나쁜 페미니스트인 것 같다.

변호사가 벽장용 목재 널빤지를 차의 뒷좌석부터 앞좌석 가운데 공간까지 비스듬히 세워 싣자 두 사람 사이에는 붉은 오크나무로 칸막이가 생긴다. 당신은 창문 밖으로 몸을 빼 그가 차를 빼는 걸 돕는다.

"내가 우리 가족 이야기를 했었나요?" 그가 주차 칸에서 차를 빼면서 묻는다.

이야기를 듣자니 변호사는 부잣집 아들이었다. 고층 아파트는 그의 변호사 수입이 아니라 증조할아버지 대부터 시작한 관 공장에서 나온 것이었다. 그는 브루클린 깊숙이 차를 몰고 가 브라운스톤으로 지은 높은 건물들을 지나 별 특징 없는 자그마한 창고에 도착한다. 그가 건물 중 하나의 문을 열고 들어갈 때까지 당신은 차에 앉아 기다린다.

잠시 후에 차고 문이 열리고 그는 다시 차를 몰고 들어가면서 묻는다. "자, 그럼 이제 그랜드투어♥를 시작할 준비가 됐나요?"

당신이 계속 사귈지 아닐지 모를 남자의 가족이 경영하는 관 공장은 영업시간이 지나 문을 닫은 상태다. 어디를 먼저 보고 싶은가?

Ⓐ 창고.

266쪽으로 가시오.

Ⓑ 쇼룸.

271쪽으로 가시오.

♥   과거 부유층 젊은이들이 교육 목적으로 유럽을 둘러보는 순회 여행을 뜻했으나, 흔히 건물이나 집을 둘러볼 때 유머로 쓰임.

**창고의 규모는 거의 공항 격납고 수준으로 어마어마하
다.** 창고 가득한 나무와 톱밥 냄새는 영화 〈레이더스〉에
나왔던 정부의 거대한 창고를 떠올리게 한다. 인디아나
존스가 나치에게서 지켜낸 보물이 들어 있어야 할 관들
이 비어 있던 장면. 목재를 만져도 될지 확신할 수 없지
만 당신은 자기도 모르게 아직 거친 널빤지들의 표면을
만지며 손가락으로 두드려본다. 처음 '관 공장'이라는 단
어를 들었을 때 떠올렸던 것보다는 덜 으스스한 느낌이
다. 나무 널빤지들은 관뿐 아니라 테이블로도 만들어질
것이다. 높은 천장까지 촘촘히 쌓인 목재 더미로 가득한
이곳에서 앞으로 만들어질 관들의 미래, 시체와 부패, 상
실의 기운은 느껴지지 않는다.

쇼룸 앞에는 목재로 된 뼈대와 뚜껑만 갖춰진 상태의
관이 놓여 있다. 바닥에 있는 바퀴로 운반된 후에는 니스
칠을 하고 그 위를 비단으로 덮는다. "들어가볼래요?" 변
호사가 묻는다.

당신은 자신이 쿨한 여자라고 스스로를 상기시킨다.
쿨한 여자라면 자고로 어떤 상황이든 즐길 수 있어야지.
쿨한 여자는 무엇도 두려워하지 않는다. 하물며 무해한

나무 상자 따위야. 이건 마치 팀 버튼의 로맨틱 코미디 영화에 나올 법한 섬뜩하고 멋진 모험이 아닌가. 쿨한 여자라면 주저하지 않으리라. 당신은 눈썹을 치켜올리고, 옆에 있는 남자에게 섹시한 미소를 보낸 뒤 관 아래에 달린 바퀴가 굴러가지 않게, 마치 수면 위에서 흔들리는 작은 배에 타듯 조심스레 관 속으로 들어간다.

당신은 관 안에 누운 뒤 미라나 만화 속 뱀파이어처럼 장난스럽게 가슴 위로 팔을 엇갈리게 포갠다. 당신은 미소 지으며 눈을 감는다. 남자는 관의 무거운 나무 뚜껑을 덮는다.

그는 당신이 소리 지르기를 기대한다는 걸 당신은 안다. 당신의 살갖 위로 칼을 그었을 때 기대한 것과 같다. 그가 원하는 건 당신이 겁먹는 것이다. 하지만 당신은 밀실공포증이 없다. 사실 상상했던 것보다 나쁘지 않았다. 물론 어둡고, 조용했지만 눈을 감고 누워 있다면 어디나 마찬가지 아니겠는가. 그가 관 뚜껑 위로 올라가 당신이 나오지 못하도록 누르느라 삐걱거리는 소리가 들렸다. 당신이 제발 꺼내달라고 애원할 때까지 그의 인내심이 사라져가는 건 아닌지 당신은 궁금하다. 약간의 타협으로 당신은 바스락거리며 팔짱꼈던 팔을 양옆으로 내려 갇혀 있는 상황을 좀 더 정확하게 파악하려 한다. 팔꿈치를 최대로 벌려보자 공간은 비행기의 가운데 자리에 앉았을 때 정도로 인지된다. 당신은 계속 눈을 감고 있다.

결국 시간이 지나 무서운 것보다 지겨워져서 당신은 관 뚜껑을 밀어본다. 이제 이만큼 했으니 다시 그의 여자친구 역할로 돌아가도 되겠지. 바닥에 떨어져 큰 소리를 내는 걸 막기 위해 당신은 약간만 들어올리려 했지만 그가 아직 뚜껑을 누르고 있어서인지, 나무가 무거워서인지 뚜껑은 꿈쩍도 하질 않는다. 그러고보니 그는 한마디도 하지 않았고 그가 당신을 여기 혼자 두고 간 것은 아닌가 하는 생각이 바로 머리를 스친다. 관 속에 있는 것보다 그게 훨씬 당신을 두렵게 한다.

"알았어요, 알았어. 이제 나 좀 꺼내줘요." 당신이 말한다.

아무런 대답이 없다.

당신은 다시 관의 뚜껑을 있는 힘껏 밀어보지만, 역시 전혀 움직이지 않는다. 얼굴 바로 위쪽 뚜껑에서 둔탁하고 쿵쾅거리는 소리가 들려온다. 관 뚜껑 위로 뭔가 무거운 것이 올라오는 소리다.

"알았어요." 변호사의 목소리가 조용히 들려온다. "월요일에 봐요." 그러고는 발소리가 들린다.

물론 그는 당신을 놀리는 중이다. 그는 당신을 겁주

려는 거니까. "이봐요, 제발 나 좀 꺼내줘요!"라고 무서운 듯 연기하면 당신이 지는 거다.

당신은 침묵을 지키며 더 버텨보지만 아무 소리도 들려오지 않는다. 변호사는 당신보다 더 인내심이 있거나, 핸드폰으로 다른 일을 하고 있거나, 아니면 진짜 나가버렸을지도 모른다.

"나 좀 꺼내줘요."

아무 응답이 없다.

"제발요."

역시 침묵.

"제발요, 제발. 나 진짜 나갈래요."

"오, 알았어요, 알았어." 변호사가 말하며 관 뚜껑을 조금 열어주자 당신은 그 틈으로 형광등 빛과 창고의 지붕, 그리고 그의 얼굴을 올려다본다. 그가 손을 뻗어 당신을 일으켜준다. 두 사람 중 그 누구도 즐거웠던 것 같지 않아서, 당신은 자신이 이 놀이에서 역할을 성공적으로 해낸 것인지 의문이 생긴다.

당신도 이제는 이 데이트가 영화나 저녁식사 같은 평범한 게 아니라는 걸 조금씩 느끼고 있을 것이다. 다음 단계는 무엇일까?

A 쇼룸.

271쪽으로 가시오.

B 변호사의 비밀스러운 작업실.

275쪽으로 가시오.

쇼룸은 온통 꽃무늬 직물과 벽지로 가득하다. 마치 웨스 앤더슨의 영화에 나오는 할머니 집처럼, 플러시 천으로 된 오트밀 색 카페트가 깔려 있고 벽지는 파스텔 핑크와 민트색 장식으로 꾸며졌으며 쇼룸에는 코팅되어 번쩍거리는 여섯 개의 관이 놓여 있었는데, 뚜껑이 활짝 열려 있어 핑크색 실크로 된 멋진 내부가 보였다.

"멋지네요." 각각의 관의 모양과 가격표를 눈으로 빠르게 훑으며 당신이 말한다. 먼지와 포름알데히드 냄새는 기분 탓이라고 당신은 생각한다. 죽음과 섬뜩한 분위기는 익숙하다. 그 두 가지는 섹시한 BDSM의 미적 특징이 아니던가. 코르셋과 검정색 아이라이너와 닐 게이먼 이야기의 세계. 하지만 서랍장 구석에서 꺼낸 왁스와 딱딱한 사탕처럼 혀끝을 맴도는 이 살균된, 파스텔 톤의 죽음이 주는 느낌은 좀 다르다. 당신이 그의 가족의 물건들을 공손하게 살펴보며 작은 방 안을 둘러보며 발걸음을 뗄 때마다 더 깊이 카페트 아래로 발이 꺼지는 느낌을 받으며 서성이는 동안 두 사람은 손을 잡고 있지 않았다.

그는 이 병적인 파스텔 톤 풍경에 아무렇지 않은 듯 보인다. "자기, 책 같은 걸 쓴다고 했었던 것 같은데, 맞죠?" 그가 갑자기 묻는다.

"네." 당신이 말한다. "그러니까, 아직 쓴 건 아니지만 그러려고 하고 있죠."

"내가 쓰려고 하는 책에 대해 말한 적 있죠?"

아직 '작가'라는 타이틀을 정식으로 달지 않아서인지, 수많은 사람들이 당신에게 책으로 쓰면 좋겠다고 생각한 아이디어들을 말해왔지만, 그중 남자친구는 없었다.

"아뇨." 낯선 사람이 내미는 음식을 대하는 떠돌이 개처럼 조심스럽게 당신은 대답한다. "들은 적 없는 것 같은데요."

그가 바로 이야기를 시작한다. "그러니까, 《먹고 기도하고 사랑하라》 같은 거예요. 알겠어요? 비슷한데 내가 어떻게 여기까지 왔는지에 대한 거랄까. 난 원래 뚱뚱했어요. 하지만 달리기를 시작하고 BDSM 세계에 발을 들여놓았죠. 그러니까 《일하고 뛰고 섹스하라》라는 제목이 맞겠네요."

말하는 그의 눈이 빛난다.

"그러니까, 말하자면 회고록 같은 거네요."

"그래요. 회고록이자 자기계발서인 거죠."

당신은 침을 삼킨다. "《먹고 기도하고 사랑하라》를 패러디한 게 이미 있었던 거 같은데. 예전에 본 적 있어요.

《마시고 놀고 섹스하라》였던가?"

남자는 동요하지 않는다. "하지만 내 이야기랑은 다를 걸요." 그가 마치 어린애를 대하듯 말한다.

당신은 그의 내면에서 살며시 고개를 드는 분노의 기미를 눈치채고 재빨리 이 상황에서 적합한 반응이 뭘지를 궁리한다. "그래요. 당신 말이 완전 맞아요. 자기 이야기가 훨씬, 훨씬 재밌을 것 같네요. 어서 읽고 싶어요."

"이리 와요." 그가 납득하지 못한 채 말한다. "아파트가 있는 위층으로 올라갑시다."

당신은 그를 따라 쇼룸을 지나 별관으로 가는 좁은 계단을 올라 창고 위로 이어진 작은 주방과 거실이 붙어 있는 곳으로 간다. 창고 위의 숨겨진 장소에 있는 아파트 구조의 그 공간을 보자 암스테르담에 갔을 때 안네 프랑크의 생가를 방문했던 경험이 떠오른다.

하지만 이 아파트는, 다른 표현이 떠오르지 않는데, 유대인적인 것과 거리가 멀다. 당신은 평생 살면서 이보다 더 유대인스럽지 않은 공간을 본 적이 없다. 주방의 가장 큰 공간을 차지하는 흰색 냉장고에는 성경 구절이 적힌 오래된 학교 엽서와 사진이 붙어 있다. 벽지는 핑크색 꽃무늬이며, 거실에는 정사각형의 텔레비전 세트가, 그 옆에는 가느다란 다리가 달린 작은 유리 찬장이 카페트 위에 놓여 있다.

"지금까지 가본 그 어떤 공간보다 비유대인적인 곳이네요." 당신이 말한다.

"무슨 뜻인지 모르겠네요." 변호사의 대답으로 대화는 사실상 종료됐지만, 재치 넘치고 장난끼 넘치는 여자친구인 당신은 깨닫지 못한다.

"그러니까." 그의 오래된 침실로 들어가면서 당신이 계속한다. "유대인들은 서랍 위에 이런 작은 조각상 같은 건 올려두지 않아요. 이런 치마 같은 천을 침대보로 사용하지도 않고요."

"이건 내 할머니 취향이에요. 아주 종교적인 분이셨죠. 이 방은 할머니 방이었고, 내가 대학을 졸업하고서 브루클린으로 가기 전에 잠깐 머문 것뿐이에요."

"아니, 내 말은 그게 아니라……. 다시 설명할게요." 당신이 말한다.

주름진 레이스가 가득한 이 파스텔 톤 방에서 당신은 몇 분간 더 서 있으면서 과연 이 방에 다시 와서 그의 신실한 이탈리안 가족들을 만날 수 있을지, 아닐지를 상상해본다.

"따라와요." 결국 변호사가 말한다. "이제 내려갑시다."

계속 읽으시오.

중학교 때 들었던 지하 창고에서의 목공 수업을 제외하면, 당신은 이런 곳에 와본 적이 없다. 커다랗고 낮은 탁자들, 여기저기 놓인 나무 널빤지들, 부글거리는 바니시가 들어 있는 열린 깡통들. 벽은 거칠고 마감이 되지 않았으며, 슬라이드 문은 데드볼트♥ 자물쇠로 되어 있다.

변호사가 당신에게 어떻게 하라는 말을 딱히 해주지 않고 책장에 색을 칠하러 가버렸으므로 당신은 어깨에 걸치고 있던 코트와 백팩을 벗어 구석에 있는 바닥 위 15센티미터쯤 높이의 바퀴 위에 얹어진 엑스자 모양의 널빤지에 그것들을 얹어둔다. 다시 돌아오면 이곳을 기준으로 삼으면 되겠지. 이곳은 뭔가가 일어나고 있는 장소 같다.

당신은 작업대를 쳐다보며 남자가 붓을 바니시에 담그고, 캔의 모서리에 눌러 짧고 뻣뻣한 끝을 납작하게 한 뒤 책장 위부터 쓸어 붓질하는 체계적인 과정을 바라본다.

"이걸 통로 쪽, 문 바로 옆에 두려고 해요." 그가 말한

♥ 손잡이를 돌리면 움직이는 걸쇠.

다. "이제 시작이에요. 이 책장으로 복도 전체를 채울까 생각 중이거든요."

그가 당신에게 의견을 물은 건 아니지만, 당신은 그에게 동의한다. 아마 멋져 보일 것이다. "나도 책장이 필요한데." 당신이 말한다. "우리 집에 말이에요." 당신은 최근에 대학 친구와 함께 어퍼 웨스트 사이드에 있는 1층 아파트 임대 계약서에 사인했다. 지금 살고 있는 곳에서 성인 걸음으로 금방 갈 수 있는 거리에 있는 집인데, 주로 코미디 쪽에 종사하는 사람들이 한 달 단위로 사는 월세 하숙집이다. 지난주 내내 당신은 인테리어 블로그를 찾아보면서 어떻게 하면 이케아에서 살 수 있는 아이템만으로 방을 나무와 촛불이 가득한 보헤미안 스타일로 호화롭게 장식할지 상상했다. 지금 당신의 짐이라고 해봤자 매트리스에 딸려온 철제 프레임, 옷 두 상자, 책 한 상자, 전에 살던 사람들이 욕실에 남겨두고 간 휴지 한 롤이 다였다.

"내가 하나 만들어줄게요." 그가 말한다. "이것만 다 끝내고요."

그래서 당신의 상상 속에서 방은 갑자기 드라마틱하게 나아졌다. 누군가 방에 올 때마다 "책장 봤어? 남자친구가 만들어준 거야"라고 말할 것이기 때문이다. 당신은 머릿속으로 그 말을 어떤 어조로 할지 연습한다. 아무렇지 않게, 마치 뉴욕에 있는 남자친구가 당신을 위해 가구를 만들어주는 일이 아주 대수롭지 않은 것처럼, 게다가 당신이 그에게 '요청한' 게 아니라 그가 당신을 너무 사랑해서 새로운 방에 뭐라도 만들어주고 싶어 해서 어쩔 수 없이 그렇게 되었다는 듯이 들리도록.

"정말요?" 당신이 묻는다. "정말…… 날 위해 책장을 만들어주겠다고요?"

"그래요." 남자가 칠이 잘 묻지 않는 부분을 사포질하면서 갈아내는 일에 집중하면서 말한다. "물론이죠."

그는 마치 〈섹스 앤 더 시티〉에 나오는 에이든 같다. 개를 키우는 사랑스러운 가구 디자이너에, 캐리에게 프러포즈하고 그녀가 작은 아기 새인 양 커다란 팔을 두르는. 한편으로는 미스터 빅 같기도 한데, 도어맨이 있는 38층짜리 아파트에 살며 모든 데이트 비용은 그가 지불하기 때문이다. 그는 당신을 섹시하다 여기며 귀여운 브루클린 억양으로 말하고 침대에서 당신에게 이상한 짓을 하지만, 그건 두 사람이 한 달에 한 번 평범하게 섹스하면서 남자는 여자가 충분히 원하지 않는다고, 여자는 남자가 너무 자주 원한다고 투덜대면서 사실 진짜 문제는 양적인 문제가 아니라 질적으로 섹스가 만족스럽지 않기 때문임을 깨닫지 못하는 그저 그런 따분한 커플이 되는 일은 절대 없으리라는 무언의 약속이다.

무엇보다 중요한 건 그가 당신을 좋아한다는 사실이다. 그는 당신을 침대까지 안아다주고 문자에 답장하며 책장을 만들어주겠다고도 하고 디즈니월드로 여행가자고 말해준다. 당신은 뉴욕에 온 지 겨우 네 달 만에 해내고야 말았다. 남자친구를 만드는 일 말이다. 이제 당신은 해야 할 일 목록에서 그 항목을 지우고 다른 싱글 친구들이 틴더로 만난 별로인 사람과의 데이트를 이야기하며 푸념하는 걸 소파에 앉아 들어주고 화이트 와인을 따라주며 그들이 당신의 남자친구가 브루클린의 작업실에서 만들어 맨해튼의 당신 집까지 자기 트럭으로 실어다 직접 설치까지 해준 책장을 부러워하는 걸 들을 수 있다.

"있잖아요." 당신이 말한다. "오늘 밤새 눈이 내릴 거라고 하던데." 이미 기상청에서 보낸 경고 문자, 폭설에 대비해 부디 마트에서 생수랑 수프를 사다 쟁여놓으라고 잔소리하는 엄마의 문자 수십 통을 받았다. "우리, 내일 하루 종일 잠옷 차림으로 미야자키 영화를 정주행하는 건 어때요? 아직 〈하울의 움직이는 성〉 안 봤죠, 그죠? 그 영화는 너무 과소평가됐어요. 어쩌면 하야오 감독의 최고 영화일 수도 있다구요. 그거부터 시작하는 게 좋겠어요." 당신은 이미 그의 팔 아래 웅크리고 들어가 그의 소파에서 담요를 덮어쓰고 긴 머리에 메트로섹슈얼하고 까칠한 하울이 얼마나 매력적인지, 회색 하늘에서 떨어지는 눈발을 창밖으로 바라보며 재잘거리는 장면을 상상하고 있다.

"아, 미안해요. 친구랑 약속이 있어서."

"하지만." 당신이 말한다. "엄청난 폭설이 올 텐데."

"알아요." 그가 대답한다. "그녀를 만난 지 너무 오래됐고 벌써 몇 주 전에 한 약속이에요. 눈은 괜찮아요. 트럭이 있으니까."

소파와 담요와 애니메이션 영화가 마치 한여름의 눈처럼 녹아 사라졌다.

"친구가 여자라구요?"

변호사는 나무조각을 만지작거리면서 각도를 맞춰본다. "그래요."

"그러니까, 같이 자는, 그런 친구?" 당신은 최대한 침착하게 들리려 노력한다. 질투하는 것처럼 들려서는 안 돼. 질투하는 것처럼 들려서는. 나는 케이트 허드슨이야. 영화 초반부터 등장하는 잔소리하는, 예민한 갈색머리 백인 여자애가 되지 말자. 짜증나게 굴어서 모두가 싫어하는, 그러다 결국 혼자 남으면 다들 좋아하는 그런 캐

릭터가 돼서는 안 돼. 그에게는 여자친구를 사귈 권리가
있다.

"아뇨." 그가 내뱉는다. "그런 사이 아니에요." 그러고
서 그는 대화의 종결을 분명히 하듯 하고 있던 책장 작업
에 다시 열중한다.

하지만 당신은 멍하면서 동시에 화가 나서 대화를 이
렇게 끝내고 싶지 않다. 말을 꺼내기도 전에 당신이 무슨
말을 하든, 어떤 말을 하든 상황이 더 나빠질 것을 이미
알고 있으면서. 이미 배 속으로 들어와 있는 칼을 비틀어
속을 헤집듯.

"그럼 예전에는 자던 사이에요?"

남자가 분노인지 동정인지 모를 표정으로 당신을 바
라본다. 하지만 그의 목소리는 철저히 중립적이다. "네,
그래요."

"그럼 내일은 같이 잘 건가요?"

그는 방금까지 바니시에 담갔던 붓을 다시 내려놓는
다. "데이나, 당신도 알고 있잖아요. 나는 폴리아모리를
하고 우리 관계 역시 예외가 아니라는 걸. 어쨌든, 아니
에요." 그는 마치 세상에서 가장 대단한 걸 양보하듯, 한
숨을 쉬며 이번 한 번만 당신의 광기에 맞춰준다는 듯 말
한다. "내일 그녀랑 자지 않을 거예요. 우린 그냥 친구 사

이에요. 중요한 건 그게 아니지만."

"난 그저……." 당신은 문장을 어떻게 끝맺어야 할지 스스로도 확신이 없었기에 말을 하다 말았다. 그가 당신을 가장 중요한 파트너, 여자친구로 여긴다면, 즉 집에 같이 오고 다른 사람과의 관계를 말해주고, 그리고 그게 당신의 허락을 받기 위해서가 아니라 두 사람이 언제나 같은 선상에서 서로에 대한 모든 걸 공유한다는 의미에서라면, 그렇다면 그가 폴리아모리라도 얼마든지 괜찮다고. 당신을 가장 사랑하기만 한다면 윌리엄스버그에 있는 모든 여자가 그의 물건을 빨아도 상관하지 않는다고. 밖에 폭설이 내릴 때 그가 가지 말라고, 자기 아파트에 머물라고 붙들며 촛불 옆에서 카드게임을 하거나 노트북으로 영화를 보거나 오후에 섹스하고 나서는 (당신이 장을 봐놓는 걸 깜빡해서) 집에 있는 유일한 음식인 맥앤치즈를 만들어 먹는다면, 그렇기만 한다면.

"그저 폭설이 내리는 동안 당신이랑 같이 있고 싶었어요." 결국 당신은 이렇게 문장을 끝맺었다.

그가 상냥하고 자비로운 표정으로 바라보자 당신은 잠시 동안이나마 그를 버릴까 생각했던 게 부끄러워진다. "오늘 같이 있으면 되죠." 그가 말하며 커다란 팔로 당신을 이불처럼 감싸며 당신을 옷장 문을 열어놓고 닫

지 않으면 나타난다는 괴물을 피해 숨은 아이처럼 대한
다. 그의 손이 당신의 등을 타고 내려오더니 엉덩이를 찰
싹 때린다. "자, 이제 우리 집으로 다시 갑시다."

그의 집이 있는 곳으로 두 사람이 터덜터덜 걸어가자
땅에는 벌써 15센티미터가 넘게 눈이 쌓여 있다. 길은 사
람들이 지나가 진창이 되어 있고 오르락내리락하며 발을
질질 끈 자국으로 뒤덮여 있다. 그가 당신의 재킷을 벗겨
눈을 털어낸 뒤 옷장에 건다. "무비 나잇!" 그가 쾌활하게
외친다. "먼저 자기 껍질 좀 먹은 다음에!"

그가 당신의 옷을 우적우적 씹어 먹는 척하면서 셔츠
를 벗기고 바지를 내린 뒤 엉덩이에 커다란 잇자국을 남
기자 당신은 키득거리다 비명을 지른다. "자, 어서 옷 벗
고 침대로 가요." 그가 으르렁거리며 다시 엉덩이를 깨물
자 당신은 다시 소리 지르며 그의 말에 따른다.

일을 끝내고 그가 욕실로 가자 당신은 남겨진 채 그
를 기다리다가 그가 벌써 거실의 컴퓨터에 앉은 걸 깨닫
고 옷을 다시 입고 나간다.

"자기." 당신은 말을 건다. "아까 작업실에서 봤던, 나
무로 된 납작한 엑스 모양은 뭐였어요?"

"아." 그가 당신을 무릎에 앉혀 얼굴을 마주보지 못하
게 양팔을 두르며 말한다. "여자들을 눕혀서 묶은 다음,

눈을 가리고 빙빙 돌리는 데 사용할 거예요. 익숙해지면 자기도 아주 좋아할지 몰라요."

"그러면 좋겠네요." 당신은 대답한다. 이전에 한 번도 그런 걸 해본 적은 없지만, 하지 못할 이유도 딱히 없지 뭐. 눈을 감고 묶인 채로 있으면 그렇게 끔찍한 일은 일어나지 않을 거다. BDSM 섹스는 놀이공원의 롤러코스터와 아주 비슷하다. 묶이고, 가만히 있기만 하면, 다칠 일은 없다.

"보라색으로 칠할까 생각하고 있어요." 그가 말한다. "거기에 검정색 도트나 줄무늬를 그리는 거죠."

그 말을 듣자 판타지는 완전히 뭉개졌다. 어떤 이유로든, 보라색으로 칠해진 엑스자에 묶이는 건 너무나 싸구려 같고, 마치 핫토픽에서 쇼핑하는 고등학교 왕따 같다. 그냥 나무 상태거나, 최소한 그냥 검정색이었다면, 햄프턴에서의 섹스 파티 정도로는 느껴졌을 것이다. 하지만 집에서 만든 섹스토이의 색깔이 보라색인 건, 아주 고약한 역할만을 떠올리게 할 뿐이었다.

"그렇군요." 당신은 말한다.

"자기, 〈프릭스 대모험〉 봤어요? 〈빌과 테드〉에 키아누 리브스랑 나온 남자가 주인공으로 나오는데."

"아뇨, 안 봤어요."

"좋아요, 오늘 당장 그걸 봅시다. 완전 좋아하게 될 거예요."

누군가 당신이 좋아할 걸 알고 있다는 생각 자체가 마음에 들었기 때문에, 당신은 소파 위 그의 옆에 찰싹 달라붙어 B급 공포 영화의 역겨운 장면조차 좋아하는 척 했다. 그가 곧 돌아올 거라며 노트북이 있는 자리로 가 있는 동안 당신은 침대에서 잠이 든다.

다음 날 아침, 눈이 모든 사람이 생각했던 것보다 더 많이 내린다. 엄청난 속도로 내려 쌓이는 눈을 보며 기상예보에 대비해 잔뜩 준비해둔 사람들이라면 한 발짝도 집 밖으로 나가지 않을 것이다. 바닥에서 천정까지 긴 변호사의 아파트 창문 바깥으로 보이는 풍경은 온통 순백색이고 광기 어린 기세로 눈이 내리고 있다.

남자는 다리 위로 반쯤 담요를 덮고 소파에서 자고 있다. "좋아." 당신은 소리내며 그의 옆으로 뛰어들어 키스하며 깨운다. "창밖을 봐요. 친구를 만나겠다는 소리는 도저히 안 나올 걸요." 당신은 이 말 역시 신중하게 골랐다. 쾌활하게, 비난조로 들리지 않으면서 완전히 쿨한 여자처럼 들리게 해야 한다. 그리고 꽤 성공적이라고 당신은 확신한다.

그는 하품을 하며 몸을 굴려 핸드폰을 확인한 뒤 바

깥을 쳐다본다.

"그 정도로 나쁘진 않은 것 같은데요. 게다가 아직 출발하려면 한 시간이나 남았고."

테이블에 놓인 물이 담긴 유리컵의 수면이 얼어 있는 모습이 은은한 아침 햇빛 아래서도 보였다. 그리고 그의 책장에 내려앉은 먼지도 보였다. "아마 그녀 쪽에서 취소할 게 분명해요. 내 말은, 이거 좀 봐요." 당신은 창밖의 온통 하얀 풍경을 가리키며 말한다. 바깥에서 하늘과 땅의 경계를 알 수 있는 유일한 단서는 모퉁이의 가로등 불빛을 통해 겨우 보이는 텅 빈 거리에서 내리는 눈발 사이로 깜빡이는 빨간 불빛뿐이었다.

변호사는 다시 폰을 확인한다. "아뇨, 약속은 유효해요. 그리고 지하철도 운행 중이고요. 뉴스 알람 볼래요?"

그가 핸드폰 화면을 당신에게 보여준다. "모든 전철선이 눈으로 인해 심각하게 지연될 예정"이라는 메시지가 떠 있다.

당신은 새로운 집으로 이사한 지 이제 겨우 이틀 됐다. 여기서 찾아가려면 어느 지하철 노선을 타야 하는지도 모르는 상태라, 당신은 옷을 챙겨 입으면서 급히 구글맵에 새로운 주소를 쳐본다. 다행히 2/3호선을 탈 수 있는 역이 이곳에서 한 블록 위쪽에, 5분 이내에 있다. 그걸 타고 96번지 브로드웨이에 내리면, 두 블록 거리에 새로운 집이 있다.

"아직 내가 새로 이사한 집에 와보지도 않았잖아요." 당신이 말한다.

"음, 당분간은 거기 계속 지낼 거잖아요, 그렇죠?" 그가 단추를 잠그며 대답한다.

"2/3호선을 타면 돼요." 그가 정말로 떠나고, 당신도 이제 출발해야 할 게 확실해지자 실망한 마음을 이해받기를, 하지만 너무 의존적이지는 않아 보이기를 바라면서 당신이 말한다. 여자는 절대 의존적이어서는 안 된다. 설령 밖에 눈보라가 몰아치더라도.

"그래요. 내가 거기까지 같이 가줄게요." 그가 말한다. 그렇게 두 사람은 침묵 속에 엘리베이터를 타고 내려간다. 건물 입구가 끼익 하며 열리고 바람과 눈보라가 휘몰아치는 바깥으로 내쫓기자 살갗은 찢어질 듯하고 틈새마다 습기가 스며들기 시작한다.

당신은 지도가 가리키는 지하철역 방향이 어딘지 확신이 없지만, 변호사가 잘못된 방향으로 출발했다는 건 점점 확실해진다. '그는 주변을 알고 있어.' 당신은 생각한다. 가장 가까운 지하철역이 어딘지 그는 알고 있어. 그러니 두 사람이 얼어붙은 툰드라를 느릿느릿 건너며

두 사람 외에 아무도 나와 있지 않아 텅 빈 길과 인도를 10분, 그러고는 15분 동안 걸어가는 동안 당신은 아무 말도 하지 않는다. 두 손은 마비되어 손끝이 따끔거리고, 손을 주머니에서 꺼내는 건 고문과도 같기에 남자와 손을 잡지 않는다. 할 수 있는 유일한 일은 눈을 거의 감은 채 한 걸음 한 걸음 그를 따라가는 것, 마치 롤러코스터를 탈 때와 마찬가지로, 지금 당신을 인도하는 사람을 따라가기만 한다면 다치지 않을 거라고, 모든 게 결국은 끝날 거라고 되뇌는 것뿐이다.

마침내 아주 작은 거리에서 당신은 후드 아래로 얼굴을 꺼내어 당신을 맨해튼으로 데려다줄 초록색 지하철 간판을 발견한다. 그가 인사하며 당신의 머리에 키스를 할 때, 이 모든 일은 그럴 법했다는 생각이 든다. 이 키스는 로맨틱한 영웅의 상냥함의 표시야. 여인의 이마에 하는 연인의 키스. 당신은 그의 것이고, 그는 당신을 무사히 지하철역까지 데려다줬다. 그 역이 당신이 원래 갔어야 했던, 그의 집에서 반 블록 떨어진 역과 정확히 한 정거장 떨어진 역이라는 걸 깨닫기는 했지만 말이다.

지하철에는 당신을 포함해 네 명이 탔는데(다행히도 지연 없이 운행됐다), 모두 바닥에 물을 떨어트리며 흠뻑 젖은 채 무거워진 코트를 입고 벌벌 떨고 있다. 모두 침묵 속에

서로를 응시한다. 그 누구도 오늘 집을 나설 생각은 없었으리라. 이건 뉴욕 전체를 정지시킬 만한 눈보라고, 택시 기사와 푸드트럭 주인도 집에 머물면서 보드게임을 하거나 핫초콜릿을 만들어 먹느라 나가지 않았을 날씨니까.

새로 이사한 아파트에 돌아가자, 룸메이트는 구석 바닥에 앉아 베개를 깔고 누운 채 책을 읽고 있다. 두 사람 모두 아직 가구가 없고, 방에 있는 불이라고는 두 개의 좁다란 남향 창으로 들어오는 햇살뿐이며, 창밖으로는 골목과 벽돌담이 보인다. 당신은 부츠를 벗어 털며 씩 웃고는 짐 상자에서 담요를 꺼내어 바닥에 펼치고 베개를 차곡차곡 쌓아올린다. 이런 눈 오는 날을 정확히 이렇게 보내고 싶었던 것처럼 보이게 하기 위한 미소다. 그리고 어떤 면에서 그건 사실이다. 두 사람은 바닥에 깐 담요 위에 같이 앉아 더러운 이불을 똘똘 말아 덮고, 노트북으로 넷플릭스를 보면서 팝콘과 호주 감초말랭이를 번갈아가며 먹었다. 그러다 창밖으로 들어오는 빛이 어두워지자, 두 사람은 가지고 있는 재료(아몬드 밀크와 코코아 파우더, 감미료)를 몽땅 넣어 핫초콜릿을 만든 다음 이 눈 오는 날을 기념하며 건배한다.

객관적으로 말하자면, 이번 일은 변호사가 당신에게 완전히 잘못했다. 만약 친구가 이런 일을 겪었다고 말한다면 당신은 바로 〈섹스 앤 더 시티〉의 사만다로 빙의해서, 킴 패트롤의 느릿느릿한 목소리로 이렇게 말했으리라. "자기야, 그 개자식을 버려……. 그의 배심원이 다 죽었다 해도."

변호사와 헤어지겠는가?

A 그렇다. 그는 당신의 유머도 이해하지 못한다. 당신이 농담할 때마다 스스로를 바보처럼 여겨지게 하며 심지어 당신이 그를 위해 한 수 접고 스스로를 기꺼이 조롱할 때조차도 말이다. 게다가, 그는 이런 폭설에서도 다른 데이트를 하느라 당신과 시간을 보내지도 않는다. '운명의 사람'이 뭔지는 몰라도, 그가 그 사람이 아닌 건 분명하다.

290쪽으로 가시오.

B 아니다. 이미 친구들에게 사귀는 사람이 생겼다고 말해놨고, 게다가 그는 뉴욕에 온 뒤 처음으로 당신을 정말로 좋아하고 이해하는 것처럼 보이는, 아니면 적어도 당신이랑 계속 자고 싶어 하는 사람이 아닌가. 해낼 수 있다. 소통 부분만 조금 개선된다면.

302쪽으로 가시오.

틴더는 사람들의 욕구를 충족시켜준다. 갈증이나 허기, 인스타그램에 브런치 사진을 올려서 사람들에게 내가 일요일 점심 때 침대에서 일어나 달걀 요리에 16달러를 소비할 수 있음을 보여줄 수 있다는 걸 증명하고자 하는 그런 종류의 명백한 욕구. 틴더는 관심받고 싶어 하는 욕구, 누군가에게 보이고 싶고 욕망받길 원하는 욕구, 그다음에 무슨 일이 벌어질지는 모르고 싶어 하는 욕구를 채워준다. 틴더는 언제나 이기는 슬롯머신의 입장권과도 같다. 조금의 시간을 투자해 몇 번 스와이프*하고 레버를 돌리면 당신에게 예쁘다고, 술 한잔 사겠다고 할 많은 상대가 선택을 기다리고 있다. 이 앱을 사용하고 싶은 순간은 다양한데, 보통은 친구들이랑 한잔하고 나서, 혹은 SNS에서 너무 많은 시간을 낭비하고 난 뒤, 외로움을 느끼고 트위터 피드를 스크롤하며 당신이 팔로잉하는 남자는 모두 결혼했거나 게이거나 둘 다거나 하는 것들을 실감할 때, 핸드폰을 확인했는데 아무런 메시지도, 심지어 스팸 문자도 오지 않았을 때다. 아무도 당신을 원하지 않

♥ 틴더 앱 내에서 매칭된 상대의 사진을 보며 마음에 안 들면 왼쪽, 마음에 들면 오른쪽으로 스와이프해 서로 승낙한 경우 메시지를 주고받는 시스템.

는다. 하지만 상황은 바뀔 수 있다.

그렇게 목요일 밤 12시에 당신은 틴더 앱을 켠다.

당신은 먼저 카일이라는 남자를 오른쪽으로 스와이프한다. 그는 아이비리그 출신에 직접 올린 세 장의 사진 모두 얼굴 전면이 제대로 드러나지는 않았지만 머리숱도 많아 보이고 푸른색 눈동자도 예뻤다. 어느 사진에서도 총은 등장하지 않았다. 그는 '괜찮아' 보였고, 어퍼 웨스트 사이드에 살았으며, 그건 그와 그저그런 데이트를 하다가 최대한 빨리 도망치고 싶을 때 혼자 심야 지하철을 타지 않아도 된다는 걸 의미했다.

젠장, 잃을 게 뭐람? "안녕." 당신이 메시지를 보내자, 그에게서 즉시 답장이 온다.

"안녕, 기분 어때요?"

무난하지만 무해한 답변이군. 많은 사람 중 제대로 된 선택을 했다는 생각이 든다.

"글쎄요. 당신과 마찬가지죠." 당신은 답을 보낸다. 당신은 그의 정체성을 이미 마음속에 상정해둔 터라 대담해졌다. 책을 좋아하고, 외롭고, 여자가 먼저 메시지를 보내 다소 들뜨고 흥분된 남자. 당신은 그가 원할 것이 분명한 유혹적이고, 대담하지만 순진한 여자로 스스로의 정체성을 재정립해볼까 시도했지만 결국은 "밤새 집에 있기에는 좀 지루하네요"라고 대답한다.

"그러면 밖으로 나가죠."

당신은 눈썹을 치켜뜬다. 지금 시간은 12시. 이렇게까지 남자가 빠르게 대답한 제안을 할 줄은 몰랐다. 당신에게 틴더의 매너는 다음과 같았는데, 먼저 앱을 통해 몇 번의 어색한 인사를 주고받고, 강력한 썸 단계를 거친 뒤 서로 번호를 교환하는 것이다. 만약 문자를 주고받는 단계가 며칠을 넘어서며 흐지부지되면, 두 사람 중 한 명이 데이트를 제안할 때까지 눈치 싸움이 벌어진다. 밖에서 따로 만나기 전에 둘 중 누군가 약속 시간 전에 취소할 수도 있다(물론 그 경우 약속이 다시 잡힐 가능성은 거의 없다고 봐야 한다).

"지금요?" 당신이 대답한다. "지금 자정인데요." 당신은 머리도 감지 않았고, 이미 브라도 벗은 상태다.

데이트하러 나가겠는가?

A 그렇다. 여긴 뉴욕이잖아! 젊고 충동적으로, 객관적으로는 별로로 들릴 일이라도 해볼 타이밍이다. 그러니, 브래지어를 다시 입도록 하자.

계속 읽으시오.

B 아니오. 그는 지금이 아니라도 언제든 만날 수 있다. 이를테면, 당신이 조금 더 절실해질 때.

315쪽으로 가시오.

"안 될 거 있나요?" 그가 바로 답장을 보낸다. "내가 그쪽으로 갈게요."

안 될 이유야 수천 가지라도 댈 수 있다. 그러나 당신은 침실에서, 그러니까 빨지 않은 침대 시트가 깔린 둥지 안에서 벌써 며칠이나 보냈다. 당신은 변호사가 아닌 다른 인간의 관심을 느끼고 싶고, 누군가에게 매력적으로 보이며 썸을 타는 기분을 간절히 느끼고 싶다. 어제 당신은 마음이 약해진 순간 그에게 두 개의 문자를 보냈다. 첫번째로 같이 자고 싶지 않냐고 물어보는 문자를, 그리고 그 문자에 아무런 대답도 듣지 못하자 무력함을 느끼며 한 시간 후에 "주말 잘 보내요!"라는 두번째 문자를. 그는 답장하지 않았고 당신은 두 뺨이 화끈거려 마치 문자를 지워버리기만 하면 그런 대화가 없었던 것이 되는양 메시지를 모두 삭제했다. 그는 아마 같이 자는 사이인지 아닌지 모를 여자 친구 중 한 명과 있을 것이다. 그리고 당신은, 문자를 보낼 사람도 없이 혼자다.

로맨틱 코미디의 여주인공은 언제나 무슨 일이든 기

꺼이 할 자세가 되어 있다. 당신도 그러지 않으리란 법이 있는가? 당신은 젊고 뉴욕에 살며, 그건 곧 더 재밌는 일들을 해야 한다는 걸 뜻한다. 뉴욕에 사는 젊은이라면 뭔가를 해야 한다는 관념에 비추어 스스로를 비교했을 때, 당신은 아직 대담한 모험 근처에도 가지 못했다. 당신은 바닥에 뒤집혀 놓여 있던 청바지를 입고 그나마 볼만한 포니테일 비슷한 형태가 될 수 있게 간신히 머리를 손질한다. "우리 집에서 한 블록 거리에 식당이 하나 있어요." 당신은 그에게 식당 이름과 주소를 메시지로 함께 보낸다.

"15분 안에 거기로 도착할게요." 그가 답장을 보낸다. "혹시 못 만날 경우에 대비해서, 번호 알려줄래요?"

그건 평범한 요청이지만 당신은 허를 찔린 듯하다. 당신은 그가 이전에 틴더에서 매치된 상대에게 바람맞은 적이 있는지, 즉시 만나자고 하고 번호를 주는 일련의 과정이 그에게 수없이 반복된 일이자 실제로 여자를 만나기 위한 유일한 유효 전략인지 궁금해진다. 당신이 수동적이고, 샌님이고, 호구라고 생각했던 남자치고는 진행이 다소 빠르지 않은가 싶으면서 불길한 기분이 느껴졌지만, 이미 늦었다. 당신은 15분 뒤에 그를 만나기로 했고 이미 바지도 입었다. 잃을 게 뭐 있겠어? 당신은 그에게 번호를 알려주고 남자보다 1분 내지 2분 정도 식당에 늦게 도착해 그가 기다리도록 하기 위해 정확히 15분 후에 집에서 출발한다.

그를 보자마자 당신은 실수했다는 걸 깨닫는다. 그는 신문배달부가 쓸 법한 납작한 캡모자를 쓰고, 구겨지고 끝단에 얼룩이 진 버튼다운 셔츠를 입었다. 키는 컸지만, 멀대같이 말라 전체적인 자세는 알파벳 시(C)를 연상시키듯 구부정했다. 그가 웃자 작고 누런 이가 드러났다. 그는 당신 타입이 아니다.

다행히도, 집에서 멀리 오지 않았다. 오늘 지인을 한 명 만드는 거다, 아마 다시는 볼 일 없는 지인. 그렇게 생각하면 최악은 아니다.

그저 데이트 약속을 지켰을 뿐이지만, 그는 당신을 보고 놀란 듯하다. 그는 일어섰고 여전히 로맨틱 코미디의 여주인공 페르소나에 심취한 당신은 그와 포옹한다. 여기까지 와주어 고맙다는 이웃으로서의 포옹이다. 이 식당은 처음 와봤는데, 놀랍게도 자정을 넘긴 시간에도 꽤 괜찮았다. 전형적인 식당인데도, 손님들은 편안해 보였다. 마치 조용한 에드워드 호퍼의 그림 속 풍경처럼 몇몇 식탁에는 손님들이 앉아 있었다. 비닐로 된 메뉴판은 두껍고, 약간 끈적거렸다. 카운터의 형광등 아래 거의 한

판 그대로인 상태로 진열된 채 회전하고 있는 파이가 빛나고 있다.

두 사람이 자리를 잡고 앉자, 그는 고맙게도 모자를 벗는다. 당신은 공손하게 미소지으며 그의 가족관계를 묻는다. 그는 매쉬드포테이토와 포크 찹스테이크, 브로콜리를 사이드 메뉴로 주문한다. 당신은 블랙커피만 주문한다.

계산서가 도착하자, 그는 거의 생색도 내지 않고 당신의 커피까지 계산한다. 당신은 점잔을 빼며 그에게 고맙다고 말하고 미소짓는다. 물론, 당신이 마신 커피 정도는 계산할 수도 있다. 하지만 당신은 25분간 앉아서 그의 대학원 졸업 논문의 주제인 헨리 데이비드 소로에 대해, 그의 전 여친에 대해 관심 있는 것처럼 들어줬다. 그러니 2.5달러 정도야 서비스 비용으로 그가 낼 수 있지 않은가. 그게 바로 첫 만남에서 커피를 주문하는 것의 핵심이다. 데이트에서 커피를 주문하고, 과도한 호의는 받지 않지만 주어진 건 당연하게 여기는 게 멋진 뉴욕 여성의 상도다.

"이제 집에 갈 시간이 된 것 같네요." 당신이 어깨로 코트를 걸치며 말한다. 그는 다시 모자를 꼼지락거린다.

"잠깐 같이 걷지 않을래요?" 그가 묻는다. "이 주변만

이라도요."

그는 끔찍한 사람은 아니다. 최소한 최악은 아니다. 게다가 같이 걷자고 하는 그의 태도는 거의 애처로울 정도로 다정하다. 어쨌든 당신은 이제 막 커피를 마셨고, 잠도 안 온다. 그래, 산책 정도 못할 이유는 없다. 만약 당신이 그의 유혹에 넘어가준다면 침대에서 엄청난 관심을 받을 수 있으리라. 하지만 그러고 싶진 않다.

"벌써 시간이 늦었어요." 당신은 그를 제지하며 눈썹을 들어올리지 않은 채 말한다. "늦었어요." 눈썹 아래로 줄임말을 암묵적으로 전달하는 당신의 태도에는 섹스하자고 건성으로 조르는 남편을 거절하는 결혼한 지 15년 정도 된 주부의 피곤함이 담겨 있다. "늦었어요."

"그냥 이 주변만 한 바퀴 돌아요." 그가 말한다. 당신은 피곤했지만 집에 가도 침대에서 인터넷 서핑하는 것 외에 딱히 할 일이 없는데다, 적어도 지난 3년간은 그 짓을 매일같이 했다.

"알았어요."

그렇게 두 사람은 당신이 이사 온 뒤부터 줄곧 있었던 공사판 비계 아래, 어두워진 인도를 걸어간다. 그가 상투적인 유혹을 해오지만(은근슬쩍 성적 능력을 암시하며 손으로 다리를 슬쩍 스치는) 너무도 흥미가 가지 않아 거의 우스울 지경이다. 당신은 마치 유치원 선생님에게 첫눈에 반했다고 고백하는 다섯 살짜리 어린애를 대하는 듯한 심정이다.

결국 당신은 그가 키스를 기대한다고 여겨지는 지점에서 단호하지만 예의 바르게, "다음에요. 미안해요. 다음에 해요"라고 말하고 큰 보폭으로 당당하게 당신의 아파트 쪽으로 걸어가 문을 열고, 다시는 그를 보지 않으리라 다짐한다.

당신의 친구 중 한 명은 틴더 중독인데, 쉴 새 없이 스와이프하고 매칭하며 브런치를 할 때마다 새로운 남자와의 새로운 이야기를 가져온다. 이번 주는 에런이라는 180센티미터가 넘는 오스트리아 출신의 금융계 남자였다. 지난번에는 영국에서 온 백작(그렇다, 그 백작이다)이었고, 그가 조용한 트럼프 지지자임을 깨닫고 그녀가 차버렸다.

당신에게 틴더는 원할 때 간편하게, 그저 그런 데이트를 할 수 있는 우버 서비스와도 같았다. 처음 뉴욕에 왔을 때 당신은 BDSM의 돔으로서 더할 나위 없는 성향을 약속했던 남자와 잘해볼 생각이었지만, 방으로 데려오자 그는 당신을 개 같은 자세로 엎드리게 하고선 당신이 느끼기도 전에, 심지어 당신의 몸속으로 들어오지도 않은 채 당신의 다리 위에 사정했다. 그다음 남자는 소호에서 만났는데, 빨간머리에 귀엽고 몸도 좋았지만 만난 지 15분도 되지 않아 성적 매력이 없다는 걸 깨달았다. 남자가 (지하철을 갈아타고 다시 버스를 타야 하는) 자기 집으로 가자고 제안했고, 당신이 머리가 아프다며 거절하자 그는 곧바로, 심지어 바에서 마신 음료조차 계산하지 않고 나가버렸다.

틴더는 대부분의 대체재와 속성이 같다. 결코 갈망한 만큼 즐겁지 않다. 너무나 지루하고 공허하고 관심이 고픈 나머지 스와이프를 하다보면 남자는 언제든 교환 가능한 존재, 혼자 넷플릭스를 보는 것보다도 더 지루한 존재가 된다. 데이트 전의 전희와도 같은 작업 단계의 문자, 서로를 추측하는 일련의 과정은 기계적이고 뻔하며 직접 만나는 순간 바로 실망으로 변한다. 남자들은 대체로 사진보다 키가 작고, 끔찍한 청바지를 입고 바에 앉아 있으며, 끔찍한 목걸이 따위를 걸고 있다.

폭식하고 살찌던 대학 시절, 당신은 그것의 대체재를 흡연이라고 생각했다. 흡연에 따른 다른 대가를 치러야 하더라도, 성공하기만 한다면 최소한 당신은 날씬해질 것이었다. 암 같은 건 먼 훗날 치를 대가였고, 이제 스무살이 된 당신에게는 문제될 것이 없었다. 항상 못생긴 채로 살아가는 건 지금 당장 죽고 싶게 만들기 때문이다.

담배를 피우면 식욕이 떨어지고 맛을 느끼지 못할 것이라고들 했다. 그러나 당신이 폭식하는 이유는 식욕과 미감 때문이 아니었음이 드러난다. 배가 고프지 않아도, 당신은 더 기름지고, 짜고, 새롭고, 다른 맛을 가진 유혹적인 음식을 골라 토할 때까지 먹었다. 그런 다음에는 아무리 그러지 않으려 해도 결국 폭식 2단계로 갔다. 허기는 문제가 아니었으며, 놀랍게도, 맛 또한 문제가 아니었다. 호호스와 도리토스는 당신의 뇌 속 쾌락중추를 향해 전달되도록 화학적으로 설계되어 있다. 설령 마분지 맛이 난다 해도 당신의 혀는 그것들을 맛있다고 느낄 것이다.

만약 당신이 아무 생각 없이 인터넷 서핑을 하는 동안 침대에서 담배를 피울 수 있었다면, 그건 당신이 가진 습관의 대체재가 될 수 있었을 것이다. 당신이 우리 속의 쥐처럼 양팔 가득 음식과 완전히 충전된 노트북을 껴안고 이불과 벽 사이에 몸을 웅크리고 폭식하는 습관 말이다. 하지만 기숙사 방마다 연기 감지기가 설치되어 있었고 당신은 소지품에 담배 냄새가 배는 것이 싫었으므로 두 번쯤 현관 층계 밖에 나가 담배를 피우다가 '무심한 흡연자'가 되기에는 자신이 너무 뚱뚱하고 자의식이 강하다는 걸 깨닫는다.

날씬한 사람이 담배를 피우는 건 멋지다. 청바지가 엉덩이에서 흘러내리고 흘러내리는 티셔츠 아래로 쇄골이 보이고 대충 똥머리로 묶은 헤어스타일은 뭔가 고상해 프로필 사진으로도 적당했으리라. 아주 못생긴 건 아니지만(당신은 특정 각도와 조명 아래에서는 예쁘지만, 어쨌든 통통한 건 확실하다) 담배를 1인치 남겨두고 발로 비벼 끌 때까지 서툴게 빨고 있는 자신의 모습은 뭔가 찌질하게 느껴졌다.

담배는 좀처럼 습관이 들지 않았다. 담배를 반 갑 정도 피우다가 당신은 남은 걸 기숙사에 사는 다른 흡연자에게 줘버렸다. 여자 모자와 멜빵을 좋아하고 귀까지 다리를 올리는, 영화를 전공하는 남학생이었다. "정말?" 그가 손부터 내밀며 말했다. "정말 나 주는 거야?" 그랬다. 당신은 이후 다시는 담배를 사지 않았지만, 담배 대신 몇 년째 틴더 데이트를 끊지 못하고 있다. 일회용기에 포장된 음식을 폭식하는 것과 비슷하게 도파민을 빠르게 제공해주는 유일한 대체물이다. 게다가, 데이트가 빨리 끝나 집에 일찍 돌아오면 폭식도 할 수 있다.

315쪽으로 가시오.

당신에게 뉴욕 생활은 이상한 직업, 꼭 커피 한번 마시
자는 (실제로는 절대 만나지 않을) 내용의 이메일들, 미루기,
조그마한 맨해튼의 아파트에 출몰하는 엄지손가락 두 개
크기의 바퀴벌레를 죽이는 일들의 연속이다. 당신은 성
병에 걸리거나 G노선을 타야 하는 상황*은 뉴욕의 도시
괴담 같은, 남 일이라 여겼다. 하지만 아니었다.

　먼저 이상한 직업. 당신은 친구의 친구를 통해 알게
된 한 스탠드업 코미디언과 함께 롱아일랜드 시티의 간
판 없는 오피스 빌딩의 3층에 있다. 두 사람을 부른 피디
는 노트북을 열고 페니스에 관한 농담을 당장 떠오르는
대로 말해보라고 한다. 구체적으로는 딜도에 관해. MTV
스냅챗** 쇼의 다음 에피소드는 섹스토이에 관한 것이고,
사람들은 대학을 졸업한 지 열다섯 달 됐으며 트위터에
서 지나치게 많은 시간을 보내는 당신이 스냅챗을 당연
히 알 거라고 생각한다. 사실 당신은 (사실을 고백하자 피
디는 대수롭지 않게 넘겼지만) 스냅챗이 어떤 원리로 돌아가

　♥　뉴욕의 지하철 노선도는 악취, 극심한 혼잡도, 잦은 정차와 운행경로 변경 등으로
　　　유명하며, 특히 G노선은 2010년 재정난으로 노선이 대폭 단축되어 악명이 높다.
♥♥　Snapchat, 글로벌 SNS 앱이자 모바일 메신저.

는지 전혀 모르며 왜 사람들이 그걸 좋아하는지도 이해
하지 못한다. 앱을 다운받아 지운 다음 다시 깔기를 몇
번이나 반복했지만, 그건 당신이 운영하는 소셜미디어
의 목록에 넣기에는 너무도 복잡해 보였다. 어떻게 친구
들의 아이디를 기억하란 말인가? 이미 친구들의 아이디
를 알아야 한다고? 뭔가 재밌는 걸 발견했을 때, 스냅챗
을 하고 싶은지, 트위터를 하고 싶은지, 인스타그램을 하
고 싶은지, 아니면 그냥 그 이미지를 진짜로 보여줬으면
하는 친구 한 명에게 직접 메시지로 전송하고 싶은지 어
떻게 알 수 있지? "그런 건 그냥 알게 되는 거야"라고 당
신의 여동생은 비웃는다. 그녀는 스무 살이고 이제 막 대
학교 2학년이 되었다. 하루에 얼마나 많은 스냅챗을 보내
는지, 물리적으로 눈 떠 있는 시간 중에 폰을 들여다보지
않는 시간은 없어 보인다.

당신은 예전에는 간단한 메시지를 보내기 위해 이토
록 많은 버튼을 기억하지 않아도 됐다며, 사람들이 직접
얼굴을 마주하고 말하던 옛날이 좋았다고 말하는 짜증나
는 80대 노인처럼 굴고 싶지는 않다. "페이스북이니 트위
터니 하는 거 다 이해가 안 가!"라며 기술적 무지를 당당
하게 내세우는 타입이 되기도 싫다. 당신은 트렌드를 읽
고 있는 세련된 사람, 가능하다면 인터넷상에서 유명한

사람이 되고 싶다. 그저 이미 한참 뒤처진 것을 따라잡는 데 쓸 정신적 에너지가 없고, 그러느니 말장난이나 하며 표면적인 수준에서 적당히 어울리고 싶은 것이다.

"딜도 농담 없어요? 떠오르는 대로 던져봐요" 피디가 말한다. 코미디언이 몬타나 어딘가 있다는 '딜도'라는 이름의 동네가 있다는 아이디어를 꺼낸다.

"좋네요." 피디가 말한다. "짧은 애니메이션으로, '딜도 마을에 오신 걸 환영합니다'라는 자막을 입혀서 만들어볼까요."

"그 동네의 빌딩은 모두 딜도가 될 수 있어요." 코미디언이 말한다.

"아주 좋아요." 피디가 자판을 치며 말한다.

당신은 딜도에 대한 흥미로운 사실들을 모아둔 사이트를 노트북 화면에 켜놓았다. 다이아몬드로 뒤덮인 1,300만 달러짜리 (쓰기에는…… 불편할 것 같은) 딜도 이야기를 꺼낼까 고민하고 있을 때 페이스북 메시지 도착 알림이 뜬다. 변호사가 보낸 메시지다.

"음, 오늘은 약속을 지키기가 힘들 것 같아요."

당신은 바로 답장한다. "????? 뭐가 문제죠."

약속이라 함은 당신에게 아마도 어울리지 않을 옷들을 파는 옷가게의 프로모션 이벤트에 가서, 공짜로 주는 음료수와 음식을 먹고 아마도 세 달 안에 버릴 것이 분명한 이벤트 상품으로 주는 모자나 수건, 물병 같은 걸 받아오기로 한 일을 말한다. 키 크고 몸 좋은, 옷 위로도 근육이 드러나며 미소가 멋진 남자와 팔짱을 끼고 갈 기회였다. 당신을 똑똑하다고 생각하며, 일을 똑부러지게 하고 말이 잘 통한다는 점을 높이 사는 남자와의 편안한 만남은 〈가십걸〉에 나오는 잘 차려입은 사람들과 마케팅 담당자들 사이에서 당신을 으스대게 만들기 딱 좋았다. 그가 명품 브랜드 파티가 아닌 중세 시대에 대한 소양이 필요한 르네상스 페어에 간다면 스스로의 문학적 소양이 부족함을 깨닫고 어떤 기분을 느낄지 당신은 궁금하다. 아니면 깊은 인상을 받고 절박해져서 당신을 더 사랑하게 되진 않을까. 관계는 언제나 지배와 복종의 문제로 귀결된다. 이 부분에서는, 당신이 우위를 점하고 있다.

"글쎄, 힘들게 됐네요."

"그게 무슨 뜻이죠." 계속 딜도에 대한 정보를 검색하는 척하며 당신은 메시지를 쳤다. "1주일도 전에 이야기했잖아요."

"그러니까." 그의 메시지가 뜨고 나서 다음 메시지가 다시 뜬다. "우리 관계 말이에요. 좀…… 아닌 것 같아서요."

지금까지 관계를 잘 발전시켜왔다고 당신이 생각한 작은 순간들이 머리 근처에 똬리를 틀고 쉭쉭거리는 메두사가 되어 공격 태세를 갖춘 듯하다. "지금까지 우리 관계는 뭐였어!" 뱀들이 한 목소리로 쉭쉭거린다. "벌써 몇 달이나 데이트했는데! 집보다 그의 아파트에서 더 많이 잤는데! 그가 저녁을 직접 요리해주고, 여행 가자고 이야기도 했는데!" 하지만 당신은 쿨한 여자다. 뱀들이 하는 이야기를 메시지로 보내지는 않았다. 깊게 숨을 들이쉰 다음 당신은 메시지를 보낸다. "오늘 가기로 한 파티가 마음에 안 들면, 안 가도 전혀 상관없어요. 다른 재밌는 거 해요." 당신이 전송 버튼을 누르자, 뱀들은 실망한 기세로 조용해진다.

모니터에 메시지를 입력 중일 때 뜨는 말풍선이 뜨더니, 멈춘다. 그러다 다시 말풍선이 뜨고, 당신은 넋이 나간 듯 초집중해 쳐다본다. 피디와 코미디언은 항문에 꽂는 플러그에 대한 이야기로 넘어갔다. 마침내 변호사가 보낸 메시지가 뜬다. "그건 핵심이 아닌 것 같아요."

"그럼 뭐가 핵심인데요?"

"데이나⋯⋯." 문자로 된 메시지였음에도 당신은 그가 말하는 걸, 짜증과 겸손이 동시에 묻어나는 목소리를 직접 듣는 느낌이다. "이런 거죠. 내가 다른 사람이랑 자는

306

거에 대해 질투가 난다고 썼죠. 근데 그 전날 쓰리썸을 원하냐고 먼저 물은 건 당신이었어요!"

당신은 침묵한다. 한 번도 만난 적 없는 누군가에게 어떻게 모든 걸 속속들이 설명하겠는가? 당신은 질투심에 대해 트위터에, 온라인 잡지의 기고글에 칼럼으로 그의 실명이 드러나지 않게 썼다. 그렇게 불안해하며 그가 당신보다 날씬하고 눈이 예쁘고 발가락을 만지게 허락하는 종아리와 복근이 탄탄한 다른 여자랑 섹스하고 사랑에 빠지는 이미지를 떠올리는 한편, 폴리아모리를 하는 남자와 데이트하고 있는 사실을 받아들이려 노력했다. 온라인에 글을 올림으로써 자신의 잘못을 변덕스럽고 공감을 끌어내는 콘텐츠로 둔갑시킨 것이다. 사람들이 글에 '좋아요'를 누르고, "당신의 감정은 지극히 정상이며, 나도 그런 기분을 느껴요"라는 식으로 공감해줄수록 질투심은 덜 끔찍하게 여겨졌다. 그리고 무엇보다 트위터에 농담처럼 올리면 그 무엇도 그렇게까지 고통스럽게 여겨지지 않았기 때문에, 당신은 그것에 대해 썼다.

쓰리썸 사건은 당신이 쿨한 여자였을 때, 드물게 그와 같이 침대에 누워서 같이 잠든 날 일어났다. 당신은 제일 멋지다고 생각하는 섹시한 주이 디샤넬의 어조로 "당신의 비밀을 다 말해봐요. 성적 페티시도요. 쓰리썸? 쓰리썸 할래요?"라고 말했다. 그 말은 진심으로 건네는 제안은 아니었다. "나도 당신 팀에 끼워줘요"라는 애원과 같은 것이었다. "우리가 서로 나란히 있을 수만 있다면 뭐든 할게요." 그의 침대 아래에는 칼과 벨크로 구속 벨트가 있었고, 당신은 종이 비행기로 벽돌벽을 치는 것처럼 무력하게 말로 방어하고 도망칠 뿐이었다.

당신은 여러 옵션을 고려하다 결국 항복하기로 결정한다. "가끔 질투할 때는 있어요. 그건 내가 알아서 해결할게요. 미안해요." 배를 내보인 완전한 투항, 백기를 흔드는 것. 섭(sub)으로서 통제력을 포기하는 건 돔과의 관계를 유지하는 것과 같은 원리이리라.

그는 마치 미리 입력해둔 것처럼 빠르게 답장을 보낸다. "이건 아닌 것 같아요. 우리 단지 섹스만 하기로 처음부터 정했잖아요."

당신은 여전히 낯선 두 명의 사람과 함께 회의실에 앉아 쿨하고, 유능하고, 재밌는 젊은이가 되려 했지만 갑자기 눈물이 난다. 묵직한 진짜 눈물이 맺히더니 물풍선처럼 무겁게 뚝뚝 떨어졌다. "아, 알레르기예요." 당신이 말한다. 피디와 코미디언은 당신을 그렇게 유심히 살펴보지 않는다.

어떻게 답장하겠는가?

🅐 말끔히 후퇴한다. 게임에서 저번 판에 저장해둔 버전으로 돌아가듯이, 계속 그와 시간을 보내고, 그가 당신을 더 좋아하게 만든다. "그래요, 당신이 맞아요. 내가 너무 의미를 부여했네요. 그냥 섹스만 해요. 이 이야기는 나중에 직접 만나서 해요. 당신이 다 맞아요."

310쪽으로 가시오.

🅑 확인사살한다. 썩은 이를 혀로 밀어서 통증을 확인하듯이. "그래서요? 이렇게 페이스북 메시지로 이별 통보하는 거예요?"

311쪽으로 가시오.

당신은 울지 않으려 애쓴다. 정말로, 정말로 노력한다. 그러나 게임은 이미 끝났다. "맞아요." 당신이 메시지를 보낸다. "당신이 맞아요. 내가 너무 의미를 부여했네요. 그냥 섹스만 해요. 이 이야기는 나중에 직접 만나서 해요. 당신이 다 맞아요."

폰 화면에 다시 그의 메시지 말풍선이 뜨고, 당신은 숨을 참는다. 그의 메시지가 온다. "그건 좋은 생각이 아닌 것 같네요."

이제 분노가 인다. "뭐가요? 직접 만나는 거요, 아니면 계속 섹스하는 거요?"

"둘 다요. 우선 좀 진정하고 다음 주쯤 커피나 한잔하든가 해요."

312쪽으로 가시오.

"그래서요? 이렇게 페이스북 메시지로 이별 통보하는 거예요?"

그래. 당신은 조용히 외친다. 엿이나 먹으라지. 칼날로 곧장 걸어가서 그가 칼을 비틀 필요도 없이 내 쪽에서 몸을 비틀어주겠다. 아프게.

"내 생각에 당신은 우리 관계에 대해 다르게 느끼는 것 같아요." 답장이 온다.

312쪽으로 가시오.

따지자면 할 말은 있었다. 그렇게 껴안고 영화를 보면서 잠들던 밤들은 뭐였냐고, 홈디포로 같이 가고, 날 보며 웃고, "정말 당신이 좋아지기 시작했어요"와 같은 말들은 뭐였냐고. 하지만 칼은 이미 당신의 내장까지 들어왔고 눈물은 쓰렸으며 갈 곳 잃은 분노는 곧장 당신을 향했다.

"그러니까, 헤어지자는 거네요." 당신이 답장한다. "그런 거군요."

"글쎄, 당신이 그렇게 여긴다면 그런 거겠죠. 난 여전히 당신이 좋아요. 친구로 지냈으면 좋겠어요. 그저 앞으로는 섹스하는 사이로 지내지 않는 게 좋겠어요."

그렇게 섹스 외의 다른 건 허용되지 않았던 관계가, 이제 그조차도 불가능한 것이 되었다. 그는 당신을 사랑하지 않고, 원하지 않으며, 곧 잊을 것이다.

"데이나?" 피디가 묻는다. "그럼 당신이 남근링 섹션을 맡을래요?"

"네." 당신은 중얼거린다. "잠깐만 화장실에 다녀올게요." 당신은 폰을 챙기고 나와 복도에서 마주친 사람이 당신의 상기된 뺨과 빨갛게 충혈된, 축축한 눈을 보지 않게 고개를 숙였다.

"그나저나." 다시 그에게서 메시지가 왔다. "당신만 괜찮다면, 나한테 출판쪽 사람들을 소개시켜줘요. 그 질투에 관한 이야기를, 내 입장에서 쓰면 어떨까 하는 생각이 들어서."

웃프다는 게 이런 것이구나. 여전히 상처가 쓰리지만 않았으면 당신도 이 상황에서 웃을 수 있었으리라. 지금까지 해본 이별 중 이 메시지가 최고였다. 페이스북 메신저로 이별 통보하고선, 인맥을 소개해달라고 부탁하는 뻔뻔함이라니. 그는 신속하고도 이론의 여지없이, 이 이야기의 악당이 되었다. 그 두 가지는 당신 입장에서 너무도 명백하고 직설적인 이론과 함께 브런치 자리에서, 트위터에서 꺼내기 딱 좋은 이야깃거리였다. "나쁜 남자를 한번 만난 적 있는데, 아주 고약했지." 승자가 치명적인 잘못을 했을 때는 잘잘못을 가릴 필요도 없고, 자아성찰도 필요 없다. (몇 달 지나, 그는 더 치명적이고 엄청난 잘못을 저지른다. 그는 캡처하기 좋게 문자로 당신이 그와 사귀던 시절 그의 관심을 끌고 싶어 보냈던 나체 사진을 다시 보내달라고 부탁한다. 아마도 폰이 고장 나서 그 안의 전리품들이 사라진 모양이다. 만약 두 사람이 그 시점에서 사귀고 있다거나, 그가 약간의 유혹과 함께 농담을 섞어 운을 시험해본 거라면 문제되지 않았을 것이다. 이 웃긴 이야기에서 여전히 당신은 엄청 불쌍한 역할을 맡는다. 아

313

주 멍청한 얼간이를 전 남친으로 둔 희생자.)

관계는 결국 권력과 지배의 문제다. 이게 당신의 마지막 결론이다. 당신이 잘못한 건 하나도 없고, 비록 지금 당신이 사랑받지 못해 홀로 울고 있다 해도, 당신이 뭘 잘못했는지 자문할 필요는 없다. 그 일이 있은 후 3일이 지났을 때, 당신에게 가장 호의적인 친구가 〈섹스 앤 더 시티〉에서의 퍼포먼스와도 같은 의식으로 미모사 칵테일을 마시며 말한다. 당신의 잘못이 딱 하나 있다면, 그건 먼저 그와 헤어지지 않은 것이라고.

하지만 이 순간의 당신은 이 일을 객관적으로 대할 준비가 되지 않았다. 롱아일랜드 시티의 오피스 빌딩 화장실에 있는 지금의 당신 말이다. 머리가 멍하고, 눈이 충혈된 상태로 당신은 거듭 말한다. "아, 알레르기가 너무 심하네요, 죄송해요." 그들이 당신의 말을 그대로 믿을 만큼 무심하거나, 당신이 노트북으로 바이브레이터가 처음 발명된 게 빅토리아 시대라는 걸 찾아낼 때까지 잠자코 기다려줄 만큼 눈치가 있기를 바라면서.

290쪽으로 가시오.

"사회적인 사람이 되려면 노력이 필요하단다." 엄마는 언제나 말했다. "어떨 땐 기분이 내키지 않더라도 샤워를 하고, 머리를 드라이하고, 청바지를 입고 밖으로 나가야 하는 거야."

오늘 밤, 당신은 기분이 내키지 않는다. 집들이 파티가 브루클린의 아래쪽에서 열리는데, 지하철을 한 번 환승하고 22분 걸어야 하는 그곳을 누군가는 긍정적으로 '부시위크'에 속한다고 말할 것이다. 아직 젊잖아, 당신은 스스로에게 말한다. 두 다리가 아직 멀쩡하고, 뉴욕에 사는 스물세 살이라면 사회적인 사람으로 사는 게 마땅하다고. 그래서 당신은 사실 모든 파티가 10시 전에는 끝나기를 바라지만 밤 10시에 시작하는 파티에 억지로 가려 한다.

반 블록쯤 갔을 때야 당신이 선물을 가지고 오지 않았다는 게 생각났다. 이제 대학을 졸업한 요즘 젊은이들은 집들이 때 선물을 가져가나? 엘리베이터도 없는 건물에 방을 다시 세주는 일이 빈번하다 보니, 부엌에 놓을 장식품 같은 선물들도 끝없이 받았다가 다시 줄 것 같다. 와인 한 병이나 비슷한 걸 가져왔으면 좋았겠지만 이미 늦었다. 거의 도착했고 높은 톤의 목소리로 "어머, 너무 보기 좋다!"라든가 "여기 너무 멋지네!" 같은 연기를 해야 한다. 그리고는 소파에 앉아 바로 앞에 있는 브리 치즈를 너무 많이 먹지 않으려고 노력해야 한다. 이미 브리 치즈를 꽤 먹었고, 오늘 밤은 망했다. 아무리 노력한다 해도, 내일 아침까지 다이어트는 이미 물 건너갔다.

다른 여자애들이 당신이 얼마나 브리 치즈를 많이 먹었는지 눈치챘을까? 파티에 와인 한 병조차 가져오지 않은 당신을 누군가 흉보진 않을까? 당신은 다른 사람들이 얼마나 먹는지를 관찰하며, 아마 스스로일 게 거의 확실하면서도 파티에 온 사람 중 누가 제일 많이 먹는지를 살펴본다.

파티에 온 여자들은 당신보다 서로를 안 지 오래됐다. 그들은 에디터며 오래된 친구들의 이름을 들먹이고, 당신은 미소를 지은 채 듣고만 있다. "여기 이사하게 돼서 너무 좋아." 오늘의 주최자가 말한다. "롭은 요리할 수 있을 만한 부엌이 있는 곳을 찾자고 했거든."

"정말 멋지다." 사람들이 감탄하며 맞장구친다. 그녀와 남자친구는 만난 지 1년이 됐고 여기서 같이 살기로 정했다. 당신은 변호사와 네 달 동안 만났지만 그는 자기 친구들조차 보여주지 않았는데.

더 이상 먹을 브리 치즈가 없다. 아마도 당신이 다 먹은 듯하다. 기억은 나지 않지만. 세 명의 새로운 여자가 들어왔고, 셋 다 한 병씩 와인을 가져왔다. 당신은 얼굴이 달아오르며 말을 거는 사람들 사이에서 갑자기 밀실 공포증을 느낀다. 더 이상 사람들의 이름을 기억하거나 수다를 떨 수가 없다. 당신은 플라스틱 샴페인 컵을 비우고 한 잔 더 따른다. 그렇게 한 잔을 더 마시고, 집으로 돌아가는 차편을 확인한다. 그 순간 집으로 텔레포트할 수만 있다면 왼쪽 팔과 남은 생을 포기할 수도 있다고 생각한다. 손가락만 한 번 까딱하면 바로 집으로 돌아가서 바지를 벗고, 브리 치즈나, 자기를 사랑해주는 남자친구가 있는 여자들은 다 잊고, 잠이 들 때까지 그저 유튜브 영상이나 볼 수 있다면. 아주 간절하게, 당신은 브루클린으로 돌아가고 싶다.

지하철은 연착되고 있다. 구글맵 검색 결과 가장 짧은 루트가 지하철을 타고 버스를 두 번 갈아타는 1시간 25분짜리였다. 당신은 울 것만 같다. 우버 앱을 열어 주소를 입력한다. 할증 요금! 팝업창이 뜬다. 집으로 가려면 50분이 걸리고 요금은 70달러라고 나온다. 당신의 통장 잔고는 96달러다. 당신은 집에서 아주 떨어진 이곳에서, 웃고 취한 지인들에게 둘러싸인 채 오도 가도 못하는 신세다. 스스로를 끔찍한 악몽 속으로 빠뜨린 셈이다.

그러다 퍼뜩 좋은 생각이 떠오른다. 예전에 틴더에서 매치되었던 그저 그랬던 남자, 케빈인지 뭔지 하는 컬럼비아 대학생. 그는 어퍼 이스트 사이드에 산다. 지금 만나자고 할까. 오늘 밤 섹스할 수도 있다. 나쁘지 않다. 아니면 그냥 너무 피곤하니 그의 집에서 잔다고 할 수도 있지. 아니면 우버 값을 대신 내달라고 할 수도 있다. 어쨌거나 최소한 여기 더 있지 않아도 된다.

"안녕." 당신은 메시지를 보낸다. "안 자요?"

"안녕." 답장이 온다. "뭐해요?"

"브루클린의 지루한 파티에 와 있어요. 당신은?"

"집에 있어요."

완벽하다.

그가 바로 훅 들어온다. "우리 집에 올래요?"

"그래요오." 당신이 답장한다. 대답을 길게 늘인 건 실제보다 더 취하고, 음탕해 보이기 위해서다. "근데 지하철이 다 연착이래요 :("

"우버는?" 그가 답장한다. 그는 미끼를 물었고, 당신을 놔주지 않을 것이다.

"당신 집까지 우버 보내줄래요?" 당신이 자판을 친다. "우버 값만 내주면 오늘 난 당신 거예요."

당신은 쑥맥인 남자의 집으로 가서 섹슈얼한 기술과 미묘한 분위기를 연출할 것 같은 유혹하는 여자를 연기한다. 이 남자는 다정하고, 당신의 손 안에서 놀아날 것 같다. 당신은 그를 거의 동정한다. 그와 자는 건 박애의 행위에 가까우리라.

"지금 거기 주소가 어떻게 돼요?" 그가 다시 메시지를 보낸다.

그가 불러준 검정색 차가 맨해튼의 그의 집으로 흔들거리며 가는 내내 두 사람은 계속 문자를 주고받는다. "지금 무슨 색 팬티 입고 있어요?" 그가 묻는다. '팬티'라는 단어를 보자 당신은 속이 울렁거린다. 그가 그런 말을 하는 타입이 아니었으면 했는데. 하지만 이미 차는 그의 집을 향해 가고 있고, 늦어버렸다. "보라색 레이스요." 당신이 답장한다. "누군가 이걸 벗겨버렸으면 좋겠어요."

그의 집은 당신의 집에서 북쪽으로 30블록 정도 떨어진, 모닝사이드 헤이츠를 건너 온통 회색빛의 조잡한 콘크리트 빌딩과 네온사인과 닫은 상점으로 가득한, 할렘이라 할 만한 곳에 있다. 운전수는 목적지 건물이 정확히 어느 블록에 있는지 찾지 못한다. "괜찮아요. 그냥 여기서 내릴게요." 당신이 말한다.

차에서 내려 고가도로의 그림자가 드리운, 폐업한 파

파존스 건너편 길에 서서 당신은 이런 곳에 새벽 1시에 혼자 있는 게 얼마나 멍청한 일인지를 깨닫는다. 케빈의 집이 어느 건물인지 당신 또한 확신할 수 없었기에, 메인 도로 옆쪽으로 걸어가서 어둠 속에서 주소를 찾아보려 했다.

마침내 어둠 속에서 몇 분 걸어간 뒤 당신은 그에게 전화하고, 바로 아래쪽 빌딩에서 그가 나오는 모습을 본다.

"정말로 왔네요." 그가 놀란 목소리로 말한다. 그가 전화기를 가리킨다. "우버가 도착한 건 봤는데 당신은 안 보였어요."

"그러게요. 정말 왔네요." 당신이 말한다.

"멋져요. 같이 올라가요. 우리 집 보여줄게요."

그의 아파트는 원룸으로, 싸구려 폴리에스테르 이불이 침대 위에 흐트러져 있다. 보통 기숙사에 있는, 플라스틱으로 된 접이식 침대. 침실과 거실이 일본식 칸막이로 나뉘어 있고, 한쪽 끝에 테이블과 텔레비전이 있다. 당신은 소파에 앉고, 케빈이 가까이 앉아 손등 쪽 손가락으로 허벅지를 부드럽게 쓸며 마실 것을 권한다. 당신은 거절한다. 몇 시간 전에 마신 샴페인 기운이 아직도 가시지 않았고 숙취가 느껴지기 시작했다. 여전히 취한 상태지만 두통이 심해지고 있고, 팔다리는 무겁다. 여기가 집이었으면 좋겠지만 그렇지 않으니, 여기서 할 수 있는 최선을 해야 한다.

"물 있어요?" 당신이 묻는다. "그리고 애드빌 같은 두통약도요."

그가 한숨을 쉬며 일어나더니 손바닥에 파란 알약 두 개를 가지고 돌아온다. 저녁용 애드빌이다. 어쨌든 밤도 오후니까 상관없다. 게다가 잠들어버리면 섹스하지 않아도 된다. 당신은 알약 두 개를 물도 없이 삼킨다.

"너어어어무 피곤해요." 당신이 말한다.

"괜찮아요." 그가 대답한다. 그는 당신을 뚫어져라 쳐다본다. "혹시, 역할극 해본 적 있어요?"

"어떤 걸 말하는 거예요?"

"그런 거 있잖아요." 그가 말한다. "나이 많은 남자랑 어린 여자 같은 거. 뻔하지만 내 판타지예요." 그가 당신의 허벅지에 올린 손을 더 위쪽으로 옮겼지만 당신은 가만히 있는다. "레나 던햄♥ 닮았다는 말 들은 적 없어요?"

불행히도, 그런 말을 당신은 이미 여러 번 들었다. 약간 통통하고 코가 유대인스럽다는 것 외에 전혀 닮지도

♥ Lena Dunham, 미드 〈걸스〉 등에 출연한 영화감독이자 배우.

않았으므로, 딱히 칭찬으로 들리지 않았다. 사람들은 레나 던햄을 닮았다는 말을 "만약 네가 유명인이라면, 수영복을 입는 건 아주 용감한 짓일 거야"라는 말의 듣기 좋은 우회적 표현이라고 생각하는 듯했다.

"그래요?" 당신은 대답한다. 일이 어떻게 되든 딱히 관심이 생기지 않는다.

"그러니까." 그가 말한다. "당신은 레나 던햄이고 나는 당신의 성공과 예술성, 창의성을 자랑스러워하는 스폰서인 거죠."

당신은 "그거 좀 웃기는 설정이네요"라고 대답하는 대신 이렇게 말한다. "나 너무 피곤해요. 아무래도 좀 누워야겠어요."

당신이 얼마 동안 잠들었는지 모르지만, 그가 티셔츠와 바지를 벗고 트렁크 팬티만 입은 채, 당신 위에 올라간 것을 느끼고 깬다. 트렁크 구멍으로 페니스가 삐죽 튀어나와 있다. "팬티 벗어요." 그가 속삭인다. 당신은 그렇게 한다. 그와 섹스해야 되는군, 당신은 생각하며 그걸 해치운다.

그가 당신의 다리 사이에 발기한 성기를 문지른다. "콘돔 있어요?" 술기운과 잠에 취한 와중에도 당신은 묻는다.

"쉬잇, 걱정 마요." 그가 말한다.

"안 돼요, 안 돼." 당신이 말한다. "콘돔은 껴야 돼요."

"다시 자요." 그가 말하고, 당신은 이 상황에서 벗어나고 싶어 묵인하려 하지만 펌프질은 어색하고 아팠으며 그의 손은 축축하고 지나치게 열정적이었다. 당신은 그를 밀쳐내고 싶지만 그는 당신의 손목을 누르며 기쁨의 미소를 지었다. "이거야. 당신은 재능 넘치는, 내 귀여운 레이나."

어떻게 하겠는가?

A 이곳을 떠난다.

계속 읽으시오.

당신은 "멈춰요"라는 단어가 생각나지 않는데다 그가 들을지도 확신할 수 없다. 그래서 머리에 떠오르는 대로 말한다. "나 오줌 마려워요, 비켜봐요, 화장실 갈래요."

그가 마지못해 따르자, 당신은 뒤뚱거리며 더러운 화장실로 간다. 너무도 작아서 변기에 앉은 채 문을 닫으려면 무릎에 닿을 듯한 화장실이다. 하지만 케빈이 화장실까지 따라와서, 문을 닫지 못하게 한다.

"나 오줌 눠야 해요." 당신이 속삭인다. 여전히 너무도

취해 있다. 방이 빙빙 돌고 머리가 터질 것만 같은 건 술 때문일 것이다.

"알아요." 그가 중얼거린다. "알아요, 귀염둥이. 난 그걸 봐야겠어요."

"안 돼요." 당신이 말한다. "난 괜찮아요." 사실은 오줌이 마려운 게 아니라 단지 그에게서 떨어지고 싶었던 것이며, 그가 지금 바로 옆에 있어 당신은 밖으로 나갈 수도 없고 변기에 앉은 채 그를 올려다보는 것 외에 할 수 있는 게 없었다.

결국, 작은 물줄기가 간신히 나왔고, 그의 침대로 돌아가기 전에 당신은 최대한 시간을 끌며 천천히 손을 씻었다. "나 정말 너무 피곤해요." 당신은 누우며 말한다.

"알았어요, 자기." 그가 말하며 당신 위로 기어간다.

다시 눈을 떴을 때 그는 당신 옆에 누워 있었고, 맞은편 벽의 먼지 낀 창문으로 희미하게 햇살이 들어와 방을 밝히고 있다. 당신은 화장실로 가서 소변을 누고, 남은 밤 내내 몸에 남아 있는 것들을 마지막 한 방울까지 게워낸다. 당신이 신발을 신고 핸드폰과 지갑을 챙기고 있자 그가 일어난다. "커피 한 잔 내려줄까요?" 그가 묻는다. 폰을 보자 아침 7시다.

"아니, 괜찮아요." 당신은 대답하며 코트를 걸치고 그의 집을 떠나려 한다. 그가 당신을 현관까지 부축한다.

"다음에 또 만나요." 그가 말한다.

"그래요, 다음에." 당신이 눈물을 참으며 말한다. 계단을 내려와 바깥의 빛나는 콘크리트 거리로 나가는데 여전히 어지럽다.

당신은 서둘러 브로드웨이로 걸어가 지금까지 갔던 것보다 더 북쪽으로 멀리 왔다는 걸 깨닫고 5분간 미친 듯이 달린 뒤 택시를 잡아탄다. 잘못된 방향으로 갔다가 다시 유턴을 하느라 집으로 오기까지 20분이 걸린다.

마침내 집에 도착한 당신은 옷을 벗어 던지고 샤워기 아래 쪼그려 앉아 데일 듯이 뜨거운 물로 몸 구석구석을 문지른다. 피부를 모두 벗겨 뒤집어 깐 뒤 안쪽에 낀 기름기를 모두 씻어내고 싶다. 몸속 모든 세포가 새로운 세포로 바뀌었으면 좋겠다고 당신은 생각한다.

당신은 무슨 일이 있었는지 아무에게도 말하지 않고, 설령 말한다 해도 두루뭉술하게만 말한다. 자세히 이야기할수록, 친구들도 당신의 비밀스러운 믿음을 공유할 것만 같다. 모든 게 다 멍청한 당신의 탓이라고 말이다.

며칠 지나 당신은 그에게 당신 번호를 지워달라고, 그가 콘돔을 쓰지 않았고, 당신이 잠든 동안 (확실치는 않았지만) 멋대로 항문섹스를 해서 당신이 분노했다는 문자를 보낸다.

"당신이 그렇게 느낀다니 정말 미안해요." 그가 답한다. "정말로, 아무 악의는 없었고, 당신이 원하는 거라고 생각했어요. 당신이 먼저 BDSM 이야기를 했잖아요. 어쨌든 기분 나빴다면, 일부러 그런 건 아니라는 말밖에는 할 수가 없네요."

당신은 문자를 한 번 읽은 뒤 폰에서 그의 모든 흔적을 지운다. 메시지를 보자니 목에서 쓴물이 올라왔다.

이 일에 대한 법정 재판이 일어난다고 상상하자, 무엇보다 자학적인 생각이 든다. 그의 변호사는 자비라고는 없는 눈빛으로 당신을 쳐다보며, 재판장에서 그의 뒤에 앉은 당신의 부모님도 당신을 바라본다.

"이 문자 기억하십니까?" 변호사가 묻는다.

"우버 값만 내주면 오늘 난 당신 거예요"라고 당신이 썼죠.

"이 문자를 보낼 때 의도는 무엇이었습니까?"

"당신이 입고 있는 팬티에 대해 그에게 말하지 않았나요?"

"이전에 저녁용 애드빌을 복용한 적 있습니까?"

"그렇다면 애드빌이 어떻게 생긴지 알았을 텐데요."

"그가 권하자 당신은 자발적으로 그걸 먹었습니다."

"당신은 그의 침대에 누웠습니까?"

"떠나고 싶다고 그에게 의사를 밝혔습니까?"

"집에 갈 때 택시를 타고 갔습니까?"

"그가 당신에게 위협적으로 느껴졌습니까? 당신의 집은 그의 집에서 고작 30블록 거리였는데요, 당신처럼 똑똑한 여자가 왜 집에 택시를 타고 가지 않았습니까?"

"그날 아침 경찰에게 보고서를 제출했습니까?"

"이상 심문을 마칩니다, 재판장님."

당신은 초라한 남자와 끔찍한 섹스를 한 난잡한 여자가 되었고, 이제 그 일을 후회한다. 모든 죄책감과 수치심, 아무리 샤워를 한다고 해도 피부를 뒤집어 씻을 수 없으며 다시 깨끗한 기분을 느낄 수 없음을 인정하자. 모든 분노는 그가 아닌, 스스로를 향한 것이다. 당신은 스스로를 최악의 상황으로 몰고 왔다.

몇 해 전, 당신은 아빠와 로마로 여행을 갔다. 관광과 파스타를 먹는 저녁식사 일정 사이에, 당신은 섹스할 때 어떻게 가짜로 오르가슴을 연기하는지에 대한 외주 글을 썼다. 아빠가 그걸 읽었고, 당신이 쿨한 척하면서 남자와의 섹스를 까발려서 금기에서 벗어나는 건 젊은 작가에게 자연스러운 일이라고 말하자 아빠가 울기 시작했다.

당신은 그 전에 아빠가 우는 걸 본 기억이 없다. "도

무지 모르겠구나, 내 생각엔……." 그는 계속 말을 이어
갔다. 분위기가 답답하고 무거웠다. "내가 더 좋은 아빠
였다면, 내가 너에게 더 관심을 기울였다면……." 문장을
완결 지을 필요도 없었다. 내가 더 좋은 아빠였다면, 네
가 지금처럼 난잡한 생활을 하진 않았을 텐데. 당신도 울
기 시작했다. 살아오면서 중요한 순간마다 아빠는 함께
였다. 그는 거의 주말마다 당신을 서점에 데려갔다. 같
이 해리 포터 안경을 맞춰 쓰고서 해리 포터 시리즈 신간
의 초판을 사려고 서점에서 줄을 섰다. 부모님은 거의 30
년 가까이 결혼생활을 이어왔다. 그는 언제나 있어야 할
곳에 있어줬고, 그런 그가 지금 당신이 부끄러워 울고 있
다. 두 사람은 로마의 호텔에서 몇 분간 아무 말도 하지
않고 같이 울었다.

　지금 당신은 그 일을 떠올리며 혼자 샤워하며 운다.
물이 흘러넘치지만, 당신은 욕조 안에 계속 잠겨 있다.
내가 대체 무슨 짓을 했나. 애정과 관심, 자극에 굶주린
나머지 팬티를 거의 발목까지 내린 채 사자 굴로 걸어들
어간 셈이 아닌가. 당신은 그의 번호를 폰에서 지웠지만,
그의 이름이나 얼굴까지 마음에서 지울 수는 없다. 처음
만나 저녁을 먹을 때 그는 바보 같은 모자를 쓰고 있었
다. 그의 목소리는 비굴하고, 짜증스럽고, 높은 톤이었다.

머리카락은 가늘었다. 그는 침대에 누운 여자에게 욕구를 풀 생각에 처음에는 고군분투하다가 나중에는 무심하게, 마음 한구석으로는 알고 있는 사실을 의도적으로 외면했다. 그녀가 더 이상 게임에 참여하지 않고 있다는 사실, 그녀의 위로 올라가 축 늘어진 하얀 뱃살을 들썩이는 것보다 물 한 잔을 건네고 담요를 덮어줘야 했다는 사실을 말이다.

당신은 그런 남자를 보러 갔다. 그의 침대에 누웠다. 그가 당신의 안에 들어오도록 허락했고, 그 모든 사실은 절대로, 결코 사라지지 않을 것이다.

누구 데이나 슈워츠랑
데이트 할 사람 있나요?

그 뒤로는 무탈한 일상이 지나갔다.

정말이다.

당신은 직업이 있고, 이야기를 나눌 친구도 있으며, 괜찮은 아파트에, 당신보다 훨씬 깨끗하지만 당신이 부엌에 물컵을 온통 어질러놔도 화내지 않는 룸메이트도 있다.

당신은 보통 조금 늦은 시간에 출근하고, 지하철로 퇴근하며, 저녁을 배달시켜 넷플릭스를 보며 먹고, 잠들 때까지 침대에서 인터넷을 검색하며 이 모든 걸 매일같이 반복한다.

그러다 어느 날, 한 편집자에게서 메일이 온다. 진짜

메이저 출판사의 편집자다. 당신이 《헝거 게임》의 대사를 패러디하며 이후에 나온 모든 영어덜트 소설들의 디스토피아적 세계관을 조롱한 트위터 계정을 흥미롭게 봤다는 것이다. 편집자는 당신의 문체가 마음에 든다며 제안한다. "영어덜트 소설을 써볼 생각은 없나요?"

당신은 바로 답장한다. 너무도 기꺼이 해보고 싶다고.

멋진 빌딩에서 두 번의 미팅을 가진 후 (당신은 새로 산 옷을 입었고, 뉴욕에 온 뒤 처음으로 하이힐을 신었다) 당신과 편집자는 윤곽을 잡았다. 고등학생 여자애가 유럽을 여행하는 이야기인데, 우연의 일치로 그 나라들은 당신이 대학을 졸업한 뒤 다닌 곳과 같았다. 당신은 샘플 챕터를 쓴 뒤에 기다린다.

그리고 기다린다.

그리고 기다린다.

그러던 어느 날, 에이전트에게서 전화가 와서 다짜고짜 "놀라지 말아요"라는 말로 시작해 출판사에서 원고를 너무나 마음에 들어 해서, 바로 판권을 사고 싶어 하더라는 소식을 전한다. "축하해요." 전화기 너머로 그가 말하며 웃고 있는 걸 당신은 보지 않고도 알 수 있다. "책을 계약하게 됐네요!"

당신은 이 소식을 〈스티븐 콜베어의 심야 쇼〉 사무실

에 있는 모르는 사람들에게 음료를 보충하듯이 최대한 자연스럽게, 그리고 함축적으로 언급했다. "주말 잘 보내셨어요?" "최근에 읽은 책 중 뭐가 좋았어요?" "마침 책 얘기가 나왔으니 말인데⋯⋯" 등등.

회사에 나가지 않는 날이면, 당신은 집에서 두 블록 떨어진, 현금 결제만 된다는 나무판이 걸린 힙한 카페의 콘센트 근처 자리에 커다란 블랙커피를 들고 앉아 흡족한 한 문장, 한 단락, 한 장을 쓰기 위해 분노의 키보드질을 한다.

어떨 때는 한밤중에 일어나 글을 쓰기도 한다.

어떨 때는 한 단어도 생각해내지 못한 채 며칠을 보내기도 한다.

마침내 이제 초벌 원고라고 부르기에 부끄럽지 않은 무언가를 완성한 당신은 그걸 출판사에 보낸 뒤 교정본이 오기를 기다린다. 이 과정이 반복된다. 많은 기다림, 그리고 또 기다림이 있은 뒤 이듬해 봄 드디어 책이 출간된다.

좋다.

하지만 당신은 외롭다. 늘 그랬듯 관심에 굶주린 당신은 다시 틴더로 돌아오지만 뜨는 프로필마다 당신을 불편하게 만든다. 하나같이 제일 좋은 각도의 사진만 올리며 문란해 보였다. 당신은 뉴욕의 모르는 사람과 데이트하고 싶지 않다. 당신은 트위터 팔로워 중에 골라 데이트하고 싶은 마음이 간절하다. 그들은 어쨌든 당신과 물리적으로 많은 시간을 보내고, 당신의 괴짜 같은 면과 방종함을 수용하는 듯 보이기 때문이다.

그래서, 어느 목요일 밤 10시 반, 당신은 "누구 데이나 슈워츠랑 데이트할 사람 있나요?"라는 발랄한 제목으로 구글 폼을 만든다. 모든 문장을 소문자로 쓴 이유는 좀 더 느긋하게, 연연해하지 않는 것처럼 보이길 바랐기 때문이다. 당신은 스스로 만든 웹사이트에서 온라인 데이트 상대를 찾는 게 절실해 보이지 않았으면 했다. 질문들에서도 당신은 차분함과 태연함을 보여주고 싶었다. 너무 진지하게, 심문하는 것처럼 느껴지지 않도록. 최후의 상황에서 설령 아무도 이 모든 질문에 답하지 않는다 해도 농담이라고 웃어넘길 수 있도록.

누구 데이나 슈워츠랑 데이트할 사람 없나요?

그래요, 저는 작가이자 카우치 포테이토*인 데이나 슈

워츠예요. 저와 데이트하고 싶은 사람은 아래 칸을 채워주세요.

이름이 뭔가요? _____

직업은? _____

개를 좋아하시나요? _____

가끔 저를 보러 어퍼 이스트 사이드에 와줄 수 있나요?

□ 예.

□ 아니오.

당신의 가장 매력적인 장점을 알려주세요.

_____

_____

톰 스토파드에 대해 어떻게 생각하나요?

□ 읽어본 적 없거나 꽤 읽었다.

□ 세라 럴**이 더 좋다.

□ 셉티무스, 육체적 포옹이 뭔가요?***

□ 질문의 뜻이 뭔지 잘 모르겠네요.

왜 데이나 슈워츠와 데이트하고 싶나요?

_____

_____

같이 빈둥대며 보고 싶은 텔레비전 프로그램을 추천한
다면?

_____

_____

카일로 렌****에게 매력을 느끼는 게 이상한가요? 그러
니까 역을 연기한 배우 애덤 드라이버 말고, 우주 나치
캐릭터로서의 카일로 렌이요.

☐ 예.

☐ 아니오.

☐ 당신의 어떤 모습이든 받아들이겠어요.

☐ 이걸 작성하고 있자니 내가 바로 애덤 드라이버가 된 것 같네요.

당신의 트위터 계정은?_____

이상의 질문에 모두 답해주면 내가 당신에게 데이트를
청할게요. 이메일은 읽지 않습니다.

☐ 예.

*   소파에 앉아 텔레비전만 보는 사람
**   극작가
***   톰 스토파드의 《아르카디아》에 나오는 대사
****   〈스타워즈〉에 등장하는 캐릭터

이틀이 지나기도 전에, 당신은 200개의 응답을 받는다. 그중 열몇 개는 학교 친구들이 보낸 것으로, 우리끼리만 아는 농담들이 적혀 있다. 그 외 대부분은 당신의 트위터를 통해 답변을 보낸 낯선 사람으로, 대부분 당신보다 나이가 많거나 공화당을 지지하는 멀리 떨어진 주에 사는 남자들이며, 그저 양식이 있기 때문에 인터넷상에서 정해진 양식을 채웠을 뿐 당신에게 수작을 걸긴 하지만 진지하게 관계를 제안하지는 않는다. 몇 명은 (안타깝게도) 애덤 드라이버인 것처럼 굴며 답변을 보낸다. 하지만 당신은 그 모든 응답자들의 트위터 계정을 확인하면서 케네스 브래너♥ 같은 귀엽고, 당신에게 반한, 뉴욕에 사는 꽤 괜찮은 남자를 찾으려 애쓴다.

지원자 중 트위터에서 1차 심사를 통과한 (인종주의자나 오타쿠가 아니고 최소 한 번은 괜찮은 농담을 한 적이 있는) 사람은 그다음 단계로 페이스북 계정을 확인한다. 서로 공유하는 친구 수는 큰 보너스 요인이다. 찰리라는 남자는 당신과 네 명의 친구를 공유하고 있다. 그중 셋은 언니의 대학 친구고, 나머지 한 명은 언니다. 그리고 그는 텔레비전 제작사나 비슷한 업종에서 일하고 있는 듯했다.

♥　Kenneth Branagh, 영화 〈해리 포터〉에서 록허트 역을 맡았던 배우이자 영화감독.

"언니." 당신은 언니에게 문자를 보낸다. "언니랑 노스웨스턴 대학에 다녔던 찰리라는 남자 알아? 내 데이트 상대 구하는 문답을 제출했네."

언니 캐럴라인은 눈을 굴리더니 사이트를 보고 웃었다. "이거 재미로 한 것처럼 보이려고 애썼지만 완전 진지한 거 다 티 나."

"음." 한참을 뜸들이고 나서야 언니는 답장을 보낸다. "괜찮은 남자였던 것 같아."

"그래?" 당신이 답한다. "멀쩡한?"

"그랬던 것 같네." 언니가 답한다.

그 정도면 충분하다. 당신은 트위터에서 그의 계정을 팔로우하고 DM을 보낸다. "그래서……. 우리 데이트할까요? 뭐가 순서에 맞는지 모르겠지만, 먼저 커피 한잔하는 건 어때요?"

그가 바로 답을 보낸다. "일요일 어때요?"

당신은 이미 다른 지원자랑 그날 약속을 잡았다. 트위터 계정 주소에 문학적 농담이 들어 있고, 당신과 여섯 명 정도의 겹치는 팔로워를 공유하는 남자다. 당신이 뒷조사한 바에 따르면 그는 뉴욕대학을 다녔고, 거기서 스케치 코미디 그룹에 있었으며, 문학 잡지에서 인턴을 했다. 지금 그는 당신의 집에서 열 블록 떨어진 반스앤노

블 서점에서 일하고 있다. 사진으로 판단하자면 찰리보다 약간 바보 같아 보였다. 찰리는 탱크톱에 선글라스를 쓰고 음악 페스티발에 가거나 가족들과 하이킹에 간 사진을 올린 반면, 뉴욕대학을 나온 맷은 스케치 그룹의 홍보용 사진에서 바보 같은 표정을 짓고 있다. 그는 사진을 많이 올리지 않아 페이스북 사진첩을 몇 번만 클릭하니 곧 고등학교 시절, 멀대 같고 피부가 안 좋은, 지나치게 머리를 짧게 깎은 사진을 찾을 수 있었다.

둘 중 어느 남자랑 데이트하겠는가? 그러니까, 어느 남자와 결혼해 《뉴욕타임스》 인물 섹션의 1면에 소개되겠는가? 그러니까, "우리는 이 여자가 스스로 만든 웃긴 데이트 앱에서 만났어요" 같은 귀여운 이야기가 어떻게 신문에 실리지 않을 수 있겠는가.

Ⓐ 찰리.

339쪽으로 가시오.

Ⓑ 맷.

345쪽으로 가시오.

그는 상상했던 것보다 키가 작다. 하지만 웃는 모습이 믿을 수 없을 만큼 귀엽다. 당신은 소호에 있는 커피숍에 일찍 도착해 바깥쪽을 향해 앉아 한쪽 다리를 꼬고, 벽에 기대어 그가 도착했을 때 자연스럽게 폰을 들여다보는 모습을 연출한다.

"안녕하세요!" 그가 말하며 포옹한다. 두 사람은 커피를 테이크아웃해서 근처의 공원으로 들고 가 허벅지가 닿을 정도로 나란히 벤치에 앉았다.

"맞아요, 언니를 학교에서 봤던 것 같네요." 그가 말한다. "완전 신기하네요."

"정말 세상 좁다니까요."

1월 말경이라 바깥에 계속 앉아 있기에는 날씨가 추웠지만 하늘은 맑고 푸르렀으며 바닥에 남아 있는 눈 위로 햇빛이 반사되어 마치 봄 같았다.

두 사람은 공통으로 아는 다른 사람들 이야기를 화제로 삼는다. 당신은 하는 일에 대해 이야기한다. 그러고는 더 이상 할 말이 떠오르지 않자, 두 사람은 정확히 같은 시점에 서로에게 기대어 체념하는 듯한 미소를 반쯤 짓고는 애무를 시작한다. 키스는 충분히 좋다.

"오늘 좋았어요." 당신은 그가 일요일 오후에 자기 집으로 오라고 초대하는 바보 같은 제안을 하기 전에 말한다. "언제 또 만나요."

"술 한잔하는 건 어때요?" 그가 말한다. "토요일?"

원래라면 집에서 혼자 컴퓨터를 보고 있을 토요일에, 현실 남자가 진짜 데이트를 제안했다는 사실에 당신은 고무된다. 하지만 아직 만나보지 않은 남자가 더 나을 수 있다는 현대 문명의 전제를 떠올리니 약간 심장이 두근거린다. 단지 남의 떡이 더 커 보이는 걸까? 어떤 선택을 해야 할까?

Ⓐ 찰리와 데이트를 더 해보고 일이 어떻게 되는지 살펴본다. 일단 이 남자는 당신의 수중에 들어온 셈이다. 그는 귀엽고 멀쩡하다. 인터넷에서 낯선 사람을 만날 때는, 언제든 한 발은 뺄 준비를 하고 있어야 하는 법이다.

계속 읽으시오.

Ⓑ 맷과의 약속은 다음 주로 미루고 그가 데이비드 포스터 윌리스의 팬이 아니길 기도한다.

346쪽으로 가시오.

로맨틱 코미디에서 주인공이 초반부부터 다른 사람이랑 눈이 맞아 원래 사귀던 연인과 헤어지는 케이스를 많이 봤을 것이다. 대표적으로 그레그 키니어나 제임스 마스던이 그런 상대역을 많이 맡았다. 상대방에게도 문제는 있다. 대부분 과묵해서 속을 알 수 없다거나 부모랑 지나치게 친밀한 식이다. 그들은 저녁 8시에 클럽을 예약한다(너무 늦은 시간인가?). 남주인공은 연인의 뺨에 키스하고 다시 일하러 가거나 그녀가 미소를 짓고 키스를 되돌려주지만 그녀의 마음은 이미 공원이나 유기견 집회, 샌프란시스코에서 일어난 지진 사태 등으로 만난 낯선 사람에게 가 있다. 여자가 남자에게 반지를 돌려주면서 "우리는 서로에게 맞는 짝이 아닌 것 같아요"라고 말할 때, 관객들은 절대 그녀를 비난하지 않는다. 그는 더 이상 주인공이 아니며, 그러므로 관객도 그에게 별 관심을 가지지 않는다.

찰리와의 데이트도 그렇다. 데이트는 나쁘지 않았고, 안전하다. 두 사람이 같이 있으면 당신은 꽤 즐겁다 여기지만 때때로 할 말을 삼키며 뭔가 부족하다고 생각한다. 극작가가 그다지 고심하지 않고 소울메이트를 묘사할 때 두 사람 모두 제일 좋아하는 책이 《어린 왕자》고 디저트를 같이 나눠먹는다는 식의 장면을 집어넣는다면, 설득력이 좀 부족하지 않겠는가.

그렇게 두 사람의 결혼이 2주 뒤로 다가오고, 청첩장도 모두 보낸 시점에서 갑자기 '혹시 이 사람이 내 운명의 상대가 아니면 어쩌지?'라는 생각이 떠오르며, 자유분방한 (그리고 늘 혼자였고 아마 앞으로도 그럴) 싱글 친구는 마음의 소리에 충실하라고 조언한다.

여주인공의 선택은?

A 그와 헤어진다. 어쩌면 맷도 여전히 싱글일지 모른다. 은유하자면 웨딩드레스를 입은 채 예배당(혹은, 유대교회당)에서 도망쳐서 그의 품(혹은 트위터의 DM)으로 뛰어드는 거다.

345쪽으로 가시오.

B 그냥 결혼한다.

343쪽으로 가시오.

짜잔! 좋은 관계란 안전하고 잔잔한 것임을 당신이 알기 때문에 두 사람은 영영 행복하게 산다. 결국 당신의 선택이 옳았으며, 서로를 속이고, 재치 있는 농담이 오가는 관계는 주말에 잠깐 만나거나 모험을 하기에는 좋지만 평생에 걸친 관계로는 해로운 것임이 밝혀진다. 물론 매튜 맥커너히처럼 순애보적인 자세는 매력적이지만, 한때 복근이 멋진 서핑 강사였던 그가 현재는 뱃살이 두툼한 무직자라면 좋은 관계는 1년도 가지 못할 것이다. 찰리는 안정적인 직장이 있고, 당신을 사랑하며, 당신의 엄마와도 잘 지내는 헌신적이고 다정한 남편이다. 그 사랑에 힘입어 당신은 그의 청혼을 받아들였고, 결혼 전 크리스 에반스처럼 멋진 이웃이 당신의 진정한 소울메이트가 아닐까 하는 약간의 의심과 불안이 왔지만 무사히 넘겨냈다. 소울메이트라는 건 결국 현실에 존재하지 않는 환상과도 같다. 당신은 한 사람에게 집중하고, 모든 관계가 매일매일 안겨주는 조금의 시련들을 헤쳐나가면서 스스로 소울메이트가 되었고, 당신과 찰리는 평생에 걸쳐 서로를 웃게 해주고 존중하는 헌신적인 관계를 만들었다. 두 사람은 세 명의 아이와 열한 명의 손자를 가졌다. 두 사람은 거의 동시에 생을 마감한다.

끝

당신은 첫 만남의 장소를 제안한다. 14번지 바로 옆에 있는 조니스 바는 언제 가도 자리가 있고, 피클백 칵테일에 들어갈 수제 피클청을 직접 만드는 작은 술집이다. 이 도시에서 당신이 유일하게 아는, 추천할 만한 바이기도 하다. 그는 당신이 상상한 것보다 키가 크고, 믿을 수 없을 만큼 미소가 멋지다. 당신은 조금 일찍 바에 도착해 바깥쪽을 향해 앉아 한쪽 다리를 꼬고, 벽에 기대어 그가 도착했을 때 자연스럽게 폰을 들여다보는 모습을 연출한다. 그는 정시에 도착한다.

단순한 플랜B 데이트고, 괜찮아 보이는 사람과의 가벼운 만남이다. 당신은 대단한 걸 기대하지 않는다. 퇴근하고 직장에서 바로 온 당신은 배기 스웨터와 레깅스 차림이다. 전날 바빠서 감지 못한 머리는 똥머리로 대충 묶었다. 아침에 거울을 보며 대충 바른 편의점 컨실러와 립밤은 이미 하루 내내 일하느라 땀과 냅킨에 다 지워졌다. 그는 먼저 온라인의 데이트 신청서를 작성했다는 걸 당신은 되뇌었다. 그러니 당신이 어떤 차림이든 상관없을 것이다.

"다이어트 콜라요." 당신은 바의 스툴에 앉아 바텐더

에게 주문한다. 그는 맥주를 시킨다.

그가 도착하기 전에 당신은 이미 오후의 계획을 세웠다. 술을 마시지 않고, 가게에서 가장 저렴한 다이어트 콜라를 시켜 내키지 않으면 언제든 부담없이 떠나기로.

"그래서." 당신이 그와 가까운 쪽으로 다리를 꼬며 말한다. "낯선 사람과의 랜덤 데이트에 무슨 생각으로 신청했어요?" 쿨한 척하려고 다짐했지만, 마치 힘 조절하는 법을 배우지 못한 엑스맨처럼 당신의 본능이 끼를 부리기 시작한다. 당신은 추파를 던진다. 180도 넘는 이 키 큰 남자가 닿을 정도로 가까이 있자, 자기도 모르게 본능이 살아난다. 범죄라면 잡아가라지.

"당신 트위터를 팔로우한 지 꽤 됐어요." 그가 말한다. "우리가 동갑이라는 걸 알고는 꽤 질투가 났죠." 그가 맥주를 한 모금 마신다. "사실, 작년 여름 브루클린 도서전에서 당신을 봤거든요. 나는 《계간 랩함》의 인턴으로 부스에서 일하고 있었죠. 당신을 알아볼 수 있었지만 말을 걸기에는 너무 쑥스러웠어요."

가슴에서 뭔가가 울컥 나와 당신의 온몸을 휘감는다. "무슨 말이든 하지 그랬어요!" 당신의 설득력 없는 말에 그가 어깨를 으쓱한다.

한 시간 뒤, 두 사람은 다리를 서로 포개고 있다. 5분

이 더 지나, 당신은 그에게 기대며 바에서 키스한다. "나
가서 좀 걸을까요?" 당신이 제안한다.

두 사람이 반 블록쯤 걸어가던 중 맷이 멈춘다. "무슨
일이죠?"

"잠깐만요." 그가 말한다. "바에 백팩을 두고 왔어요.
금방 돌아올게요!"

그가 조니스로 뛰어간 뒤 어깨에 백팩을 걸치고 다시
나온다. 그의 귀끝이 어둠 속에서도 보일 만큼 빨갛다.

"정신이 나갔나봐요." 그가 말하며 당신의 눈을 쳐다
보고 웃는다. 그는 로맨틱 코미디에 흔히 나오는, 당신에
게 푹 빠진 어설프고 사랑스러운 남자 주인공 같다. 그는
저스틴 바사가 연기한 바보 캐릭터 같다. 그가 당신의 손
을 잡는다.

두 사람은 주변을 한 바퀴 돈 다음, 한 교회의 아치
안 석상 뒤에 몸을 숨기고 애무한다. 그는 당신 위에서
움직일 때마다 계속 미소 짓는다.

"우리 집으로 가서 계속하지 않을래요?" 당신이 묻
는다.

"좋아요."

당신은 웃고 그의 손을 잡고 교외 쪽을 향한다. "좋아
요. 하지만 하나 약속해요. 첫 데이트에서 같이 자도 날

떠나 다시 연락하지 않는다고 말이에요."

그가 농담하냐는 듯 당신을 쳐다본다. "데이나, 내가 그럴 리가요. 난 당신이 좋아요."

다음 날, 두 사람은 몇 시간이나 메시지를 주고받는다. 당신이 일에 집중하려고 할 때마다 핸드폰 알림이 울려서 이 귀엽고, 재밌고, 문학적이며 당신을 좋아하는 남자가 보낸 메시지를 확인하느라 당신은 거의 회사 컴퓨터를 보지도 못한다. 1주일이 지나기도 전에 두 사람은 사귀는 사이가 되고, "우리 무슨 사이지?"라는 형식상의 전통적인 질문조차 필요 없다고 느껴질 만큼 두 사람이 바로 원했던 상대였음이 명확했다.

그러던 어느 날 아침, 그는 당신의 싱크대에서 양치하고 당신은 입사 후 거의 처음으로 출근시간보다 일찍 집을 나서고 있었다. "갈게." 당신은 서둘러 문밖으로 나서며 말한다. "사랑해." 당신은 멈춰서 다시 돌아온다. "내 말은, 당신을 사랑한다는 말이 아니라. 당신을 정말 좋아하지만, 그러니까, '안녕, 사랑해!'라는 한 세트에 딸린 말이었어, 한 단어처럼 말이야. 무슨 말인지 알지?"

"알아." 그가 말하며 웃는다.

그날 밤, 샤워를 하면서 그는 당신의 왼쪽 가슴에 비누를 문지르며 말한다. "자기가 아침에 말했던 거 있잖

아. 난 우리 사이에 자연스러운 과정 같아. 다음엔 말이야, 내 생각엔 우리 그냥 인정해도 되지 않을까 싶은데."

당신은 그의 눈을 바라보려 노력한다. 당신이 먼저 그말을 할 수는 없다. "응." 당신이 말한다. "나 정말 당신이랑 이렇게 같이 보내는 시간이 좋아."

"나도 당신이랑 시간을 같이 보내는 게 참 좋아."

당신은 마치 외국어를 발음하거나 비밀 단어를 확인해보듯 '사랑'이라는 단어를 입속으로 연습해본다. "사랑해." 당신이 말한다.

그가 당신의 양팔을 잡고 두 눈을 똑바로 바라본다.

"사랑해. 데이나."

그는 당신의 부모님과 여동생을 만난다. 버튼다운 셔츠를 입은 그는 굉장히 예의 바르고 댄디해 보인다. 그는 사무실에서 찾았다며 셜리 잭슨 콜렉션을 당신에게 가져다준다. 첫 데이트 때 당신은 가장 좋아하는 책이 《우리는 언제나 성에 살았다》♥라고 말했기 때문이다. 그는 당신과 〈아메리칸 사이코〉를 원작으로 한 뮤지컬을 보고당신이 나중에 그걸 엉망진창으로 따라 부르자 두 사람은 사례들릴 정도로 웃는다(그 노래는 당신의 머릿속에 장장

♥   셜리 잭슨의 1962년작 소설로, 2018년 동명의 영화로 만들어짐.

6주간 맴돌았다). 그는 당신의 친구들과 브런치를 한다. 당신은 크리스마스 때 그의 집에 간다. 그의 여동생이 개를 입양하는 걸 도와준다. 때로 그는 침대에서 전날 입었던 버튼다운을 입은 채 잠든다(맷은 잠옷이 따로 없고 밖에서 입는 옷을 잠옷으로 입는다). 그는 자고 있는 중에도 당신이 겨드랑이로 파고 들면 팔을 뻗어 당신을 꼭 껴안는데, 두 사람의 몸이 어찌나 꼭 맞는지 당신은 마치 두 몸이 화학작용을 거쳐 하나가 된 것처럼 느낀다. 아침에 당신이 이불을 돌돌 감싼 채 눈을 뜨면 창문에 있는 한쪽이 기운 다육식물이 보이는데, 당신이 세상에 분노를 느끼며 우울해할 때 그가 당신과 함께 가서 사온 것이다. 그날 그는 하루 종일 당신과 함께 있어줬고 당신이 새로 사온 다육식물에 물을 주는 걸 도와줬고 (당신의 침실에 자연광이 충분하지 않아 그 다육식물이 옆으로 자라기 시작해 한 줄기의 아스파라거스처럼 되어버리긴 했지만) 이 모든 게 너무도 희망차고 완벽하게 느껴져 당신은 그가 당신을 안은 양팔을 느끼며 다른 사람과 있을 때 결코 가능할 것 같지 않았던 진짜 당신에 가까운 모습이 된 것 같아 감사함을 느낀다. 때론 평범하지만, 그 평범한 일상조차 당신은 처음 느껴본다.

그러다 어느 날 문자 메시지 하나로 당신은 과거와

조우한다. 악의 없는, 몇 단어에 불과한 그 메시지는 당신이 거의 매일 핸드폰으로 들여다보지만 결코 이름을 입력하지는 않은 번호로 발송됐다. 지나치게 익숙한 그 번호로 온 짧은 메시지. "당신이 보고 싶어요."

이건 당신이 늘 따곤 하는, 라스베이거스의 카지노에 있는 반짝거리는 슬롯머신보다 더 쉬운 게임이다. 당신은 답장을 보낸다. "나도 당신이 보고 싶어요."

그가 답장한다. "당신 생각을 멈출 수가 없어요."

마치 텔레비전 연속극에 나올 법한 판에 박힌 대화다. 당신은 이제 막 사무실로 들어가려던 참인, 출근길 거리 한가운데 있다.

"저도 줄곧 당신을 생각했어요. 아시겠지만." 이제는 맥락도 기억나지 않는 학창 시절 외웠던 연극 대사처럼, 한참 지났지만 세포 어딘가에 영원히 저장되어 잊히지 않을 단어들이 절로 튀어나온다. "지금 어디예요?"

"오스틴으로 돌아왔어요. 무릎에는 고양이가 자고 있고요."

당신은 날카롭게 숨을 들이마신다.

"그리고 아내도?" 당신이 물어본다.

"아내는 이번 주말에 학회에 가서, 집에는 나 혼자 있어요."

당신이 답장하지 않자, 그가 다시 메시지를 보낸다. 당신은 인도의 모서리, 아까 지나쳤던 치폴레♥ 맞은편으로 간다. 카키색 옷을 입고 갈색 신발을 신은 당신 옆으로 출근길 금융권 종사자들이 바쁘게 지나간다.

"나 다음 주에 뉴욕으로 가요. 정말로 당신을 보고 싶네요."

이전에 당신이 그와의 관계를 위해 고려해야 했던 위험은 그의 아내, 결혼반지, 그가 했던 약속들 같은 외부적인 요소들뿐이었다. 당신은 그가 당신을 위해 어디까지 감수할지를 시험했다. 이제는 당신에게 고려해야 할 결정적인 상대가 생겼다. 당신은 그가 아내를 사랑하는 것보다 당신이 남자친구를 더 사랑하는지 궁금해진다.

"그건 썩 좋은 생각이 아닌 것 같네요." 당신은 답장한다. 당신조차 스스로의 진심이 무엇인지 확신이 없다.

"그냥 커피 한잔 마시면 안 될까요?" 그가 답장한다. "아주 순수하게."

"마치 언제나 다른 목적은 없었던 것처럼 말이죠."

"하 하 하." 그의 답장은 그 어느 때보다도 어색하고 인위적으로 느껴졌다.

♥ 멕시칸 식당.

두 사람이 마지막으로 만난 지 두 해가 지났다. 이번에 본다고 해도 당신 평생에 이제 겨우 세 번 그를 만나는 셈이다. 하지만 조숙하고 되바라진 여대생 캐릭터는 여전히 당신에게 딱 맞는 역할처럼 느껴진다.

"그럼, 커피 한잔할까요?"

당신의 답장은?

A "물론이죠. 나도 정말 다시 보고 싶어요. 하지만 정말 커피만이에요?"

354쪽으로 가시오.

B "미안해요. 예전이나 지금이나 우리 사이가 여기까지 온 게 유감이네요. 당신 전화번호를 지울 테니 당신도 내 번호를 지웠으면 해요."

363쪽으로 가시오.

커피 한잔하자던 약속은 저녁 7시 반, 미드타운의 호텔로 바뀌었다. "샴페인 한 병이면 난 당신 거예요." 당신은 반쯤은 농담으로 그를 만나러 가는 택시 안에서 메시지를 보냈다. 하이힐을 신어서 당신은 약속 장소까지 걸어갈 수 없었다.

"좋아요." 그가 답장했다. "샴페인 주문 완료." 그는 굉장히 문학적이고 진지하다는 걸 당신은 새삼 실감한다. 당신은 한 번도 그의 유머 감각이 마음에 들었던 적이 없다. 그보다는 그의 한쪽 눈 위를 덮으며 곱슬거리는 머리카락이나 그가 깊고 울리는 첫소리로 당신에게 말하는 방식, 그리고 그가 당신에게 완전히 반한 듯이 행동하는 것, 그리고 무엇보다 두 사람 사이의 강력한 중력 같은 힘을 당신은 가장 좋아했다.

당신은 핸드폰의 셀카 기능으로 가슴골을 확인하고 립스틱을 다시 바른다.

그는 호텔 로비에서 만나자고 했고 당신은 호텔 주소가 맞는지 세 번이나 확인한다. 업무를 위한 컨퍼런스가 자주 열리곤 하는 큰 기업용 호텔이었다.

처음에는 그를 찾지 못한다. 그러다가 더 안쪽으로 들

어가 아무도 듣지 않는 피아노와 휑한 로비의 기둥을 지나자 버튼업 셔츠를 입고 위쪽 단추는 몇 개 푼 그가 당신을 향해 미소 짓고 있다.

당신은 그에게 키스하려 하지만 그는 당신에게 먼저 포옹하고, 깊게 숨을 들이쉰 다음 반 발짝 정도 뒤로 가서 당신을 바라본다.

"당신 정말 아름답네요."

당신은 그의 방으로 올라가는 동안 초조해하며 그의 손을 잡았다가 다시 떼면서, 엘리베이터에 탄 다른 사람들이 어떻게 생각할지를 궁금해한다. 화장을 좀 더 연하게 할 걸, 하며 당신은 후회한다.

그는 정말로 방에 샴페인을 주문해두었다. "하지만 어떻게 해도 미드타운에서 샴페인 잔을 구할 수가 없더라고요. 와인잔으로 마셔야 할 것 같아요."

그는 호텔에 비치된 와인잔을 물로 헹군 뒤 크리넥스로 안쪽을 닦아낸다. 두 개의 잔에 흰 자국이 남았다가 그가 샴페인을 따르자 사라진다. "건배."

당신은 잔을 받지만 침대가 아닌 호텔 방의 책상에 앉아 있다. 두 다리는 꼬아 발목에서 교차시켰다. 맷에게는 오늘 집에서 조용히 쉬다가 내일 보자고, 사랑한다고 말해뒀다. 이 순간 유부남에게 그렇게까지 끌리지 않았으므로 당신은 그 부분에서는 맷에게 크게 죄책감을 느끼지 않는다. 하지만 장소가 호텔이라는 점, 그가 오로지 당신의 요청으로 샴페인을 준비했다는 점은 조금 걸린다. 호텔 방에서 당신이 옷을 벗기를 기다리는 남자는 예전만큼 거부할 수 없는 매력을 풍기지는 않았지만, 여전히 당신의 기억 속에서와 같은 향을 풍긴다. 그는 당신을 본 순간부터 지금까지 당신의 몸에서 눈을 떼지 않는다.

잔에 따른 샴페인은 줄지 않는다. 두 사람에게는 별다른 말이 필요 없다. "저기······." 당신이 입을 떼고, 그 문장을 끝맺어야 하지만 아무 말도 생각나지 않아 대신 그에게 키스하고, 그 역시 당신에게 키스한다. 혀가 오가지 않고 입술만 부딪치는 엉성한 키스였다. 당신이 더 격렬하게 키스를 돌려주자 두 사람은 침대로 쓰러졌고 그는 당신의 속옷을 벗기지도 않고 옆으로 젖힌 채 당신 위로 올라가 곧장 들어왔다. 5분 뒤 당신의 화장은 온통 지워져 눈 아래로는 반달 모양의 얼룩이 졌고, 당신은 집으로 돌아가고 싶어진다.

"나 집에 갈게요." 당신이 말한다.

"오늘 만나서 좋았어요." 그가 말한다. "3주 있다가 다시 뉴욕으로 올 거예요."

"당신은 여전히 아내와 함께죠." 당신은 그저 사실을

말했지만, 그는 그걸 질문으로 받아들인다.

"네."

"아내를 사랑하고요." 당신이 말한다.

"그래요."

당신은 신발을 신고 브래지어를 다시 차는 대신 가방에 처박아 넣었다. "날 잊지 말아요." 당신은 말한다.

"그럼요." 그가 말한다. "당연하죠."

당신이 맷에게 헤어지자고 말했는지, 그가 당신에게 헤어지자고 했는지 기억이 나지 않는다. 당신은 미적거리며 계속 메시지를 늦게 보내고, 잘 나오지 않았다는 뻔한 핑계를 대면서 예전 사진을 보내지 않는 등 딱히 자신의 감정을 숨기지 않았다. 그러다 결국 현실을 직면해야 할 순간이 오자, 두 명 모두에게 슬프지만 배가 바다로 나아가듯 모든 걸 놓아주는 수밖에 없었다. 사랑해, 미안해, 내가 다 망쳤어, 네 탓이 아니야. 그는 당신에게 작별의 키스를 했고, 당신의 마음은 찢어진다. 이틀 내내 운 뒤 당신은 그에게 더 문자하지 않기 위해 핸드폰을 멀리 뒤야 했다.

유부남은 3주 뒤에 돌아왔고, 두 사람은 그가 《로어이스트 사이드》 잡지에서 봤다는 작은 스페인 식당에서 만난다. 그가 당신의 집에서 자고 다음 날 아침에 떠나면

357

서 한 달 뒤에 돌아오겠다고 하지만, 이틀 뒤 그는 문자를 보낸다.

아무래도 우리 그만두는 게 좋겠어요. 나는 내 결혼생활에 충실하고 싶어요.

감상적인 일일드라마에서나 나올 법한 쉬운 펀치라인이 당신을 일상으로 돌려놓는다. 자신감 넘치고, 욕망 넘치는 여자는 벌을 받았고, 용맹한 영웅은 구원받아 농부의 정숙한 딸과 행복한 미래를 보상받는다. 그들의 행복한 결혼 장면이 펼쳐지기 전, 빨간 드레스를 입은 여인은 날카로운 목소리로 마지막 아리아를 부르며 무대에서 죽음을 맞는다.

하지만 봄에는 당신의 책이 발간된다. 한 손은 하늘을 향해 뻗은 채 바깥을 쳐다보는 소녀가 청록색 표지에 실린 영어덜트 소설이다. "끝까지 읽었을 때 나 대성통곡했잖아." 여동생이 고백했다. 그리고 이후 이어지는 많은 리뷰들이 당신을 행복하게 만든다.

당신은 새로운 일자리를 제안받아 면접을 보러 간다. 대리석으로 된 커다란 로비를 지나 고속으로 올라가는 엘리베이터를 타고 올라가니 모던하고 개방된 입구가 보인다.《뉴욕 옵저버》사무실이다.

"당신의 문장은 우리 신문의 문화예술 섹션에 완벽하게 어울려요." 드루가 빠르게 말한다. 짧은 염색 머리를 한 그녀는 컷오프 진을 입고 있다. 손목에 물색의 타투가 보였다가 소매 속으로 사라진다. "솔직히, 당신의 글을 처음 읽자마자 뭐랄까, 두 가지 생각이 떠올랐어요. 첫째, 이 여성은 예전의 나를 떠올리게 한다. 둘째, 이 사람을 우선 영입해야겠다. 우리《옵저버》는 무한한 자유와 유연성을 표방해요. 그리고 선택의 폭도 열려 있죠. 누구든 원하는 사람을 인터뷰해도 좋아요."

"멋지게 들리네요." 당신이 동의한다. 당신은 한 번도 자신이 문화예술 섹션 작가가 될 수 있으리라 상상해본 적이 없지만 당신이 트위터의 소재로 삼으며 대부분의 시간을 보내고 생각하며 불평하는 게 텔레비전 쇼와 영화라는 걸 깨닫는다. 당신은 자신만의 의견과 아이디어를 가지고 있다. 게다가 유명인을 인터뷰하고 영화를 비평하며 인터넷에 유머를 올리는 일들은 당신이 가장 잘할 수 있는 일처럼 보인다. 당신은 모든 걸 영화 문법에 맞게 비유를 들어 생각하는 버릇이 있는데, 이제 거기다 누군가가 비용까지 지불해준다니!

"그래서." 드루가 계속 말을 이어간다. "이미 편집장에게 당신 이야기를 해뒀고, 편집장도 당신의 글이 마음에 든다고 하네요. 〈진짜 주부들〉♥에 대해 썼던 글은 아주 끝내줬어요. 그게 바로 지금 우리가 《옵저버》의 브랜드 이미지로 삼고자 하는 거예요. 스마트한 비평. 자, 그럼 더 질문할 게 있나요?"

"음…… 혹시 신문 발행인인 재러드 쿠슈너♥♥와 별다른 문제는 없을까요?" 당신이 묻는다. 지난 주 《옵저버》는 공개적으로 공화당 대표 도널드 트럼프를 지지했고, 그 일로 인해 음식 비평가가 공개적으로 사임했다.

드류는 자리를 살짝 고쳐 앉더니 한숨을 내쉬었다. "솔직히 말해서, 발행인을 직접 만나거나 그와 교류할 일은 없을 거예요. 문화예술 섹션의 멋진 점은 완전한 자율성에 있죠. 정치 섹션에서 벌어지는 일에 대해서는 나도 장담할 수 있지만, 당신이 뭐에 관해 쓰건 아무도 신경 쓰지 않을 겁니다. 그리고 〈어프렌티스〉♥♥♥의 새로운 시즌이 방영되지 않는 한 당신이 도널드 트럼프에 관해 무

♥　Real Housewives, 미국 NBC의 케이블채널에서 방영하는 리얼리티 쇼.
♥♥　Jared Kushner, 백악관 수석고문으로, 미 대통령 도널드 트럼프의 사위. 트럼프는 2017년 당선됐고 이 책은 2018년 발행되었으나 저자가 상정하는 시점은 도널드가 대통령이 되기 전이다.
♥♥♥　The Apprentice, 1등을 하게 되면 트럼프의 조수로 그의 사업 중 하나를 직접 운영하는 기회를 갖게 되는 리얼리티 텔레비전 쇼.

엇이든 써야 할 상황이 올 가능성은 없다고 봐도 돼요."
그녀가 공모하는 듯 앞으로 몸을 숙였다. "사실을 말하자
면, 여기서 일하는 사람 대부분은 실제로는 진보적 성향
이 강해요. 게다가, 실질적으로 그가 선거에서 이길 가능
성은 거의 없으니까, 조금은 이상하게 들리겠지만 11월
이나 그쯤 되면……. 공화당 대선 경선이 언제더라? 아무
튼 그 시기만 지나면, 그는 질 거고, 모두가 그의 존재나
발행인의 관계 같은 건 잊어버릴 테니, 그렇게 되면 모든
일은 다시 정상으로 돌아올 거라고 생각해요."

다음 날, 편집장이 전화를 걸어 당신에게 정식으로
일을 제안하며, 가능한 한 빨리 출근하기를 원한다고 말
한다. 당신은 하루가 지난 뒤 제안을 승낙한다. 출근 첫
날, 당신의 책상 위에는 이름이 적힌 명함이 놓여 있다.
한쪽 면은 검은색이고, 다른 쪽 면에는 당신의 이름이 적
혀 있다.

데이나 슈워츠
문화예술 섹션 작가

그렇게 당신은 뉴욕에서 거주하며 일하는 싱글 여성
이 되었다. 이제 당신이 할 수 있는 건 당신의 다른 버전

을 하나하나 해골을 해부하듯 해체한 뒤 처음부터 다시
시작하는 것이다.

끝

그는 답장하지 않는다. 그는 다시는 연락하지 않는다. 당신은 특집 미니 시리즈 드라마의 주인공이 된 기분을 느끼며 그의 번호를 폰에서 삭제한다. 당신은 그의 아침에 넘어갔던 일, 그에게 음악이며 "사랑해요"라는 말과 사진을 보내고 허벅지를 만지던 일들 모두에 수치심을 느끼며 그 모든 사실을 뇌 한구석, 초등학교 때 배웠던 시민 전쟁과 관련된 것들이 저장된 장소에 한데 처박아둔다. 당신은 전 남친에게서 연락이 왔었다며, 그가 유부남이고 같은 대학 출신이며 커피 한잔하자고 했다는 사실을 맷에게 알린다. 당신은 "당신도 내 번호를 지웠으면 해요"로 끝나는 내용으로 답장을 보낸 사실과 그 화면을 캡쳐한 스크린샷을 보여줬다. 그렇지 않고서는 그가 당신을 믿을 것 같지 않아서다.

지금의 당신은 열아홉 살 때의 당신보다 더 나은 인간은 아니다. 여전히 애정결핍에다 절박할 만큼 외로움을 탄다. 여전히 사람들과의 관계에서 너무 앞서가고, 혈연관계나 법적 구속력으로 묶인 관계가 아닌 이상 거기에 겁먹은 사람들이 당신을 떠나가는 일이 수십 번 반복된다. 당신은 여전히 앉은 채로 아이스크림 파인트 한 통을 한자리에서 폭식한다. 당신의 방은 네 시간 이상 깨끗한 상태를 유지하는 법이 없다. 하지만 당신은 그의 번호를 지웠다. 직업도 가지고 있고, 살 곳도 있으며, 당신의 애정에 화답해주는 남자친구도 있다.

당신이 어떤 존재이기를 바라건 간에, 바로 그 순간, 거기서, 당신은 시작할 수 있다. 매일매일 당신은 새로 시작할 수 있다.

끝

감사의 말

객관적으로 미친 짓임에 분명한 이 말도 안 되는 프로젝트를 실제로 옮기는 데 도움을 준 모든 사람들에게 고마움을 전합니다. 첫번째로, 언제나 한없이 당황스러운 저의 행동에도 불구하고 끝없는 도움과 사랑을 보내주는 가족들에게 감사를 표합니다. 우리 부모님이 이걸 읽는 걸 막아야 한다는 사실을 이해해주는 이 책의 첫 독자인 캐럴라인, 나보다 더 재밌는 사람이라는 걸 내가 기꺼이 인정하는 사람이자 언제나 인스타그램에 올릴 사진을 찍는 법을 알려주는 할리, 내 평생의 경쟁자가 되어준 자크, 그리고 내가 언제든 두려움 없이 내 꿈을 밀고 나가며 설령 실패해도 돌아갈 장소가 있음을 알게 해준 엄마

아빠. 고맙습니다.

그리고 내가 가진 자격 이상으로 사랑받는 기분을 느끼게 주는 맷, 고마워.

열정적인 에이전트 댄 맨델에게도. 당신이 내 인생과 커리어를 위해 해준 모든 일들, 내가 책을 내고 다시 글을 쓰도록 정신 차리게 용기를 주고, 내가 오밤중에 징징대는 메일을 보낼 때마다 시기적절하게 답해준 것에 감사를 표합니다.

대담한 담당 편집자 매디 클래드웰, 그리고 출판사의 팀원 모두에게도. 당신들이 이 책에 보여준 믿음과 내가 이 책을 자랑스러워할 수 있게 해준 모든 일에 대해 아무리 고마워해도 충분하지 않을 거예요. 여러분은 현명하고 참을성 있고 믿을 수 없이 유능한 전문가들입니다.

《옵저버》의 드루와 비니. 내가 드라마 〈OA〉에 대한 글을 주로 쓰면서 풀타임 기자로 일하는 동시에 책을 집필하는 데 두 사람이 도움을 주고 참아준 일들에 모두 감사를 표합니다.

닐. 내가 패닉 상태에서 보낸 문자에 답해주고 초현명한 조언들을 해줘서 고마워. 너는 내 작업과 인생 모두에 영감을 주는 존재야.

한나와 내털리, 제이슨, 맥스, 캣, 그리고 사이먼, 제니

퍼, 대니얼. 너희의 우정과 사랑과 인내심에 늘 고마움을 느껴.

그리고 나랑 잤던 모든 남자들에게. 그 순간 내게 필요한 것을 줘서 고맙고, 내가 특별하다거나 매력이 있다고, 혹은 사랑받고 있다고 느끼게 해줘서 고마워요. 그리고 나에게 상처를 줬다 해도, 내가 아직 어릴 때 깨달음을 줘서 고마워요. 단지 내가 당신들에 대해 썼을지 궁금해서라도 이 책을 정가에 구입했기를 바랄게요.

어쩌다보니 벌써 네번째 번역서를 세상에 내어놓게 되었습니다.

능력도 부족하고 본업과 병행하는 것도 쉽지 않아서 마감을 치를 때마다 허덕이며 이제 그만 해야지, 다시는 하지 말자, 울며 다짐했으면서 또 이런 일을 벌인 이유는 딱 하나였습니다. 책이 너무 재밌었거든요. A를 선택하면 몇 쪽으로로 가시오, 라는 식의 포맷은 어릴 때 한창 유행하던 어드벤처 게임북 시리즈의 현대판 같기도 하고, 인생의 갈림길에서 선택에 따라 다른 삶을 살게 된다는 설정은 〈슬라이딩 도어즈〉라는 영화나 이휘재가 등장해 "그래, 결심했어!"를 외치던 '인생극장'이라는 방송 프로그램의 한 코너를 떠올리게도 했죠.

주인공의 선택에 따라 전개와 결론이 달라지는 형식도 흥미로웠지만, 좌충우돌하며 삽질을 해대는 그녀의 고민들이 너무도 와닿았습니다. 주체적인 여성으로서 일과 사랑 모두 멋지게 해내고 싶지만 타인의 시선과 세간의 기준, 그리고 자신의 욕망 사이에서 방황하며 때론 모순적인 태도를 보이기도 하고, 결말이 예상되는 (망할 게 뻔히 보이는) 선택을 하기도 하는 모습 말이죠. 다만 우리의 인생과 달리 이 책의 주인공은 마치 게임 캐릭터처럼 언제든 다시 그 전 상황으로 돌아가 스테이지를 리셋할 수 있기에 독자는 각각의 선택에 대한 경험을 (원한다면) 모두 간접적으로 확인할 수 있습니다. 그리고 어떤 선택을 하든 결론은 재난(혹은 불행)이라고 말하는 다소 자학적이고 위악적인 유머를 쏟아내는 이 똑똑하고 재능 넘치는 작가의 고군분투를 나도 모르게 응원하게 될 거예요, 아마.

자서전(혹은 회고록)의 성격을 띤 대담한 에세이인 동시에 픽션과 논픽션의 경계가 모호한 이 작품을 우리말로 옮기는 작업은 이전의 어떤 책보다도 즐거웠습니다. 다만 미드와 영화는 물론이고 유튜브, 팟캐스트 등 SNS와 각종 방송 프로그램 등 대중문화적 맥락이 많아서 한

국적 정서로 이해가 어렵거나 제 역량으로 옮기는 데 어려운 부분들은 친구 선이의 도움을 많이 받았습니다. 저는 참 부족한 사람인데 늘 분에 넘치는 일들을 벌이고, 주변의 호의로 근근이 수습하며 살아가고 있네요.

첫 단추가 중요하다고, 어쩌다보니 계속 여성의 목소리를 담은 책을 계속 소개하게 되고, 투덜대면서도 책 만드는 일을 계속하고 있습니다. 이 책을 번역하겠다고 결심하기 전 순간으로 돌아간대도, 아마 또 망설이겠지만 같은 결정을 하지 않을까 싶습니다. 이러니저러니 해도 이 일을 좋아하니까요. 다들 알고 계시겠지만, 인간은 어리석고 같은 실수를 반복하는 법이죠. 아무쪼록 다양한 불행을 선택하고, 후회하면서도 그 속에서 조금씩 자기 자신을 찾아가는 한 여성의 모험담을 함께 즐겨주시기를!

봄을 기다리며, 옮긴이 드림

당신의 불행을 선택하세요

초판 1쇄 펴낸날 2020년 1월 15일

지은이 데이나 슈워츠
옮긴이 양지하
펴낸이 박재영
편집 이정신·임세현
마케팅 김민수
디자인 조하늘
제작 제이오

펴낸곳 도서출판 오월의봄
주소 경기도 파주시 회동길 363-15 201호
등록 제406-2010-000111호
전화 070-7704-2131
팩스 0505-300-0518
이메일 maybook05@naver.com
트위터 @oohbom
블로그 blog.naver.com/maybook05
페이스북 facebook.com/maybook05
인스타그램 instagram.com/maybooks_05

ISBN 979-11-90422-22-2 03300

이 도서의 국립중앙도서관 출판시도서목록(CIP)은 e-CIP홈페이지(http://nl.go.kr/ecip)와
국가자료공동목록시스템(http://www.nl.go.kr/kolisnet)에서 이용하실 수 있습니다.
(CIP 제어번호 : CIP2019053625)

책값은 뒤표지에 있습니다. 잘못된 책은 바꾸어 드립니다.

만든 사람들
책임편집 이정신
디자인 조하늘